职业教育规划教材——基础课类

体育与健康

主　审　陈桂兰　张　燕
主　编　温常宏
副主编　李春青　李　静　邱新毅　魏晓辉
　　　　马　静　宋炫奎　杨东旭　刘清丽

西南交通大学出版社
·成　都·

图书在版编目（ＣＩＰ）数据

体育与健康 / 温常宏主编. —成都：西南交通大
学出版社，2017.11（2019.3 重印）
职业教育规划教材. 基础课类
ISBN 978-7-5643-5886-0

Ⅰ . ①体… Ⅱ . ①温… Ⅲ . ①体育课－职业教育－教
材②健康教育－职业教育－教材 Ⅳ . ①G807.4
②G647.9

中国版本图书馆 CIP 数据核字（2017）第 270268 号

职业教育规划教材——基础课类

体育与健康

主　编／温常宏

责任编辑／左凌涛
封面设计／何东琳设计工作室

西南交通大学出版社出版发行

（四川省成都市二环路北一段 111 号西南交通大学创新大厦 21 楼　610031）
发行部电话：028-87600564　　028-87600533
网址：http://www.xnjdcbs.com
印刷：四川森林印务有限责任公司

成品尺寸　185 mm × 260 mm
印张　14.75　　字数　361 千
版次　2017 年 11 月第 1 版　　印次　2019 年 3 月第 3 次

书号　ISBN 978-7-5643-5886-0
定价　38.50 元

课件咨询电话：028-87600533
图书如有印装质量问题　本社负责退换
版权所有　盗版必究　举报电话：028-87600562

前　言

新中国成立后，百废待兴，毛泽东同志便提出要把体育工作当成"关系六亿人民健康的大事"来抓，并于 1952 年为中华全国体育总会挥笔题写了"发展体育运动、增强人民体质"的题词，向全国各族人民发出了发展体育运动的号召，指出增强人民体质是发展体育运动的根本目的，为中国体育事业健康发展确定了指导方针，推动了全国群众性体育运动的蓬勃开展。

党的十八大以来，以习近平同志为核心的党中央，更是把人民的身体健康作为全面建成小康社会的重要内涵，"人民对美好生活的向往，就是我们的奋斗目标""没有全民健康，就没有全面小康"。从维护全民健康和实现国家长远发展出发，明确指出"全民健身是全体人民增强体魄、健康生活的基础和保障，人民身体健康是全面建成小康社会的重要内涵，是每一个人成长和实现幸福生活的重要基础。我们要广泛开展全民健身运动，促进群众体育和竞技体育全面发展"。

健康，不仅仅是一个人具有强健的体魄和健康的心理以及良好的生活方式，更重要的是能够提高人们的幸福指数，增强民族的活力，推动"健康中国"早日实现。而要实现全民健康的目标，必须加强体育与健康教育。

体育与健康教育是高等院校重要的、有机的、不可缺少的组成部分，对培养德、智、体、美、劳全面发展的现代化人才具有重要的作用。《中共中央、国务院关于深化教育改革，全面推进素质教育的决定》指出："健康体魄是青少年为祖国和人民服务的基本前提，是中华民族旺盛生命力的体现。学校教育要树立健康第一的指导思想，切实加强体育工作。"在高等教育的课程设置中，体育课程以身体练习为主要手段，通过合理的体育教育和科学的体育锻炼，使大学生具有强健的体魄、健康的心理、良好的行为、高尚的情操。

本书以体育理论与健康实践相结合和终身体育与科学锻炼相结合为宗旨，既对体育理论进行了全面介绍，又对健康理念进行了正确引导；既对运动项目进行了理论阐述，又对体育锻炼进行了科学指导。力求做到贴近实际、贴近生活，为学生全面了解基本的健康知识、养成体育锻炼的良好习惯、实现健康的生活方式等提供了参考。具体来说，本教材具有以下特点：

（1）传承性。本教材遵循理论与实践相结合的原则，从传统的体育理论知识出发，阐述了体育与健康的基础理论及它们之间的关系，论证了科学体育锻炼的方式方法和

《国家学生体质健康标准》，传承了传统的体育理论，适应了学生对体育认识的思维惯性，缩短了学生对体育与健康教育的认识过程，强化了学生对体育与健康教育的认识程度。

（2）创新性。体育锻炼项目与健康教育方法多种多样，千差万别。因此，我们结合当代学生的爱好、特点，精心选择了在实际教学活动中基础广泛、易于开展、学生喜爱的体育项目加以详细介绍，提出了切实可行的方案。既保证了体育与健康理论的系统性，有利于教师的备课与指导；又保证了体育与健康锻炼的实效性，有利于达到教学的目的及效果。

（3）趣味性。本教材不仅在内容设置上增加了体育游戏等民间体育项目，而且还拓展了传统体育项目的教学思路和适合学生特点的锻炼方法，在每一个教学环节上都体现出了趣味性，这就对任课教师提出了更高的要求，也能够对学生产生极大的吸引力，从而保证了学生的积极参与和身心健康。

本教材共计13章。在编写过程中，由温常宏担任主编，李春青、李静、邱新毅、魏晓辉、马静、宋炫奎、杨东旭、刘清丽担任副主编，陈桂兰、张燕担任主审。所有参编人员都按时保质保量地完成了各自的编写工作。

本教材在编写过程中，参阅了大量的其他相关内容的教科书，在此一并表示感谢！因为时间紧，任务重，以及我们的水平还有待提高等原因，书中难免存在着不当之处，诚望各位专家、学者和同学们批评指正，以便我们今后进一步修订，使其更加完善！

山东师范大学体育学院 陈桂兰

2017.8

目 录

第一章　体育与健康概述

随着社会的进步、科技的发展，人们对身心健康需求越来越强烈。然而，现代高科技，一方面给人的身心健康提供了良好的医疗保障设施，另一方面也给人的身心健康带来一些负面的影响，如运动不足症、亚健康、现代"文明病"等。针对这些负面影响，有些人采用吃药、打针和吃营养品等方法，有的人则采用体育健身的方法，哪种方法更好？法国的启蒙思想家伏尔泰的名言"生命在于运动"一语道破天机，揭示了生命的奥秘所在，成为颠扑不破的真理。随着科学的发展、医学的进步，人们越来越认识到运动与休息、劳与逸的重要性，只有二者处于相对平衡运动状态下生命才能健康。

第一节　体育的概述

一、体育的起源

体育作为人类文化的重要组成部分，是随着人类社会的发展而逐渐形成和发展起来的。据史学家和考古学家的研究，人类早在原始时代就把走、跑、跳跃、投掷、攀登、爬越等作为最基本的生产劳动和日常生活的技能、本领传授给下一代。这是人类教学的萌芽，也是体育活动的萌芽。体育的发展与教育、军事、科学技术的发展以及人们的宗教活动、休闲娱乐活动有着密切的关系。体育在其整个历史发展过程中受一定的政治经济所制约，并为一定的政治经济服务。体育的发展大致经过了三个时期：原始的体育萌芽时期、自觉从事体育时期、形成与完善体育制度时期。经过这三个时期，逐步形成了现代的体育体系，其中竞技体育的发展更是推动现代体育发展的主要动力。

二、体育的含义

"体育"一词，英文为 physical education，指的是以身体活动为手段的教育，直译为"身体的教育"，简称为"体育"。随着国际交往的扩大，体育事业发展的规模和水平已是衡量一个国家、社会发展进步的一项重要标志，也成为国家间外交及文化交流的重要手段。体育可分为大众体育、专业体育、学校体育等种类，包括体育文化、体育教育、体育活动、体育竞赛、体育设施、体育组织、体育科学技术等诸多要素。

体育是人类社会发展中，根据生产和生活的需要，遵循人体身心的发展规律，以身体练习为基本手段，达到增强体质、提高运动技术水平、进行思想品德教育、丰富社会文化生活而进行的一种有目的、有意识、有组织的社会活动，是伴随人类社会的发展而逐步建立和发展起来的一个专门的科学领域。

体育的概念有广义和狭义之分。体育的广义概念是指以身体练习为基本手段，以增强人的体质、促进人的全面发展、丰富社会文化生活和促进精神文明为目的的一种有意识、有组织的社会活动。它是社会总文化的一部分，其发展受一定社会的政治和经济的制约，并为一定社会的政治和经济服务。体育的狭义概念，是指一个发展身体，增强体质，传授锻炼身体的知识、技能，培养道德和意志品质的教育过程；对人体进行培育和塑造的过程；教育的重要组成部分；培养全面发展的人的一个重要方面。

三、体育功能与作用

体育是社会发展与人类文明进步的一个标志，体育事业发展水平是一个国家综合国力和社会文明程度的重要体现。在现代化建设的进程中，体育伴随着经济、社会的发展而发展。体育能在人类社会连绵不断地存在和发展，得到了不同民族和国家民众的喜爱和广泛地认同，而且发展的活力越来越大，影响和作用也越来越大。这充分说明体育对人类社会有着重要的功能和作用。经济越发展，社会越进步，人们强身健体的意识就越强烈，体育的地位就越重要，作用就越显著。为了深入地分析和认识体育对人和人类社会的功能和作用，可以把体育的功能分为体育的独特功能和体育的派生功能两大类。

（一）体育的独特功能和作用

体育的独特功能和作用是指体育所独有的本质功能和基本作用，是区别于其他社会现象和事物对人和人类社会所产生的功能和作用的根本点，并且具有独特性和不可替代性。体育的独特功能和作用主要表现在如下 5 个方面。

1. 增强体质，强国强种

"增强体质，强国强种"是体育的本质功能，也是体育能在人类社会中长盛不衰的原因。毛泽东在《体育之研究》一文中指出："体育一道，配德育与智育，而德智皆寄于体。无体是无德智也。""体者，载知识之车而寓道德之舍也。"体育最基本的作用和本质功能恰恰是作用于一个人、一个民族的身体素质，对人民的健康和身体素质提高以及民族的强盛具有独特作用。通过体育达到"增强体质，强国强种"的目的，已经成为人类社会一种普遍的做法。这也是当今世界各国普遍重视体育运动的根本原因。

2. 培养人们勇敢顽强、克服困难、超越自我的意志品质

人们在进行体育运动时，特别是在运动训练过程中，要克服许多由体育运动产生的特有的身体困难，体验到很多在正常条件下不可能获得的身体感受。它对一个人的内在意志品质具有特殊地培养和陶冶作用。强筋骨、强意志、调感情是体育的特殊功效，可以起到"文明其精神，野蛮其体魄"的作用。体育的这些功能对青少年的意志品质的培养尤为重要。

3. 培养人们竞争、团结、协作的社会意识

体育有利于人的"社会化"。竞赛是体育运动的一个最显著的特征。体育竞赛能有效地培养人们的竞争意识和团结协作精神。没有强烈的取胜欲望和良好的团结协作精神，就不可能在体育竞赛中取得胜利。在体育竞赛中，特别是在集体项目的竞赛过程中，要想取得胜利，

既要有力争胜利的顽强竞争意识，又要懂得与同伴和队友的团结协作。而体育的这种"模拟社会"的功能，是体育运动所独有的。

4. 丰富个人和社会的文化生活，提高人们的生活质量

人们通过参加和欣赏体育运动不仅能增强体质，还能够愉悦身心，丰富文化生活。各种不同形式和类型的体育竞赛，以它独有的形式和方式为人类社会生产出丰富多彩的文化精神食粮，提高人类的生存和生活质量。群众体育的趣味性和娱乐性是体育才能给他们带来的特殊享受，它改变和改善着当今人们的生存和生活方式。

5. 为社会提供和构建公平、公开、公正的价值体系和价值标准

公平是人类社会所共同追求的一种理想社会状态。竞赛是体育最鲜明特点，通过竞赛，决出名次，可以激发荣誉感，鼓舞上进心。这是其他任何形式的社会活动和手段不能代替的。体育运动以公平、公开、公正为核心的价值体系和价值标准得到了不同民族和国家的普遍尊重和推崇。"阳光下的公平竞争"正是现代人类社会所需要重新构建的价值体系和价值标准的道德核心。

（二）体育的派生功能和作用

体育对人和社会的派生功能和作用与体育的独特功能和作用不同。主要区别在于这些功能和作用不是体育所独有，在其他社会现象和活动中也能产生的类似的功能和作用。主要有如下一些内容。

1. 体育的交流功能和作用

体育运动能增强人与人之间的交流和交往，是促进人们友谊和增强团结的重要手段。体育活动能够扩大人们的情感交流，增加人与人之间地相互了解，改善人际关系，共同创造和谐文明的社会环境。国际间的体育交往，还能够促进不同国家、不同民族之间的相互了解和信任，有利于人类社会的和平与发展。

2. 体育的经济功能和作用

体育是人的活动，特别是体育成为一种很多社会成员参加的经常性活动后，总是在一定的物质消费的基础上进行的，必然要消耗一定的人力、物力和财力。因此，与体育活动相关的服装、器材、装备和体育场地设施等就会随之而产生，体育服务等社会行业就必然会出现。

3. 体育的教育功能和作用

体育是学校教育的一个重要组成部分，是教育的一个重要手段和方面。几乎所有国家都把体育作为教育的内容之一。体育在培养人们健康、合理的生活方式，集体主义精神，爱国主义精神，刻苦耐劳、顽强拼搏精神等方面有着重要作用。

4. 体育的娱乐功能和作用

体育运动能得到广大社会成员的喜爱，一个重要原因是体育与文化、艺术等活动一样具有较强的娱乐功能。人们在体育运动的过程中能体验到乐趣和快感，因而它也成为人们娱乐的一种形式。

此外，体育还具有政治功能、对外交往功能、科学研究功能等多种派生功能。体育的派生功能和体育的独特功能一样，在人类发展和社会进步中起着重要的作用，同时也促进了体育运动本身在人类社会中的不断发展。

体育的功能和作用随着社会的发展和体育本身的发展也在不断地变化和发展。正确认识和深入研究体育的功能和作用，有助于了解体育在人类社会中的作用和充分地发挥体育的不同功能，使体育更好地为人类社会进步和发展服务。

四、职业教育体育的基本目标与发展目标

职业教育体育课程是大学生以身体练习为主要手段，通过合理的体育教育和科学的体育锻炼过程，达到增强体质、增进健康和提高体育素养为主要目标的公共必修课程。体育课程是学校课程体系的重要组成部分，是中职院校体育工作的中心环节，是促进身心和谐发展、思想品德教育、文化科学教育、生活与体育技能教育与身体活动有机结合的教育过程，是实施素质教育和培养全面发展的人才的重要途径。

体育的基本目标是根据大多数学生的基本要求而确定的，发展目标是针对少数学有所长和有余力的学生确定的，也可作为大多数学生的努力目标。

（一）基本目标

基本目标是根据大多数学生的基本要求确定的，分为五个领域目标。

（1）运动参与目标：积极参与各种体育活动并基本形成自觉锻炼的习惯，基本形成终身体育的意识，能够编制可行的个人锻炼计划，具有一定的体育文化欣赏能力。

（2）运动技能目标：熟练掌握两项以上健身运动的基本方法和技能；能科学地进行体育锻炼，提高自己的运动能力；掌握常见运动创伤的处置方法。

（3）身体健康目标：能测试和评价体质健康状况，掌握有效提高身体素质、全面发展体能的知识与方法；能合理选择人体需要的健康营养食品；养成良好的行为习惯，形成健康的生活方式；具有健康的体魄。

（4）心理健康目标：根据自己的能力设置体育学习目标；自觉通过体育活动改善心理状态、克服心理障碍，养成积极乐观的生活态度；运用适宜的方法调节自己的情绪；在运动中体验运动的乐趣和成功的感觉。

（5）社会适应目标：表现出良好的体育道德和合作精神；正确处理竞争与合作的关系。

（二）发展目标

发展目标是针对部分学有所长和有余力的学生确定的，也可作为大多数学生的努力目标，分为五个领域目标。

（1）运动参与目标：形成良好的体育锻炼习惯；能独立制订适用于自身需要的健身运动处方；具有较高的体育文化素养和观赏水平。

（2）运动技能目标：积极提高运动技术水平，发展自己的运动才能，在某个运动项目上达到或相当于国家等级运动员水平；能参加有挑战性的野外活动和运动竞赛。

（3）身体健康目标：能选择良好的运动环境，全面发展体能，提高自身科学锻炼的能力，练就强健的体魄。

（4）心理健康目标：在具有挑战性的运动环境中表现出勇敢顽强的意志品质。

（5）社会适应目标：形成良好的行为习惯，主动关心、积极参加社区体育事务。

第二节　健康的概述

一、健康的含义

现代健康的含义并不只是传统所指的身体没有病而已。根据世界卫生组织（WHO）的解释：健康不仅指一个人没有疾病或虚弱现象，而是指一个人生理上、心理上和社会上的完好状态。这就是关于现代"健康"的较为完整的科学概念。

现代健康的含义是多元的、广泛的，包括生理、心理和社会适应性 3 个方面，其中社会适应性归根结底取决于生理和心理的素质状况。心理健康是身体健康的精神支柱，身体健康又是心理健康的物质基础。良好的情绪状态可以使生理功能处于最佳状态，反之则会降低或破坏某些功能而引发疾病。身体状况的改变可能带来相应的心理问题，生理上的缺陷、疾病，特别是痼疾，往往会使人产生烦恼、焦躁、忧虑、抑郁等不良情绪，导致各种不正常的心理状态。作为身心统一体的人，身体和心理是紧密依存的两个方面。

二、健康的"四维"观念

健康观、健康理念是随着社会生产力及科学技术的发展、人类文明进步而不断发展和完善的。它不是一成不变的，而是不断丰富的。在古时候，健康就是不得病，不管生活质量的好坏。到了近代，随着生产力的提高，科学技术的不断进步，人们的生活不断改善，生活水平不断提高，认为长寿就是健康。而现代，世界卫生组织（WHO）1948 年在其《组织法》中，将健康定义为"健康不仅仅是没有疾病和身体虚弱，而是身体、心理和社会适应的完美状态"的"三维"健康观。1984—1989 年，WHO 对健康理念又做了修改，提出"健康不仅仅是没有疾病和虚弱，而且是生理、心理、道德和社会适应能力上的完满状态"的"四维"健康理念。

（一）21 世纪健康新理念

（1）主动健康新理念：主要思想是要求人人做到"三个字"及"三句话"。"三个字"即"知、信、行"（懂得健康科学知识和方法、相信科学、身体力行）。"三句话"：① 健康知识是前提；② 树立健康第一的理念是根本；③ 养成一个良好的生活方式和行为是关键。

（2）生命自我管理健康新理念：人能改造世界，能创造奇迹，人也可以改变自我、主宰自我。

（3）降低危险因素，利用干预和预防措施保健康。

（二）健康的"四维"观念的具体内涵

1. 生理健康

生理健康是健康的基础，主要指人的组织结构功能要正常，同时组织结构所具有的功能要正常，它是人赖以生存的最基本的条件。

中国人的健康标准为：

（1）身高，体匀，活力旺。不肥胖，没有疲劳感。

（2）心平，体健，适应强。五官灵敏，消化、代谢功能好，心脏有力，血管通畅，神经骨骼活动好，环境适应好。

（3）环境健康，营养均衡，抵抗力强。

（4）运动科学，生活规律，文化素养好。

2. 心理健康

心理健康应具备对环境（包括家庭环境）及事件较强的适应能力、自控能力、调节能力、协调、康复、耐受能力。

心理健康的原则：

（1）心理与所处的环境相协调。

（2）心理与行为的一致。

（3）人格的稳定性。

3. 道德健康

道德健康是指在做人的道德和应有的品质上具有完满状态，是以生理健康和心理健康为基础的，是生理、心理健康最完美的表现和统一。道德是调整人与人之间，人与社会之间行为规范的总和。

其判断标准为：

（1）最高道德标准：无私利他（毫不利己，专门利人）。

（2）基本标准：利己利他。在要求他人健康的同时，也应该首先要求做到自己健康，才能更好地为社会尽职尽责。这是对健康的更高要求。

（3）低标准：单纯的利己主义者。单纯考虑个人的健康，是不完整的健康。

（4）不健康的表现：损人利己。从健康的意义上，作者主张起码要以利己利他作为标准。

4. 社会适应性健康

社会性的健康是指社会性角色（职业、婚姻、家庭角色）等，或工作、学习、娱乐中人际关系的适应状态的优良与完美，是健康的高层次要求。社会适应良好者不仅要生理健康、心理健康、道德健康，而且要有较强的社会适应能力、学习能力、工作能力和健康向上的科学文化知识，这是健康最高的要求。

（三）健康金字塔及其意义

金字塔（如下）是对健康做一个排序：

第四层：社会适应能力，是对健康的最高要求。

第三层：道德健康，是更高级的健康要求。

第二层：心理健康，是生理健康的发展。

第一层：生理健康，是所有健康的基石。

由此可见，健康往往是与学习、劳动、贡献、生活幸福，是与个人、家庭、国家、民族的命运联系在一起的。从一定意义上讲，健康是社会、经济发展的重要条件，健康是第一生产力。因此，尽可能地提高社会群体的健康水平是一项最重要的社会目标。

三、衡量人体健康的标准

怎样准确描述人体的健康状况呢？有日本学者提出了健康条件的"四快"。所谓四快，即吃得快、便得快、睡得快、说得快。就是说一个人食欲好，消化能力好，思维敏捷，反应能力强，神经系统功能好，即可基本反映出他的身体是健康的。

此外，世界卫生组织又规定了十大准则，以衡量一个人是否健康：

第一，有充沛的精力，能从容不迫地担负日常生活和繁重工作，而且不感到过分紧张与疲劳。

第二，处事乐观，态度积极，乐于承担责任，事无大小，不挑剔。

第三，善于休息，睡眠好。

第四，应变能力强，能适应外界环境的各种变化。

第五，能够抵抗一般性感冒和传染病。

第六，体重适当，身体匀称，站立时，头、肩、臂位置协调。

第七，眼睛明亮，反应敏捷，眼睑不易发炎。

第八，牙齿清洁，无龋齿，不疼痛；牙龈无出血现象。

第九，头发有光泽。

第十，肌肉丰满，皮肤有弹性。

四、亚健康及症状

亚健康即指非病非健康状态，这是一类次等健康状态，是介于健康与疾病之间的状态，故又有"次健康""第三状态""中间状态""游离（移）状态""灰色状态"等的称谓。

亚健康是的几种表现：

（1）功能性改变，而不是器质性病变。

（2）体征改变，但现有医学技术不能发现病理改变。

（3）生命质量差，长期处于低健康水平。

（4）慢性疾病伴随的病变部位之外的不健康体征。

五、影响健康的因素

世界卫生组织 1988 年宣布，每个人的健康 60%取决于自己，15%取决于遗传，10%取决于社会因素，8%取决于医疗条件，7%取决于生活环境和地理气候条件的影响。报告十分强调加强健康教育、健康保护、健康促进，提倡自我保健。这种新观念要求人们把注意力由偏重于治疗（并非治疗不重要）转向积极地预防和保健，由依赖医生转向由自己把握健康的命运。

第三节　体育与健康的关系

在这个信息化的时代，随着网络和各种通信方式的发展，网购、邮购等购物方式的出现，人们的生活越来越便利，可以足不出户便知天下事。于是当今的年轻人中便诞生了一大批"宅男宅女"。现在的大学生对体育锻炼越来越忽视，同时，健康状况也越来越令人担忧，数据表明，80%的在校大学生正面临健康状况的困扰。而当今许多疾病都是由于过于安逸的生活导致的体育运动的缺乏，引起的器官功能的衰退和身体素质的下降而诱发的。

因此，正确认识体育与健康的关系，并切实加强体育锻炼，是当代大学生的当务之急。

一、体育锻炼可使人体健康发展

（一）促使人体健康发展

骨骼的生长发育需要不断地吸收营养物质，体育锻炼能促进血液循环和增加对骨骼的血液供应，同时，体育锻炼中的各种动作，也具有促进骨骼生长的良好刺激作用。通过科学的体育锻炼会使肌肉体积增大、肌肉中脂肪减少、肌肉毛细血管增多等，使身体显得丰满而结实。

（二）可使人体功能得到充分发展

适当的体育锻炼对维持和增强人体活动具有重要意义，人长期从事体育锻炼能增强体质并具有延年益寿的功效。

国内体育科学研究观察发现，体育锻炼可以提高人体的运动机能和心脏、循环系统的机能。国外科学家还做过一种试验，让健康青年连续躺在床上 9 天，发现他们的心脏循环系统和呼吸系统以及新陈代谢的工作能力平均下降21%，心脏容积缩小10%。

二、体育锻炼可促使人的心理健康发展

人的身体和心理有密切的关系，健康的心理寓于健康的身体，心理不健康则会导致身体异常甚至患病。体育锻炼不仅可以增强学生的体质，同时还对促进学生心理健康有着积极的作用，具体体现在如下 4 个方面。

（一）体育锻炼为心理健康发展提供坚实的物质基础

人的心理是人脑的活动。心理健康发展，必须以正常健康的身体尤其是以正常健康发展的神经系统和大脑为物质基础。体育锻炼能促使学生身体正常、健康地发展，为心理健康发展提供坚实的物质基础。这是心理健康发展的重要条件。

（二）体育锻炼是心理发展的一种动力

体育运动与日常自然的身体运动相比，无论内容和形式都不尽相同。所以，原有的心理水平往往不能满足所学习的运动项目的需要。例如，短跑要求较短的反应潜伏期、良好的运

动距离知觉和运动速度知觉。又如，篮球比赛中的带球上篮，由于要了解队员位置，要求有较大的注意范围，既要带球前进，又要防止对方拦截，需要善于分配注意力。几乎任何运动项目，都要求运动员有勇敢、坚持、自制、不怕困难等良好的意志品质和乐观、友爱、愉快、同情等多样的感情。上述心理活动和心理特征，就一个人的自然发展水平来说，当然不能满足运动学习和运动竞赛的需要。但是，在学生为了不断提高自己的运动水平或战胜对手而进行的运动活动中，原有心理水平便慢慢获得提高。也就是说，体育运动的新需要与原有心理水平的矛盾，推动了心理的发展。

（三）体育锻炼能推动自我意识的发展

体育运动有助于学生认识自我。体育运动大多是集体性、竞争性的活动，自己能力的高低、修养的好坏、魅力的大小，都会明显地表现出来，使自己对自我有一个比较符合实际的认识。体育运动还有助于推动自我教育。在比较正确地认识自我的基础上，便会自觉或不自觉地修正自己的认识和行为，培养和提高社会需要的心理品质和各种能力，使自己成为更符合社会需要、更能适应社会的人。

（四）体育锻炼能培养良好的意志品质

体育一般都具有艰苦、疲劳、激烈、紧张、对抗以及竞争性强的特点。学生在参加体育锻炼时，总是伴随着强烈的情绪体验和明显的意志努力。因此，通过体育运动，有助于培养学生勇敢顽强、吃苦耐劳、坚持不懈、克服困难的思想作风，有助于培养团结友爱、集体主义和爱国主义精神，有助于培养机智灵活、沉着果断、谦虚谨慎等意志品质，使学生保持积极健康向上的心理状态。积极参加体育课及各种课外文娱活动，有利于学生的身体健康，为其健康的心理发展提供稳固的物质基础，对学生的身心发展能起到积极作用。体育运动能促进身体形态的发育，改善人体机能，提高运动能力，并对提高学生的认识水平，培养良好的情绪和意志品质，形成优良的性格特征起到积极作用。由于体育锻炼是通过学生自己的身体运动而实现的，所以，不仅增强了学生的体质，同时对促进学生的心理健康起到积极的作用。

三、体育锻炼可提高人适应社会的能力

（一）提高人体适应环境的能力

有体育锻炼基础的人对外界环境适应能力强的基本原因有两点：一是长期进行体育锻炼，增进了健康，强壮了体格，身体的各个组织系统在中枢神经支配下，承受外界刺激和协调各组织系统的能力得到增强；二是从事体育锻炼，往往是在各种外界环境和条件的刺激下进行的，因而使自己机体得到锻炼，适应能力不断提高。

（二）促进社会交往和增进友谊

体育锻炼是一种社会活动，人们在体育运动过程中，不仅能够锻炼身体，而且在各种锻炼活动中可以促进社会交往和增进友谊。

所以，"健康"是体育的终极目的。在职业教育体育教学中贯彻"健康第一"的指导思想已经确立，培养学生终生锻炼的意识和习惯，以达到培养大学生德智体美劳全面发展的目的。

第四节　体育课的规范和要求

众所周知，学校体育是以身体练习为主要手段，通过合理的体育教育和科学的身体锻炼过程，来达到学习体育的基本目标。因此，体育教学的特点要求我们全体体育教师和学生在体育课的教学和学习中，要按照体育课的规范与安全要求进行学习。

一、课前常规

（一）教师课前的常规

（1）教师要深入透彻地理解教材、分析教材，要详细分析学生的学情，做到心中有数。

（2）教师要根据学期校历安排，做好教材的单元计划、课时计划的划分，制定《学期教学计划》。

（3）教师根据学期教学计划，课前要认真备课，写好教案。备课时，要备课程目标；备教材重点、难点；备教学对象；备课堂教学时间；备场地器材分配和布置；备教学方法和手段；备气候状况。

（4）课前及时向班主任了解班级学生的情况，并与体育委员主动做好沟通。

（5）场地、器械的准备和清洁卫生安全工作：体育教师应组织指导学生或亲自动手，及时布置并检查好场地器材，准备好教具。积极为学生创造安全、舒适、新颖的运动场地，激发学生的积极参与的愿望、兴趣。

（6）教师服装的准备：体育教师要穿运动服、运动鞋。不穿戴首饰，不穿西服、牛仔裤、大衣，不穿皮鞋、高跟鞋、塑料鞋等。

（二）学生课前的常规

（1）学生在没有特殊情况下不得无故缺席和迟到，中途没有特殊情况不得早退。

（2）学生课前的各种情况：学生因病、事、伤假或女生例假不能正常上课，课前由体育委员或学生自己主动地向教师说明，并出具病、事、伤假的假条，假条必须由班主任签名，教师根据不同情况，合理安排病、事、伤假学生见习。

（3）学生服装的准备：学生必须穿着运动服和运动鞋，不得穿西服、牛仔裤、大衣，不得穿皮鞋、高跟鞋、塑料鞋等。还要注意安全，衣袋里不装有碍活动和可能导致身体不安全的物品，如：剪刀、小刀、钥匙、笔等硬质物品。

（三）师生共同准备

课前 5 分钟到达规定的集合地点，教师检查卫生、服装，对不合格的学生要进行教育，等候上课。

二、课中常规

（一）教师课中的常规

（1）教师要准时上课，待师生互相问好，体育委员报告后，安排见习生。向学生宣布本次课的教学目标、内容以及学习的重点和难点，并强调本次课的要求等教学程序。并指出这节课易出现的安全问题，提醒学生注意自己和同伴的安全。然后逐步按计划进入教学状态。

（2）教师按教案进行教学，在无特殊情况下，不得随意更改。课中教师要关心爱护所有学生，循循善诱，对所有学生进行适时鼓励表扬，树立学习的榜样，鼓励学生学习榜样，树立自信。要加强对学生的关注，特别是学困生的关注，这样才能与学生共同创建和谐愉快的教学气氛。

（3）注意安全卫生。随时注意培养学生运动中安全意识和习惯的养成，同时关注检查见习生见习情况，力求关注全体学生。

（4）教师在课结束前要带领学生做整理活动，之后进行课堂小结和讲评，让学生及时知道课中的表现。提出课后学习的要求，畅述下节课的内容，布置学生课后归还器械和进行场地整理工作，有始有终地结束一堂课。

（二）学生课中的常规

（1）学生准时按指定地点集合上课。上课铃响后，体育委员要整队集合，清点人数，站队要快、静、齐，师生互相问好后，体育委员向教师报告班级出勤情况。

（2）学生上课时，不得缺席、迟到和旷课。上课时要注意力集中、认真学习、刻苦锻炼，不说笑打闹，不吃零食；不经教师批准不得离开练习场地，要听从体育委员和小组长的指挥。教师动作示范时，要仔细观察，并积极思考，分析理解动作要领，有疑难问题及时提出，有机地把大脑思维与动作练习结合起来。

（3）学生要互尊、互助、友爱。不歧视体育素质差的学困生和残疾人的同伴。爱护场地、器械，能够在教师的引导下，与同伴共同完成课堂的各项目标。

（4）注意安全，严格按照教师规定的保护和帮助方法进行练习锻炼。上投掷课和体操课时，不经教师同意，不准动用器材，不得随意移动和升降器械的位置和高度，防止伤害事故发生。

（5）学生要爱护体育器材。按照要求使用器材，有意损坏器材者要负责赔偿。

（6）下课时待师生互相敬礼，互道"再见"后，体育委员协助体育教师归还器械和进行相应场地整理工作。

三、课后常规

（1）教师每次课后都应总结经验和教训，写好课后反思。做好病、事假学生的登记工作。

（2）下课后教师应检查学生整理场地和归还或移交器材的情况，以保证下节课教学的正常进行。

（3）教师对学困生做进一步了解沟通交流，必要时要布置相应课外锻炼计划，以助其改善学困状态。

四、安全要求

（1）任课教师和学生必须牢固树立"安全第一"的思想，严禁擅自做课堂教学内容以外并有危害身体健康的动作练习，如攀爬、滚翻等。

（2）严禁雷雨、雾霾天气在室外运动场所运动。

（3）剧烈运动前必做好热身运动和准备操，以防运动损伤发生。

思考题

1. 体育的定义是什么？
2. 体育的功能与作用是什么？
3. 21世纪健康新理念是什么？
4. 体育与健康的关系是什么？

第二章　体育保健

体育保健学是研究体质与健康教育及体育运动中的保健规律和措施的一门应用科学，是运动医学的一个分支。它的主要内容包括：体育卫生、保健按摩、体育疗法、体育伤病的预防和处理。它的主要任务是运用医学保健的知识和方法，对体育运动参加者进行医务监督和指导，通过体育锻炼能更好地达到增强体质、增进健康和提高运动技术水平的目的及效果。

第一节　体育锻炼与卫生

学校体育卫生是指促进学生健康发育的学校体育运动中的卫生措施。学校体育运动有体育课、课外体育锻炼、早操（或课间操）三种形式，有严格的卫生要求，根据学生的生理体质特点，对运动内容、方式、运动量、用具和场地采取卫生措施，实行医务监督，预防运动创伤和运动性疾病，以达到增强体质、促进健康的目的。

一、体育锻炼的形式

（一）体育课

体育课用以传授体育知识，体育课程每周以不少于 2 学时为宜，适宜的运动量以课间平均心率达到 130 ~ 170 次/分为佳。运动量过小或过大对学生都不宜。运动量过小，课程显得枯燥沉闷，提不起学生的兴趣；运动量过大，又会使学生很快疲劳。运动量的上升和下降应该是逐步的，在主要训练阶段达到最高峰。因此，合理的课程安排应分四个阶段：① 开始阶段，占 2 ~ 3 分钟，通过整队、提示内容、检查服装，唤起学生的注意；② 准备阶段，占 8 ~ 12 分钟，通过一般操练，使身体逐步达到运动员状态；③ 训练阶段，占 25 ~ 30 分钟，或传授新课，或复习巩固旧课，进行专门训练；④ 结束阶段，占 3 ~ 5 分钟，通过整理活动，使肌肉放松，心率恢复平静状态。

（二）课外体育锻炼

课外体育锻炼每周不应少于 4 ~ 5 次，每次 1 小时。它既能巩固体育课所学的技能，有利于增强体质，又是一种活动性休息，可帮助消除疲劳，恢复旺盛的学习能力。

（三）早操或课间操

早操或课间操一般以体操方式进行，要简便易学，而且对场地、器械无特殊要求，也不受气候、季节的影响。体操动作要科学安排，对身体起全面作用。对学生的呼吸、循环、消化、神经和皮肤体温调节功能都有明显的促进作用。对少数体弱和有体格缺陷的学生，应专门组织起来，学习"脊柱保健操""身体素质操""平足矫正操"或太极拳等，这样做能有针对性地增强局部肌肉，或全面增强体质，对预防和矫正脊柱侧弯、驼背、鸡胸及其他体格缺陷很有帮助。

二、体育锻炼的一般生理卫生知识

"生命在于运动"，而运动必须有一定的规律性，只有掌握体育锻炼的一般生理卫生知识，科学地进行体育锻炼，才能起到健身强体、防病治病的作用。

（一）要选择适合自己的运动项目

大学生的运动项目多种多样，有篮球、足球、排球、羽毛球、铅球、乒乓球，有跳高、跳远、标枪、短跑、中长跑、爬山，有游泳、体操、武术，等等。这些运动项目对于增强学生的体质大有好处，学生可以根据体育课的要求、自己的身体条件和兴趣爱好，选择其中若干项，坚持经常锻炼。那么，如何选择呢？可根据大学不同阶段进行选择：新生入学时，由于通过高考拼搏，大多学生体质明显下降，因此新生入学后，宜先选择可提高心血管系统和呼吸系统功能的健身跑或健身跑加单双杠运动，经过一段时间锻炼后，体质有了明显增强时，可增加球类、跳高、跳远、标枪、铅球等项目；二年级时，除选择共同锻炼的项目外，还可以根据个人素质及爱好选定某些专项；三、四年级时，应根据自己的特长和兴趣爱好固定一二个专项坚持锻炼，充分调动自觉锻炼的积极性。

（二）要安排好锻炼时间和运动项目

大学生运动时间主要有清晨、课间、课外和睡前这四种，在这四种时间里，应根据不同时间选择不同的运动项目：清晨运动，是一天从事脑力劳动的准备活动。运动时间不宜太长，运动量不能太大，以免引起过早抑制，造成上午上课时打瞌睡，影响学习。运动时间一般为10～20分钟，运动项目以做徒手操为主，也可进行短距离的慢跑，有条件的可进行常年的冷水锻炼。课间运动，是积极性的休息，为时10分钟，项目以广播操和眼保健操为宜。课外活动，是大学生一天中最主要的运动时间，一般为1～2小时，可进行较剧烈的体育运动和比赛。运动量宜以锻炼所消耗的体力易于恢复、对晚自修无妨碍为原则。睡前活动，睡前20分钟，可进行为时较短的缓和的运动，如打拳、练气功、做操、散步等，可以缓解脑神经的兴奋和消除肌肉的紧张，有利于睡眠。

（三）要遵循体育锻炼规律

锻炼身体要取得良好的效果，必须遵循增强体质的生理规律和心理活动的规律，其基本原则可归纳为如下几个方面：提高认识，自觉锻炼。要求锻炼者要正确认识体育的价值，才能培养锻炼者对某项体育活动的兴趣，才能养成经常锻炼身体的习惯，才能达到理想的锻炼效果。适量负荷，因人而异。大学生应根据自己的实际情况，如性别、年龄、体质、健康情况，去选择不同的运动项目和方法，量力而行，不勉强，不超负荷。运动量的掌握也要因人因时而异，不能一刀切，要学会循序渐进，持之以恒。

三、体育锻炼中注意饮食卫生

经常从事体育锻炼，可促进胃肠道的蠕动和消化液的分泌，对消化吸收机能可产生良好影响。但是，如果在体育锻炼后不注意饮食卫生，暴饮暴食，则会严重影响锻炼者的身体健康。

人体在体育活动时，支配内脏器官的交感神经高度兴奋，副交感神经的活动受到限制。这种作用可使心脏活动加强，骨骼肌血流量增加，以保证体育锻炼时肌肉工作的需要，而胃肠道的血管收缩，血流量减少，消化能力下降。这种作用要在运动结束后逐渐恢复，如果在运动后立即进食，由于胃肠的血流减少、蠕动减弱，消化液分泌减少，进入胃内的食物无法及时消化吸收，而且储留在胃中，易牵拉胃粘膜造成胃痉挛。长期不良的饮食习惯还可诱发消化道疾病。因此，在运动后应注意合理的饮食卫生。合理的饮食习惯应包括以下几点：

（1）体育锻炼后，不要急于进食，要使心肺功能稳定下来，胃肠道机能逐渐恢复后再用餐。这段时间一般为半小时，如果是下午进行较剧烈体育锻炼，间隔的时间应相对更长。

（2）与体育锻炼后进食不同，体育锻炼后的补水是可行的，只要口渴，在运动后即刻，甚至在运动中即可补水。以往人们担心运动中补水会增加心脏负担，曩胃排空，现在看来这种担心是多余的。在天气较热的情况下，大量排汗引起体内缺水，不及时补水，可能会造成机体脱水、休克等症状。所以，运动中丢失的水必须及时补充。最近的研究发现，中等强度的体育锻炼后，胃的排空能力有所加强，因此，运动后或运动中的补水是可行的。马拉松比赛途中的饮水站，也说明运动中补水是非常必要的。

（3）补水要注意科学性，不可暴饮。体育锻炼后的补水原则是少量多次，可以在运动后每 20~30 分钟补水一次，每次饮水量 250 毫升左右，夏季时水温应在 10 ℃ 左右，其他季节最好补充温水；饮用不同成分的饮料会对人体有不同的影响，运动中在排汗的同时也伴随着无机盐的流失，因此，运动后最好补充 0.2%~0.3%的盐水，也可选用橙汁、桃汁等原汁稀释饮料，不要饮含糖量过高（大于6%）的饮料，尽可能不饮用汽水。

四、体育锻炼的呼吸方法

体育锻炼时掌握了合理的呼吸方法，可以有效地提高锻炼效果。掌握合理的呼吸方法应注意以下几方面的问题：

（一）口鼻呼吸法，减小呼吸道阻力

人体在进行体育锻炼时，氧气的需要量明显增加，所以仅靠鼻实现通气已不能满足机体的需要。因此，人们常常采用口鼻同用的呼吸方法，即用鼻吸气，用口呼气。活动量较大时，可同时用口鼻吸气，口鼻呼气，这样一方面可以减小肺通气阻力，增加通气；另一方面，可通过口腔增加体内散热。有研究证实，采用口鼻呼吸方式可使人体的肺通气量较单纯用鼻呼吸增加一倍以上。在严冬进行体育锻炼时，开口不要过大，以免冷空气直接刺激口腔粘膜和呼吸道而产生各种疾病。

（二）加大呼吸深度，提高换气效率

人体在刚开始进行体育活动时往往有这种体会，即运动中虽然呼吸频率很快，但仍有一

种呼不出、吸不足、胸闷、呼吸困难的感觉。这主要是由于呼吸频率过快，造成呼吸深度明显下降，使得肺实际进行气体交换的量减少，肺换气效率下降。所以，体育锻炼时要有意识地控制呼吸频率，呼吸频率最好不要超过每分钟 25～30 次，加大呼吸深度，使进入肺内进行有效气体交换的量增加。过快的呼吸频率还会由于呼吸肌的疲劳造成全身性的疲劳反应，影响锻炼效果。

（三）呼吸方式与特殊运动形式相结合

不同的体育锻炼方式对人体的呼吸形式有不同的要求，人体的呼吸形式可分为胸式呼吸、腹式呼吸和混合呼吸，在运动中呼吸的形式、时相、速率、深度以及节奏等，必须随技术运动进行自如的调整，这不仅能保证动作质量，同时还能推迟疲劳的出现时间。

在进行跑步运动时，宜采用富有节奏性的、混合型的呼吸，每跑 2～4 个单步一吸、2～4 个单步一呼；在进行其他的运动中，应根据关节的运动学特征调节呼吸，在完成前臂前屈、外展等运动时，进行吸气比较有利，而在进行屈体等运动时，呼气效果更好；在进行气功练习时，采用以膈肌收缩为主的呼吸方式，效果较好；在进行太极拳、健美操等运动时，呼吸的节奏和方式应与动作的结构和节奏相协调。因此，在体育锻炼时，切勿忽视呼吸的作用，掌握合理的呼吸方法，可以有效地提高锻炼效果。

五、女子体育卫生

女子经常参加体育锻炼，不仅可以促进身体发育，增进健康，更好地完成负担量大的工作，而且还能使身体各部分肌肉得到协调均匀的发展。特别是通过体育锻炼能使腹肌、腰背肌和骨盆底肌得到增强，对女性怀孕期的身体健康和顺利分娩很有好处。但是，男女身体结构和生理机能有所不同，因此在进行体育锻炼时，必须考虑到女子的解剖生理特点，采用正确的方法。

（一）女子参加一般体育锻炼的卫生保健要求

由于女子肩部较窄，肩力弱，重心低，故应注意循序渐进地发展上肢力量。从高处落下时，地面不可太硬，以正确姿势落地，以免身体过分震动，影响骨盆正常发育。根据女子的生理及心理特点，宜进行体操、健美操等项目的锻炼。在长距离游泳方面，女子也具有一些有利条件，如女子肩部较窄，游泳时所承受水的阻力较小；且女子体内脂肪储存较多，氧的利用率和调节体温的效率高于男子，对在能量消耗时所引起的体温升高有较好的散发作用，在单位时间内，能量消耗也较少。体育锻炼可以促进女性组织器官的发育及其功能的改进，特别是经期更应注意补充一些含铁指数高的食物，如黑木耳、海带、猪肝等。

（二）女性体育的一般要求

（1）分组教学，女子的运动量、运动强度安排得小一些。

（2）女性肩带力量较薄弱，体操动作时需要加强保护。

（3）注意保持和发展柔韧性和平衡能力，加强力量训练。

（4）不宜做对盆腔冲击过大的运动，如高处跳下等。

（5）加强体育意识的形成。

（三）月经和月经周期

月经是指有规律、周期性的子宫出血。

女子在进入青春期后，机体在丘脑下部的作用下，垂体前叶分泌的促卵泡激素作用于卵巢，促使卵巢里的卵泡和卵子发育成熟。

女子月经期可分为以下四种生理反应：

（1）正常型：感觉良好，机能不变。

（2）抑制型：感觉乏力，体力下降，心血管机能恢复时间延长，心率慢。

（3）兴奋型：情绪激动，睡眠差，心率快，血压高，肌肉发紧，动作僵硬。

（4）病理型：腰酸背痛，头痛头晕，恶心，全身不适。

（四）月经期的体育卫生

（1）避免过冷、过热刺激，特别是下腹部。

（2）前两天不宜进行强度过大、时间过长的训练。

（3）不宜进行剧烈运动，尤其是震动强烈、增加腹压的动作。

（4）经期一般不宜下水。

（5）有月经失调史者，加强医务监督，减少运动量，直至停训。

第二节　常见推拿按摩保健手法

在体育运动中主动给学生推拿、按摩养生，称主动推拿，偏重于强身防病，益寿延年。若是医生给病人推拿，称为被动推拿，主要用于治疗疾病。推拿具有"验、便、廉"的特点，尤其是自我推拿，不受设备、环境等条件限制，不用针、不用药，即能达到祛病强身的目的，很受广大群众欢迎，也非常值得职业院校学生去学习、运用。

一、按　法

以拇指或掌根等部在一定的部位或穴位上逐渐向下用力按压，按而留之，不可呆板，这是一种诱导的手法，适用于全身各部位。临床上按法又分指按法、掌按法、屈肘按法等。

（1）指按法：接触面较小，刺激的强弱容易控制调节，不仅可开通闭塞、散寒止痛，而且能保健美容，是最常用的保健推拿手法之一。如常按面部及眼部的穴位，既可美容，又可保护视力。

（2）掌按法：接触面较大，刺激也比较缓和，适用于治疗面积较大而较为平坦的部位，如腰背部、腹部等。

（3）屈肘按法：用屈肘时突出的鹰嘴部分按压体表，此法压力大，刺激强，故仅适用于肌肉发达厚实的部位，如腰臀部等。

按法操作时着力部位要紧贴体表，不可移动，用力要由轻而重，不可用暴力猛然按压。按法常与揉法结合应用，组成"按揉"复合手法，即在按压力量达到一定深度时，再作小幅度的缓缓揉动，使手法刚中兼柔，既有力又柔和。

二、摩 法

以掌面或指面附着于穴位表面，以腕关节连同前臂做顺时针或逆时针环形有节律的摩动。摩法又分为指摩法、掌摩法、掌根摩法等。

（1）指摩法：用食指、中指、无名指面附着于一定的部位上，以腕关节为中心，连同掌、指作节律性的环旋运动。

（2）掌摩法：用掌面附着于一定的部位上，以腕关节为中心，连同掌、指作节律性的环旋运动。

（3）掌根摩法：用掌根部大、小鱼际等力在身体上进行摩动，摩动时各指略微翘起，各指间和指掌关节稍稍屈曲，以腕力左右摆动，操作时可以两手交替进行。

在运用摩法时，要求肘关节自然屈曲、腕部放松，指掌自然伸直，动作要缓和而协调。频率每分钟 120 次左右。本法刺激轻柔缓和，是胸腹、胁肋部常用的手法。若经常用摩法抚摩腹部及胁肋，可使人气机通畅，起到宽胸理气、健脾和胃、增加食欲的作用。

三、推 法

四指并拢，紧贴于皮肤上，向上或向两边推挤肌肉。推法可分为平推法、直推法、旋推法、合推法等。现仅以平推法说明之。平推法又分指平推法、掌平推法和肘平推法。

（1）指平推法。用拇指指面着力，其余四指分开助力，按经络循行或肌纤维平行方向推进。此法常用于肩背、胸腹、腰臀及四肢部。

（2）掌平推法。用手掌平伏在皮肤上，以掌根为重点，向一定方向推进，也可双手掌重叠向一定方向推进。此法常用于面积较大的部位。

（3）肘平推法。屈肘后用鹰嘴突部着力向一定方向推进。此法刺激力量强，仅适用于肌肉较丰厚发达的部位，如臀部及腰背脊柱两侧膀胱经等部位。

在运用推法时，指、掌、肘要紧贴体表，用力要稳，速度要缓慢而均匀。此种手法可在人体各部位使用，能增强肌肉的兴奋性，促进血液循环，并有舒筋活络的作用。

四、拿 法

捏而提起谓之拿。此法是用大拇指和食、中指端对拿于患部或穴位上作对称用力，一松一紧地拿按。使用拿法时，腕部要放松灵活，用指面着力。动作要缓和而有连贯性，不可断断续续，用力要由轻到重，再由重到轻，不可突然用力。本法也是常用保健推拿手法之一，具有祛风散寒、舒筋通络、开窍止痛等作用，适用于颈项、肩部、四肢等部位或穴位，且常作为推拿的结束手法使用。

五、揉　法

用手指罗纹面或掌面吸定于穴位上，作轻而缓和的回旋揉动。揉法又分为：指揉法、鱼际揉法、掌揉法等。

（1）指揉法。用拇指或中指或食指、中指、无名指指面或指端轻按在某一穴位或部位上，作轻柔的小幅度环旋揉动。

（2）鱼际揉法。用手掌的大鱼际部分，吸附于一定的部位或穴位上，作轻轻地环旋揉动。

（3）掌揉法。用掌根部着力，手腕放松，以腕关节连同前臂作小幅度的回旋揉动。揉法是保健推拿的常用手法之一，具有宽胸理气、消积导滞、活血化瘀、消肿止痛的作用，适用于全身各部，如揉按中脘、腹部配合其他手法对胃肠功能有良好的保健作用。

六、擦　法

用手掌的大鱼际、掌根或小鱼际附着在一定部位，进行直接来回摩擦，使之产生一定热量。本功法益气养血、活血通络、祛风除湿、温经散寒，具有良好的保健作用。

七、点　法

用拇指顶端，或中指、食指、拇指之中节，点按某一部位或穴位，具有开通闭塞、活血止痛、调整脏腑功能等作用，常用于治疗脘腹挛痛、腰腿疼痛等病症。

八、击　法

用拳背、掌根、掌侧小鱼际。指尖或用桑枝棒叩击体表，可分为拳击法、小鱼际击法、指尖击法、棒击法等。击法具有舒筋通络、调和气血的作用，使用时用力要快速而短暂，垂直叩打体表，在叩打体表时，不能有拖抽动作，速度要均匀而有节律。其中拳击法常用于腰背部；掌击法常用于头顶、腰臀及四肢部；侧击法常用于腰背及四肢部；指尖击法常用于头面，胸腹部；棒击法常用于头顶、腰背及四肢部。

九、搓　法

用双手的掌面或掌侧挟住一定部位，相对用力作快速搓揉，并同时作上下往返移动。本法具有调和气血、舒通经络、放松肌肉等作用，适用于四肢及胁肋部。使用此法时，两手用力要对称，搓动要快，移动要慢。

十、捻　法

一手的拇指和食指罗纹面，捏住另一手的手指，作对称用力捻动。本法具有理筋通络、滑利关节的作用，适用于手指、手背及足趾。运用时动作要灵活、快速，用劲不可呆滞。

十一、掐　法

用拇指或食指指甲，在一定穴位上反复掐按。常与揉法配合使用，如掐揉人中，须先掐时揉。本法有疏通经脉、镇静、安神、开窍的作用。

十二、抖　法

用双手握住患者的上肢或下肢远端，用微力做连续的小幅度的上下连续颤动，使关节有松动感，可分上肢抖法和下肢抖法。此法具有疏松脉络、滑利关节的作用，常与搓法合用，作为结束手法，使患者有一种舒松的感觉。在反复练习、掌握了上述手法时，还应了解自我按摩保健的主要内容。通常分为以下动作，使用时最好依次进行。

（1）净口：口唇轻闭后，用舌在齿唇之间用力卷抹，右转、左转各 30 次。

（2）叩齿：口唇轻闭时，有节律地叩击上下齿 35 次左右。

（3）搓手：用两手掌相对用力搓动，由慢而快，约 30 次，大概搓热为止。

（4）摩脸：用搓热的手掌擦脸，手指微屈、五指并拢，两手轻作遮面状，由额向下拂，如同洗脸 30 次。

（5）揉太阳：用两手中指端，按两侧太阳穴旋转揉动，先顺时针转，后逆时针转，各 7 ~ 8 次。

（6）点睛明：用两手食指指端分别点压双睛明穴，共 20 次左右。

（7）揉眼。用两手食、中、环三指指节，沿两眼眶旋转揉动，先由内向外转，再由外向内转，各 7 ~ 8 次。

（8）按太阳：用两手食指指端分别压在双侧太阳穴上转动，顺、逆时针方向各 15 次。

（9）梳头：十指微曲，以指尖接触头皮，从额前到枕时进行"梳头"，共 25 次左右。

（10）鸣天鼓：先用两手掌心紧按两耳孔，两手中间三指轻击头时枕骨 15 次。然后掌心掩按耳孔，手指紧按头时枕骨部不动，再骤然抬离，接连开闭放响 15 次；最后两中指或食指插入耳孔内转动 3 次，再骤然拔开。如此共进行 3 ~ 5 次。

（11）揉胸脯：以两手掌按在两乳外上方，旋转揉动，顺、逆时针方向各揉 10 次。

（12）抓肩肌：以右手拇指与食、中指配合捏提左肩肌，然后再以左手拇、食、中指配合捏提右肩肌，如此左右手交叉进行，各捏提 10 ~ 15 次。

（13）擦丹田：用右手食指、中指及无名指摩擦小腹部，以丹田穴为中心，一般进行 30 ~ 50 次。

（14）搓腰：先将两手互相搓热，紧按腰部，用力向下搓到尾间部，左右手一上一下，两侧同时进行，共搓 30 次。

（15）点环跳：先以左手拇指端点压左臀环跳穴，再用右手点压右臀环跳穴，交叉进行，每侧 10 次。

（16）擦大腿：两手抱紧一侧大腿部，用力下擦到膝盖，然后擦回大腿根，来回擦 20 次。

（17）揉小腿：用两手掌挟紧一侧小腿腿肚，旋转揉动，每侧揉动 20 ~ 30 次。

（18）擦涌泉：先将两手互相搓热，接着用右手中间三指擦左足心，以涌泉穴为中心，一般进行 30 ~ 50 次，以擦至左足心发热为止，然后又用左手中间三指将右足心擦热。

上述按摩动作，各有各的保健作用，如叩齿可以促进牙齿周围的血液循环，有助于使牙齿坚固，预防某些牙病；运舌，具有按摩口腔黏膜和齿龈的作用，并能刺激唾液分泌而帮助消化；擦面，可促进面部血液循环，有助于保持面部皮肤的弹性和张力；鸣天鼓，有助于预防头昏、项强等症的发生；揉腹，能够改善腹腔血液循环，促进肠的蠕动，可促进消化机能；

擦涌泉，不仅通过改善局部循环而有助于健步，而且还有助于预防失眠、心悸等症的发生。由此可见，每天坚持练习上述动作，对于保健强身，预防疾病确有一定价值。

第三节　常见病穴位按摩

按摩是用手或按摩器材作用在人体各部肌肉、筋、骨关节及经穴上，运用手法达到保健治疗、养生目的的一种中医保健治疗方法，是一门既古老又新兴的学科。随着社会的进步和科学技术水平的发展而发展。在当今逐步进入全民保健的时代，保健按摩已逐步被广大人民所熟知。保健按摩是一种简单易行无毒副作用，无血液污染的方法，有病可以治疗，无病可以强身。

下面介绍几种常见的穴位按摩：

一、扁桃腺疼痛

指压"合谷"对于治疗扁桃腺疼痛非常有效，"合谷穴"不仅能治扁桃腺疼痛，对于牙痛、高血压、面疱也很有效。"合谷"是将拇指和食指张成 45 度角时，位于骨头延长角。

二、治疗便秘的穴位与指压法

先卧在床上，放松全身肌肉，在第 4、5 腰椎中间向左右二指幅处强压到稍有疼痛感。由于此处能刺激大肠，使大肠机能活泼，因此对各种便秘有辅助治疗作用。指压时先深吸一口气，一面强压一面吐气，6 秒钟后将离开，恢复自然呼吸，如此重复 5 ~ 10 次（请人代劳时，采用同样的呼吸法）。

三、治疗出汗的穴位与指压法

汗是由肾经与膀胱经支配。所以，称为"阴谷"即在膝盖关节内侧 5 厘米左右上方的穴道与称为"肾俞"即在第 2 腰椎左右 2 厘米处的穴位，对治疗多汗症非常有效。"阴谷穴"能够缓和冲击肉体性、精神性的变化，更是有助于回复的穴位；"肾俞穴"是对因泌尿系统等不正常所引起的疾病，具有治疗效果的穴道。

四、治疗低血压的穴位与指压法

在感到头重、头昏脑涨时，稍微强力的指压叫"百会"的穴位。"百会"在头的最上部之中心，将两手的中指置于其上，缓缓吐气，强力按压 6 秒钟，如此反复 5 次，血液循环会变为良好。

此穴位是在脚踝的正后面。用大拇指及食指抓住这两个点，以与前面同样的要领强力按压 6 秒钟，反复做 20 次。

五、治疗风湿疼痛的穴位及指压法

治疗上半身疼痛，以指压"外关"和"内关"最有效。"外关"位于手脖子横皱纹向上三指宽处。"内关"位于"外关"的反面。治疗下半身疼痛以指压"百里"最有效。

指压上述穴位时，必须左右交替，一面吐气一面压6秒钟，如此重复10次，每天操作数次。如果患处肿胀、发炎的话，不可压患处，而只在患处附近缓缓地压即可。

六、治疗感冒的穴位及指压法

穴位是在颈后侧称为"大椎"之处。挺直身体、颈部向前倾，在颈根处有块隆起的骨。在此隆起骨中，最接近颈部上面的骨称为第7颈椎、其下降之骨（第一胸椎）间凹洼的中心，即是称为"大椎"的穴位。

强力按压此穴位，能促进组织的发达，使身心一面作用旺盛，一面控制体内钙与磷的代谢。进而增加对滤过性病毒的抵抗力。

用这种治疗法几乎可治愈感冒，如果还未能完全复原请再试试以下的治疗方法。

从朝向"大椎"下的第2个凹洼（第2胸椎与第3胸椎间）的中心，左右各2厘米左右之处。此穴位称为"风门"，治疗要领同上（手无法到达请别人帮忙），连续做10次。

七、治疗高血压的穴位与指压法

在脚的大拇趾趾根上，有粗的横纹。在其中央是称为"高血压点"的穴位。慢慢地吐气，用两手的大拇指强力按压此处6秒钟，在两脚的穴位各做3次，一天做10次。不间断的做此指压法一年，无论多高的血压，亦可有很显著的疗效。

八、治疗骨折、伤痕等后遗症穴位与指压法

治疗这样后遗症，"列缺"穴在手腕内侧（大拇指侧下），能感觉到脉搏跳动之处，最具效果。此穴位常使手动脉及血液流动。另外脚痛时，指压膝盖里侧中央称为"委中"的穴位最具效果。按压右手部"列缺"时，使右手放松，一面吐气一面用左手的大拇指用力按压6秒钟。相反的，如果是左手，则使左手放松，用右手的大拇指强力按压。"委中"是用两手的大拇指按压，一面吐气用力按压6秒钟。以上步骤每天反复做30次。

九、治疗喉咙痛、鼻塞的穴位及指压法

指压"尺泽"和"上尺泽"两处穴道。先将手臂上举，在手臂内侧中央处有粗腱，腱的外侧外就是"尺泽"。"尺泽"上方3～4厘米处用手强压会感到疼痛处，就是"上尺泽"。

指压"迎香"时，对去除流鼻涕、鼻塞和关于鼻子的一切不适之感都很有效，能治愈鼻病。"迎香"位于鼻翼左右1厘米处，指压时左右同时进行，先深吸一口气，将食指置于其上，一面缓缓吐气一面压6秒钟。其次一面吸气一面卸除指力，如此重复10次就能治好鼻塞、流鼻涕。刺激此穴道也能使嗅觉复活，使你能辨别各种香味激起食欲。

十、治疗假性近视的穴位与指压法

假性近视和眼睛疲劳都是眼睛酸痛所引起。现在为你介绍消除眼睛酸痛的穴道指压健康法。

（1）轻按眼睛周围，将眼睛闭上状态的眼皮轻按到稍微有疼痛感。按法是用食指和中指按压眼窝。

（2）在戴眼镜脸侧中央骨洼处叫"客主人"穴，只要指压此处视神经，就能消除眼睛的疲劳。指压时一面稍强吐气一面使用手掌压6秒钟，如此重复10次。

（3）"行间"是位于脚大拇趾和第二趾之间，这是治疗眼睛和肝脏的穴道。指压时一面吐气，一面强压到稍微有疼痛感，如此重复2～3次。这个穴道对运动不足、暴饮暴食而引起的眼睛疲劳最有效。

十一、治疗慢性胃炎、胃痛的穴位与指压法

"中脘"是治疗胃肠病不可缺少的穴位，它位于胸骨下端和肚脐连线中央。指压时仰卧，放松肌肉，一面缓缓吐气一面用指头使劲地压，6秒钟时将手离开，重复10次，就能使胃感到舒适。中脘指压法如果在胃痛时采用的话，效果更佳，它与过酸性和减酸性无关。

过酸性的话，指压"阳陵泉"。它位于膝盖呈直角时外侧腓骨小头之下，刺激时一面吐气一面压6秒钟，如此重复10次，会使制酸作用活跃，不会打酸嗝。

减酸性的话，只要指压"足三里"。指压要领同前，重复10次就可促进胃酸分泌，使胃感到舒服。如果弄错过酸性和减酸性，会产生反效果，因此必须多加注意。

十二、治疗食欲不振的穴位及指压法

指压第6、7胸椎，能使食欲中枢产生显著的功效，能使食不振渐渐治愈。第6胸椎右侧、第7胸椎左侧是穴道所在，指压时一面吐气一面强压6秒钟后将手收回，恢复自然呼吸，如此重复30次。

这种穴道指压法必须在餐前一小时进行，而且餐前尽量少吃甜味料、白砂糖等会减低食欲之物。还有，时常保持情绪稳定也能防止食欲不振，有烦恼事情的话，最好将它忘却，可以多活动或干自己感兴趣的事。将心理的不安去除后，食欲就能随之产生。

十三、治疗膝关节疼痛的穴位与指压法

关节痛并不仅限于膝盖，有时脚脖子、手腕、手臂也会感到疼痛。指压"膝眼"对治疗关节痛非常有效。"膝眼"位于将膝盖折成直角时，在它的下面凹处。指压时用双手中指，一面缓缓吐气一面强压6秒钟，如此左右各做10次，每天做3回。则关节疼痛会在不知不觉间就可去除。

十四、治疗月经痛的穴位与指压法

在此介绍对月经痛非常具有效果的两个穴位。

一个称为"三阴交"，是女性病症中不可欠缺的穴位，"三阴交"又叫"女三里"，对妇女月经痛颇有疗效。"三阴交"是从脚部内侧的脚踝，沿着骨往上四指压至最疼处。一面缓缓地吐气，每隔 6 秒钟用力按压一次，重复 20 次。另一个称为"内关"，内关是在手腕的内侧，从近手腕之横皱纹的中央，往上约三指宽的中央。指压时一面缓缓吐气，用力按压 2 秒钟，反复做 5 次。请以同次数按压左右。如此，月经痛便会消失。

十五、治疗头痛的穴位与指压法

头痛用此摩擦法也可治疗。一旦头痛，就立刻将大拇指压于左右的太阳穴上，一边用力压，一边做旋转的动作，共计做 36 次。注意每次按压后要稍微抬起拇指，并换气后再进行按压。这点一定要注意。

患有慢性头痛或严重头痛的人，持续做此"太阳穴"摩擦法，可以一定程度解除痛苦。但此摩擦法并非对所有头痛都有很好的疗效，"太阳穴"摩擦法对于因血管原因引起的头痛治疗效果明显，尤其是对两侧"太阳穴"附近的头痛疗效更是显著。

十六、按压"合谷穴"可止牙痛、头疼

当手掌合拢时，大拇指与食指之间，便会有一稍微隆起的部位，在隆起的部位正中央有一个"合谷穴"。合谷穴对于治疗头疼、牙痛等有效，是止痛的特效穴。在我国古代拔牙时都在此穴针灸以为麻醉之用。

当牙痛、头疼时，只要揉"合谷穴"即可缓和疼痛。用右手使劲地揉左手的"合谷穴"，接着换手，使用左手使劲地揉右手的"合谷穴"，则剧烈的疼痛自然就会缓和下来。

由于"合谷穴"与整个头部组织有关，若继续摩擦可使颜面变得光滑、细嫩，并且有预防面皱的功效。而且"合谷穴"的摩擦对于治疗颜面麻痹、眼疾、鼻炎、扁桃腺炎和所有头部之疼痛能发挥莫大的效果，一日做二三回，容易使一个人生气蓬勃。

患有慢性头疼的人，一旦感到疲倦时，不妨做此"合谷穴"的摩擦，可以有效地缓解头疼的症状。

十七、摩擦心窝可止呕吐

当晕车想吐或过于紧张不适、饮酒过度而呕吐时，一般人通常都是替患者做背部摩擦，其实那并没有什么效果。事实上，能抑制恶心的经穴在心窝到腹部的位置，包括了"上脘穴""中脘穴""下脘穴"三个经穴。当身体不适或晕车、酒醉时，用手指尖使劲地在心窝处上下摩擦，约经二三分钟后，恶心就会自然停止，且能消除掉胃的疼痛或不舒服的感觉。

思考题

1. 体育锻炼的一般生理卫生知识是什么？
2. 体育锻炼的呼吸方法有哪些？
3. 女子体育锻炼注意事项是什么？
4. 常见推拿按摩保健手法有哪些？

第三章　常见运动损伤与处理

在我们体育活动中经常会发生各种损伤，这种运动损伤对学生造成的影响是十分严重的，不仅影响学生运动成绩的提高，缩短其运动寿命，而且严重者还可使人残疾、死亡，给学生带来极坏的生理、心理影响，妨碍体育运动的正常开展。因此，我们必须对运动损伤采取防治措施，把运动损伤发生率及其危害降到最低。

第一节　运动损伤概述

一、运动损伤含义

运动过程中发生的损伤，称为运动损伤。某些运动损伤与运动项目、技术动作特点密切相关。对运动损伤的发生原因、发病规律、预防措施、治疗效果和康复时间的研究，有利于改善运动条件，改进体育教学和运动训练的方法，提高学生运动成绩，使体育锻炼更好地起到促进身心健康的效果。

二、运动损伤的分类

运动损伤的分类方法较多，常用的有以下 4 种。

（一）按伤后皮肤或黏膜完整与否分类

（1）开放性损伤：伤处皮肤或黏膜的完整性遭到破坏，有伤口与外界相通。如擦伤、刺伤、切伤及撕裂伤等。

（2）闭合性损伤：伤处皮肤或黏膜无破损，没有伤口与外界相通，如挫伤、肌肉拉伤及关节韧带损伤等。

（二）按伤后病程的阶段性分类

（1）急性损伤：指一瞬间遭到直接暴力或间接暴力造成的损伤，如肌肉拉伤、关节韧带扭伤等。

（2）慢性损伤：指局部过度负荷，多次微细损伤积累而成的损伤，或由于急性损伤处理不当转化来的陈旧性损伤，如肩肘损伤、髌骨软骨软化症等。

（三）按受伤的组织结构分类

损伤何组织即为何损伤，如肌肉与肌腱损伤，皮肤损伤，关节、骨损伤，滑囊损伤，神经损伤等。

（四）按伤性轻重分类

（1）轻伤：不影响工作和训练。

（2）中等伤：24小时以上不能工作或训练。

（3）重伤：须住院治疗。

三、运动损伤的原因

造成运动损伤的原因是多方面的，既与锻炼者的基础、技能水平有关，也与运动项目的特点，技术难度以及运动环境等因素有关。其主要原因有：

（1）思想麻痹大意是所有运动损伤因素中最主要的因素。其中包括运动前不检查器械，预防措施不得力，好胜好奇等，导致常在盲目和冒失中受伤。

（2）运动前准备活动不充分，特别是缺乏针对性准备活动，使运动器官、内脏器官机能没有达到运动状态而造成损伤。

（3）运动情绪低下，或在畏难、恐惧、犹豫以及过分紧张时发生伤害事故。有时因缺乏运动经验，缺乏自我保护能力致伤。

（4）内容组合不科学，方法不合理，纪律松散以及技术上的错误等都可能引起损伤。

（5）运动场地狭窄，地面不平坦，器械安置不当或不坚固，锻炼者拥挤在一起或多种项目在一起活动，容易相互冲撞造成损伤。

（6）空气污浊，噪音，光线暗淡，气温过高或过低以及运动服装不合要求等原因，都可以直接或间接造成伤害事故。

四、运动损伤的发生规律

体育运动工作者及运动参加者如掌握了运动损伤发病规律，就可采取适当的预防措施，从而降低运动损伤的发生率，对预防与治疗运动损伤有重大的意义。

运动损伤的发生可因运动项目的不同而不同，有一定规律，之所以不同运动项目会导致身体不同部位的损伤，主要是由下列两个潜在因素所决定的。

（1）运动项目的特殊技术要求。

（2）运动员身体某部存在的解剖生理弱点。

当这两个因素由于某种原因同时起作用时，极易发生运动损伤。例如：篮球运动员易伤膝，这是由于篮球运动员经常处于膝关节半屈位（130°～150°）时左右移动、进攻、防守、踏跳、上篮等，使膝关节发生屈曲、扭转、摩擦等，而膝关节半屈位正是它的解剖弱点，此时韧带及肌肉放松，关节杠杆长，导致关节稳定性相对较弱，因而易发生膝部软组织损伤（如韧带、半月板损伤和髌骨软骨病等）。

五、运动损伤的预防

（1）加强运动安全教育，克服麻痹思想，提高预防意识。

（2）认真做好准备活动，对可能发生运动损伤的环节和易伤部位，要及时做好预防措施。

（3）合理组织安排锻炼，合理安排运动量，防止局部运动器官负担过重。

（4）加强保护与帮助，特别要提高自我保护能力。如摔倒时，立即屈肘低头，团身滚动，切不可直臂或肘部撑地。由高处跳下时，要用前脚掌着地，注意屈膝、弯腰，两臂自然张开，以利于缓冲和保持身体平衡。

第二节　运动损伤的急救

急救是对意外或突然发生的伤病事故，进行紧急的临时性处理。其目的是保护伤病员的生命安全、避免再度伤害、减轻伤病员痛苦、预防并发症，并为伤病员的转运和进一步治疗创造条件。因此，无论何种急性损伤，做好现场急救都是十分重要的。

急救时必须抓住主要矛盾，救命在先，做好休克的防治。骨折、关节脱位、严重软组织损伤或合并其他器官损伤时，伤员常因出血、疼痛而发生休克。在现场急救时，要注意预防休克，若发生休克，必须优先抢救休克。其次，急救必须分秒必争，力求迅速、准确、有效，做到快救、快送医院处理。

一、出血与止血

（一）出　血

据研究，健康成人平均每千克体重约有血液75毫升，总血量可达4 000～5 000毫升。若出血量超过全身血量的30%时，将可能危及生命。因此，对外出血的伤员，尤其是大动脉的出血，必须立即止血；对怀疑有内脏或颅内出血的伤员，应尽快送医院处理。

根据损伤血管的种类，出血可分为动脉出血、静脉出血、毛细血管出血3类。

（1）动脉出血：血色鲜红，血液像喷泉样流出不止，短时间内可大量出血，易引起休克，危险性大。

（2）静脉出血：血色暗红，出血方式为流水般不断流出，危险性小于动脉出血，但大静脉出血也会引起致命的后果。

（3）毛细血管出血：血色红、多为渗出性出血，危险性小。

（二）止血法

常用的外出血临时止血法有以下6种。

（1）冷敷法：常用于急性闭合性软组织损伤。

（2）加压包扎止血法：用生理盐水冲洗伤部后用厚敷料覆盖伤口，外加绷带增加血管外压，促进自然止血过程，达到止血目的。该方法常用于毛细血管和小静脉出血。

（3）抬高伤肢法：用于四肢小静脉和毛细血管出血。方法是将患肢抬高，使出血部位高于心脏，降低出血部位血压，达到止血效果。此法在动脉或较大静脉出血时，仅作为一种辅助方法。

（4）屈肢加压止血法：前臂、手或小腿、足出血不能制止时，如未合并骨折和脱位，可在肘窝和腘窝处加垫，强力屈肘关节和膝关节，并以绷带"8"字形固定，可有效控制出血。

（5）指压止血法：这是现场动脉出血常用的、最简捷的止血措施。指压法的要领是在出血部位的上方，在相应的压迫点上用拇指或其余四指把该动脉管压迫在邻近的骨面上，以阻断血液的来源而达到止血的效果。这是动脉出血时的一种临时止血法，所加压力必须持续到可以结扎血管或用止血钳夹住血管为止。

（6）止血带止血法：在四肢较大的动脉出血时，通常用止血带止血。现场急救中常用携带方便的橡皮管止血带，缺点是施压面狭窄易造成神经损伤。如果无橡皮止血带，现场可用宽布带或撕下一条衣服以应急需。

二、急救包扎的方法

（一）绷带包扎法

要根据包扎部位的形态特点，采用不同的包扎方法。

（1）环形包扎法：用于包扎肢体粗细均匀的部位，如手腕、小腿下部和额部等，也是其他包扎法的开始或结束时使用的包扎法。包扎时，先张开绷带，把带头斜放在伤肢上并用拇指压住，将卷带绕肢体一圈后，再将带头的一个小角反折，然后继续绕圈包扎，每圈都盖住第一圈，包扎 3~4 圈即可。具体操作如图 3-1。

（2）螺旋形包扎法：用于包扎肢体粗细相差不大的部位，如上臂、大腿下部等。包扎时先作 2~3 圈环形包扎，然后将绷带向上斜形缠绕，每圈都盖住前一圈的 1/2~1/3。具体操作如图 3-2。

（3）反折螺旋形包扎法：用于包扎肢体粗细相差较大的部位，如前臂、小腿、大腿等。包扎时，先作 2~3 圈环形包扎后，用左拇指压住绷带上缘将绷带向下反折，向后绕并拉紧绷带，每圈反折一次，后一圈压住前一圈的 1/2~1/3，反折处不要在创口或骨突上。具体操作如图 3-3。

（4）"8"字形包扎法：多用于包扎肘、膝、踝等关节处。方法有二：一是先在关节处作几圈环形包扎后，将绷带斜形环绕，一圈在关节上方缠绕，一圈在关节下方缠绕，两圈在关节凹面相交，反复进行，逐渐离开关节，每圈压住前一圈的 1/2~1/3，最后在关节上方或下方作环形包扎结束。二是先在关节下方作几圈环形包扎后，将绷带由下而上，再由上而下地来回作"8"字形缠绕，使相交处逐渐靠拢关节，最后作环形包扎结束。具体操作如图 3-4。

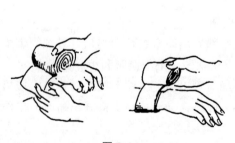

图 3-1

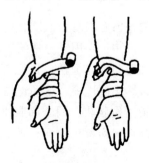

图 3-2

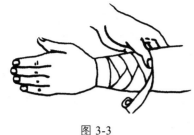

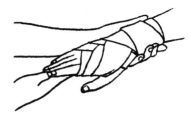

图 3-3　　　　　　　　　　　　　　　　图 3-4

（二）三角巾包扎法

三角巾应用方便，适用于全身各部位的包扎，本书只介绍手部、足部和头部包扎法。

（1）手部包扎法：三角巾平铺，手指对向顶角，将手平放在三角巾的中央，底边横放于腕部。先将三角巾顶角向下反折，再将三角巾两底角向手腕背部交叉围绕一圈，在腕背打结。具体操作如图 3-5。

（2）足部包扎法：与手部包扎法基本相同。

（3）头部包扎法：三角巾底边置于前额，顶角在后，将底边从前额绕至头后，压住顶角并打结。若底边较长，可在枕后交叉后再绕至前额打结。最后把顶角拉紧并向上翻转固定。具体操作如图 3-6。

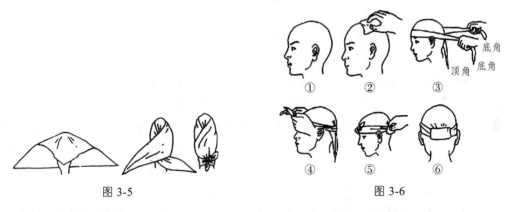

图 3-5　　　　　　　　　　　　　　　　图 3-6

（三）前臂悬挂法

（1）大悬臂带：常用于除锁骨和肱骨骨折以外的其他上肢损伤。将三角巾的顶角置于伤肢的肘后，一底角拉向健侧肩上，伤肢屈肘 90°，前臂放在三角巾的中央，再将三角巾的另一底角向上翻折并包住前臂，两底角在颈后打结。最后拉直顶角并向前折回，用胶布粘贴固定。

（2）小悬臂带：常用于肱骨或锁骨骨折。先将三角巾折叠成约四横指宽的宽带，也可用宽绷带或软布带代替。将宽带的中间置于前臂的下 1/3 处，屈肘 90°，宽带的两端在颈后打结。

三、常见现场急救手段

（一）人工呼吸

肺位于富有一定弹性的胸廓内，当胸廓扩大时，肺也随着扩张，于是肺的容积增大，外界空气进入肺内，即为吸气；当胸廓缩小时，肺也随之回缩，肺内气体排出体外，即为呼气。对呼吸停止的人，可根据以上原理用人工被动扩张与缩小胸廓的方法，使空气重新进出肺脏，以实现气体交换，称为人工呼吸法。人工呼吸方法较多，最有效的是口对口吹气法。

（1）口对口吹气法：伤员仰卧，头部置于极度后仰位，打开口腔并盖上一层纱布。救护者一手托起患者下颌，掌根部轻压环状软骨，使其间接压迫食道，以防吹入的空气进入胃内；另一手捏住患者鼻孔，深吸一口气后，对准患者口部吹入。吹气完后，立即松开捏住鼻孔的手。如此反复进行，每分钟吹气 16～18 次。

（2）注意事项：施行人工呼吸前，应迅速消除患者口腔、鼻腔内的假牙、分泌物或呕吐物，松开衣领、裤带和胸腹部衣服。开始时，吹气的气量和压力宜稍大些，吹气 10～20 次后应逐渐减少，以维持上胸部轻度升起为度。牙关紧闭者，可采用口对鼻吹气法，救护者一手闭住患者口部，以口对鼻进行吹气，其他操作与口对口吹气法相同。

（3）人工呼吸有效的表现：① 吹气时胸廓扩张上抬；② 在吹气过程中听到肺泡呼吸音。

（二）胸外心脏按压法

心脏位于胸腔纵隔的前下部，前邻胸骨下半段，后为脊柱，其左右移动受到限制。胸廓具有一定的弹性，挤压胸骨体下半段，可间接压迫心脏，使心脏内的血液排出；放松挤压时，胸廓恢复原状，胸内压下降，静脉血则回流至心脏。因此，反复挤压和放松胸骨，即可恢复血液循环。

（1）操作方法：病人仰卧在木板或平地上。救护者双手手掌重叠，以掌根部放在病人胸骨体的下半段，肘关节伸直，借助于自身体重和肩臂肌的力量，均匀而有节律地向下施加压力，使胸骨体下半段和相连的肋软骨下陷 3～4 cm，随后立即将手放松（掌根不离开病人皮肤），如此反复进行。成人每分钟挤压 60～80 次；小儿用单手掌根挤压，每分钟挤压 100 次左右。

（2）注意事项：救护者只能用掌根压迫病人胸骨体下半段，不可将手平放，手指要向上稍翘起与肋骨离开一定距离；挤压方向应垂直对准脊柱；挤压时应带有一定的冲击力；用力不可太轻或太大，太轻不能起到间接压迫心脏的作用，太猛会引起肋骨骨折。在就地进行抢救的同时，要迅速请医生来处理。

（3）挤压有效的表现：摸到颈动脉或股动脉搏动，上肢收缩压在 8 kPa（60 mmHg）以上，口唇、指甲床的颜色比挤压前红润，有的病人呼吸逐渐恢复，原来已散大的瞳孔也随着缩小而趋恢复。若出现以上表现，说明挤压有效，应坚持做到病人出现自动心跳为止；如果没有出现上述表现，则说明挤压无效，应改进操作方法和寻找其他原因，但不可轻易放弃现场抢救。

（三）心肺复苏的有效指标

（1）按压时在颈，股动脉处应摸到搏动，收缩压在 60 mmHg 以上。

（2）面色、口唇、指甲床及皮肤等色泽转红。

（3）扩大的瞳孔再度缩小。

（4）呼吸改善或出现自主呼吸。只要有前 1～2 项有效指标出现。心脏按压就应坚持下去。

无论是呼吸骤停或心跳骤停，或呼吸与心跳均骤停，在进行现场急救的同时，都应迅速派人请医生来处理或拨打急救电话。

四、休克的急救

（一）休克和休克的现场处理

休克是机体多到各种有害因素的强烈侵袭而导致有效循环血量锐减，主要器官组织血液灌流不足所引起的严重全身性综合征。

休克产生的原因很多，运动损伤中并发的休克主要是创伤性休克，多为严重创伤引起的剧烈疼痛，如多发性骨折、睾丸挫损、脊髓损伤等，主要是通过神经反射使周围血管扩张，血液分布的范围增大，造成相对的血容量不足，脊髓损伤可以阻断血管运动中枢与周围的血管间的联系，使血管扩张，引起休克；其次为出血性休克，由于损伤引起急剧体内外出血造成大量失血、失血浆、失液均可导致循环血量减少而发生休克。如腹部挫伤致肝脾破裂的内出血，股骨骨折合并大动脉的外出血等。

休克的发病原理是有效循环血量不足，引起全身组织和血流灌注不良，导致组织缺血缺氧，代谢紊乱和脏器功能障碍（包括心脑、肺、肾等重要器官功能障碍）。

（二）急　救

对于休克病人要尽早进行急救。应迅速使病人平卧安静休息。患者的体位一般采取头和躯干部抬高10°，下肢抬高约20°的体位，这样可增加回心血量并改善脑部血流状况。松解衣物，保持呼吸道畅通，清除口中分泌物或异物，对病人要采取保暖措施，但不能过热，以免皮肤扩张，导致血管床容量增加，使回心血量减少，影响生命器官的血液灌注量和增加氧的消耗。在炎热的环境下则要注意防暑降温，同时尽量不要搬动病人；若伤员昏迷，头应侧偏，并将舌头牵出口外，必要时要吸氧和口对口人工呼吸，并针刺或掐点"人中""百会""合谷""内关""涌泉""足三里"等穴。与此同时，应积极去除病因，如由于大量出血引起的休克，应立即采取有效的方法止血；由于外伤、骨折等剧烈疼痛所引起的休克，应给予镇痛剂和镇静剂，以减少伤员痛苦，防止加重休克；骨折者应就地上夹板固定伤肢。

以上是一般的抗休克措施，由于休克是一种严重的、危及生命的病理状态，所以在急救的同时，应迅速请医生或及时送医院处理。对休克病人应尽量避免搬运颠簸。

五、搬　运

伤者要进行搬运，最主要是防止在搬运过程中进一步损伤。其中，最危险的是脊柱损伤患者的搬运，搬运中如果加剧损伤，更容易产生严重后果。搬运伤者要尽量让伤者平躺搬运，如脊椎损伤的伤者，将伤者搬上担架时，应该托住伤者的脊椎，尽量平躺搬运，如果采用一人抬头、一人抬脚的搬运，脊柱弯曲度增高，更会加重损伤。

特别需要提醒的是：搬运时还应注意骨折伤者的牵引搬运，不能让骨折伤者随着身体的运动，拽着被动前行，而应该由旁人托着伤肢，顺着人运动的方向牵引运动，减少骨折的随意运动，以免伤到骨折部位周围的神经和血管。

第三节　运动中常见的运动损伤及其处理办法

体育锻炼中出现异常身体感觉有的是正常现象，有的则属于运动性病理状态。处理不当往往会导致严重的后果，因此，在体育运动中预防运动损伤是相应学校体育工作的一项重要任务。常见的运动损伤反应及处理办法如下：

一、肌肉痉挛

肌肉痉挛就是我们常说的"抽筋"，它是一种强直性肌肉收缩，不能缓解放松的现象。本书以体育运动中常见的"腿抽筋"为例进行相应讲解。

（1）引发原因：冬季或清晨运动时，由于气温较低而多发；运动前未进行适当的准备活动，容易引起抽筋；或小腿肌肉受到冷的刺激，均会引起肌肉痉挛、抽筋。

（2）处理措施：如果大家在运动过程中发生肌肉抽筋千万不要慌，应该逐渐减慢运动速度，停靠在路边或跑道边，不要在路或跑道中休息，以免影响其他运动者。抽筋时，用手握住抽筋一侧的脚趾，用力向腿部方向按压，另一手向下压住膝盖，使腿伸直，重复动作，待疼痛消失时对抽筋部位肌肉进行按摩。

（3）温馨提示：在跑步中要及时补充水分和电解质，以维持身体电解质平衡，尽可能减少抽筋的风险。

二、肌肉酸痛

运动一段时间后，人们通常都会感到大腿和小腿的肌肉酸痛僵硬，尤其在隔天疼痛感最强。肌肉酸痛，属于运动中的正常生理现象。肌肉收缩产生能量的同时，氧气供应不足，乳酸堆积，将刺激神经系统，引起疼痛。

（1）发生原因：运动前的准备活动不够充分或者是运动后没有进行及时有效的拉伸放松，使得疲惫的肌肉没有得到良好的休息。

（2）处理措施：运动中如果发生肌肉酸疼，可以适当地减小运动量，慢慢降低运动的速度，拉伸或按摩发生酸疼的肌肉。

（3）温馨提示：运动前的热身运动和运动后的拉伸放松是预防肌肉酸疼最直接有效的方法。

三、脚踝扭伤

常见的是在跑步时跌倒、滑倒而致的脚踝扭伤，扭伤时，脚踝发生剧烈疼痛。

（1）发生原因：多发于一些运动姿势不正确的人群中。另外因为运动前热身不够全面容易引发脚踝扭伤；或者是运动场地不平整以及运动鞋不合适等都会引起脚踝的扭伤。

（2）处理措施：一般来说，脚踝扭伤需要较长时间的恢复期。如果扭伤后能够对脚踝及时进行正确处理，能够大大改善损伤的严重性，缩短恢复期的时间。

脚踝扭伤处理措施多遵循 RICE 原则：

① R（Rest），即休息：脚踝扭伤后应立即停止运动，主动休息，防止重复损伤和加重损伤。

② I（Ice），即冰敷：损伤后应该及时根据所处的环境，寻找冰敷的条件，可以用冰棍和冰水等进行代替，置于脚踝处，冰敷 10～15 分钟。冰敷在早期最好每隔 2～3 小时进行一次，可以有效地防止肿胀的发生。

③ C（Compression），即加压包扎：为了有效地防止脚踝发生肿胀，可以利用绷带和其他有弹性的物件，对受伤脚踝进行加压包扎。

④ E（Elevasion），即抬高扭伤脚踝：为了减少组织液的渗出和减轻脚踝的肿胀，可以将扭伤的脚踝适当抬高。

（3）温馨提示：脚踝发生扭伤一定要等到完全治好才能再进行剧烈运动，否则可能还会再度扭伤，并且症状会更加恶化。

四、膝部疼痛

膝部疼痛对于很多喜欢跑步运动的同学来说是一个很头疼的问题。

（1）发生原因：造成膝部疼痛的原因有很多，既有外界因素，也有内在原因。其中一个很大的原因是由于场地的原因，坚硬没有缓冲的跑步场地对膝盖的冲击比较大，容易造成膝盖损伤，引起膝盖疼痛。还有就是跑步者自身肌力弱，或者跑步的异常动作模式会导致大腿外侧的髂胫束比较紧，长时间得不到放松也会造成膝盖疼痛。

（2）处理措施：如果跑步时出现膝盖疼痛，最好不要继续跑步，如果跑速度一定要慢，脚落地要轻，步子小一点。疼痛比较严重的应该停止跑步 2～4 周，同时在医生的诊断后，遵照医嘱口服一些抗炎药物。除了药物治疗外，跑步者应该在平时加强腿部的肌肉力量训练，增强膝关节周围的肌肉力量，从而增强膝关节的稳定性，对膝关节起到保护作用。我们还应该在跑步前后多做做牵拉和放松，并用泡沫轴放松一下髂胫束，这样会对膝部疼痛起到缓解作用。

（3）温馨提示：任何运动都不能忽视力量的训练，只有肌肉力量得到提升了，才能更好地开展其他运动。

五、足底筋膜炎

足底筋膜为脚底部位的厚组织，主要是提供脚底足弓的支撑力，并吸收足部动作时所产生的反作用力。如果足底筋膜长时间的处于伸张状态或是受到局部的强力碰撞，就可能产生发炎的现象，即为足底筋膜炎。

（1）发生原因：足底筋膜炎患者通常在早上起床或久坐后起来步行时疼痛最为剧烈，行走一段时间后会减轻。因此很多人不注意，继续跑步会导致病情恶化。造成此病的原因主要是扁平足和运动量过大，而小腿肌痉挛则会加重这种损伤。

（2）处理措施：在跑步中感到脚底疼痛或不舒服的时候应当及时停止运动，有条件的话应该及时冰敷，避免做足趾上翘的动作。平时也要多做足部的牵拉和放松，在此教给大家一个简单的自我放松足部的方法，即找一个网球，然后把脚踩在网球上，用自己的身体去按压网球，从而起到放松足底筋膜的作用。

六、运动中腹痛

（1）发生原因：多数在中长跑时产生，主要是因为准备活动不充分，开始时运动过于剧烈，或者跑得过快，内脏器官尚没有达到竞赛状态，致使脏腑功能失调，引起腹痛；也有的是因为运动前吃得过饱，饮水过多，以及腹部受凉，引起胃肠痉挛；少数是因为运动时间过长或过于剧烈，使下腔静脉压力上升，引起血液回流受阻，或者因肝脾淤血，膈肌运动异常，致使两胁部腹痛。

（2）处理措施：如果没有器质性病变迹象，一般可采用减速慢跑，加深呼吸，按摩疼痛部位或弯腰跑一段等方法处理，疼痛常可减轻或消失，如果疼痛仍不减轻或没消失，甚至反而加重，此时就应该停止运动，并口服相关治疗药物或揉按"内关""足三里""大肠俞"等穴位。如仍不见效，则应马上送医院作进一步检查。

（3）预防与处置：饭后一小时才可以进行锻炼，运动前要做好预防活动，运动量应循序渐进，并注意呼吸节奏，夏季运动要注意补充盐分；对于各种慢性病症引起的腹痛，应就医检查。病愈之前，应在医生或体育教师的指导下进行锻炼。

（4）温馨提示：发生腹痛时，切记不要突然停止运动，以免加剧疼痛，应缓慢减速，直至停止。

七、运动性昏厥

在运动过程中，脑部突然血液供给不足，并达到一定程度时，发生一时性知觉丧失现象，称之为"运动性昏厥"。其症状表现为面色苍白、手脚发凉、呼吸缓慢、眼睛发黑，失去知觉而昏倒。

（1）发生原因：因为长时间剧烈运动，四肢回流血液受阻，或突然进入激烈运动状态（如疾跑、冲刺），或在极度疲劳下继续勉强地锻炼，或久蹲后骤然站起，或疾跑后急停，或空腹状态下锻炼出现低血糖等，都可引起运动性昏厥。

（2）处理措施：平时应经常参加体育锻炼，以增强体质。运动时要控制运动负荷，防止过度疲劳。如一旦出现运动性昏厥，应及时将患者平卧，使脚高于头部，并进行由小腿向大腿、心脏方向推摩，也可点按"人中""合谷"穴。如发生呼吸障碍，即进行人工呼吸。轻微患者可同伴搀扶慢走，并协助做伸展运动和深呼吸等。

八、"极点"和"第二次呼吸"

（1）发生原因：由于剧烈运动，内脏器官的功能存在惰性与肌肉活动需要不相称，致使氧债不断积累，乳酸堆积，达到一定程度时，就会出现胸闷、呼吸急促、下肢沉重、动作不协调，甚至恶心、呕吐等现象。这就是运动生理学中所称的"极点"。

（2）处理措施：平时应加强体育锻炼，不断提高机体对运动的适应力，这可延缓"极点"出现的时间和减轻相应症状。当"极点"出现后，应适当减小运动负荷，加深呼吸，上述异常反应可逐渐缓解或消失。随后，运动又重新变得轻松、协调，运动能力又有提高。这种现象称之为"第二次呼吸"。

"极点"是运动中常见的生理现象，因此不必疑虑和恐惧。

最后，提出几点跑步锻炼的注意事项：

（1）选择合适的运动装备，尤其是比较舒适的跑鞋对于跑步来说是至关重要的。

（2）运动前要做好充分的热身和牵拉，运动后也要及时放松与恢复。

（3）当在跑步过程中出现不适症状时应该及时停止运动，以免造成严重的后果。

思考题

1. 运动损伤的分类有哪些？

2. 如何对运动损伤进行预防？

3. 急救包扎的方法有哪些？

4. 运动中腹痛产生的原因及处理措施是什么？

5. 什么是第二次呼吸？产生的原因及处置方法是什么？

第四章　科学体育锻炼

体育锻炼是人们运用各种身体练习方法，并结合自然力和卫生因素以发展身体、增强体质、增进健康、陶冶情操、丰富文化生活、完善人体为目的的身体活动。体育锻炼是一个人增强体质、增进健康最积极有效的办法。它能促进青少年的正常发育和健康成长，能使中壮年保持旺盛的精力，能使老年人延年益寿。体育锻炼还能防治疾病。体育锻炼不仅具有健身的作用，还可以调剂感情、锻炼意志和愉悦精神，发挥健心的作用；体育锻炼还能促进正确姿势姿态的形成，改善肤色，塑造体型和矫正身体的畸形，发挥健美的作用。因而，坚持体育锻炼，能同时收到"健身、健心、健美"的效果。但是单纯地追求效果不注重科学的方法和健身过程是达不到好的健身效果的，甚至可能取得相反的效果。

第一节　体育锻炼的基本原则和方法

一、体育锻炼原则

体育锻炼原则是人们长期体育锻炼实践经验的概括和总结，是体育锻炼客观规律的反映和进行体育锻炼必须遵循的基本要求。体育锻炼应遵循自觉积极性原则、全面发展原则、经常性原则、从实际出发原则、循序渐进原则、个别性原则等。

（一）自觉积极性原则

自觉积极性原则，是指体育锻炼的参加者有明确的健身目的，自觉积极地参加体育锻炼。体育锻炼不同于人们日常生活和劳动中的一般躯体活动，更不同于动物的走、跑、跳、投、攀登等自然地本能动作。体育锻炼是属于人类的一种有目的、有意识的健身活动，这种活动必须建立在自觉、自愿、积极、愉快的心理条件下才能取得好的锻炼效果。

（二）全面发展原则

体育锻炼应全面发展身体的各个部位、各器官系统的机能、身体素质和基本活动能力，从而促进身心全面和谐地发展。在人的生命发展过程的不同阶段，对全面锻炼有着不同的需要和要求。少年儿童身体基本活动能力和身体素质的发展，是随着年龄的增长而有其自然规律的，如速度、灵敏、弹跳、柔韧发展较早，而力量和耐力发展较晚，所以不能要求少年儿童身体素质和运动能力的发展，齐头并进，平均发展。

（三）经常性原则

经常性原则是指体育锻炼必须经常坚持，使之成为日常生活中不可缺少的重要内容。人体对体育锻炼的适应与变化，符合"用进废退"的规律，就是坚持经常的体育锻炼，体质才能不断增强，而中断体育锻炼，体质就会下降。所以，必须坚持经常的体育锻炼，养成锻炼身体的习惯，并使之成为日常生活中不可缺少的重要内容。只有这样，才能不断增强体质。

（四）从实际出发原则

从实际出发原则是指体育锻炼必须根据个人的实际情况，有针对性地确定锻炼的内容、方法及适宜的运动负荷。体育锻炼必须从个人实际出发，针对不同年龄、性别、身体状况、生活条件、地理环境、气候情况及锻炼项目、内容和方法等确定适宜的运动负荷。不可千篇一律，绝对统一。

（五）循序渐进原则

循序渐进原则是指体育锻炼必须根据人体身心发展的规律和个人的实际情况，在锻炼的内容、方法、运动负荷等方面逐步提高要求，使体质不断增强；体质的增强是长期进行体育锻炼的结果。体育锻炼过程中，要逐步提高要求，使体质逐渐得到改善。如果体育锻炼总停留在一个水平上，体质也只能保持在原有的水平上，如果不循序渐进，脱离或超出了身体实际，则会损伤身体。

（六）个别性原则

个别性原则是指每个参加体育锻炼的人，应根据自己的实际情况，选定锻炼内容和方法，安排运动负荷。客观地讲，每个参加体育锻炼的人，情况都不尽相同，如年龄、性别、健康状况、锻炼基础、营养条件、生活及作息等。因此锻炼者应根据自身状况进行正确估计，从实际出发，使锻炼的负荷量适合自己的健康条件，以达到良好的锻炼效果。

二、体育锻炼方法

体育锻炼的方法是指根据人体发展规律，运用各种身体练习方法和自然锻炼方法，达到锻炼目的的手段和途径。体育锻炼中一般采用的方法有：重复锻炼法、间歇训练法、变换锻炼法、综合锻炼法等。学生在锻炼过程中，各种锻炼方法的应用应从实际出发，灵活运用，防止形式主义，这样才能达到健身的目的。

（一）重复锻炼法

重复锻炼法是指按一定负荷标准重复进行某项练习的方法。重复的次数和时间是决定健身效果的关键。因此，应根据项目的特点和个人的身体情况，来确定和调节重复练习的次数和时间，防止机械重复而产生的厌倦情绪，影响锻炼的效果。

（二）间歇训练法

间歇训练法是指重复锻炼之间有合理的休整。间歇训练法间歇时间的长短，应以运动负荷值阈为依据，一般来说，运动负荷超过上限（每分钟心率超过 150 次）时，间歇时间应长些，避免运动负荷继续增加，造成过多地消耗体力；运动负荷在下限（每分钟心率 110 次以下）时，间歇时间应短些，密度应加大。下次练习应在前次锻炼效果未减退时进行，若间歇时间过长，在前次锻炼效果消失之后再进行锻炼，就失去了间歇的意义。

（三）变换锻炼法

变换锻炼法是指在锻炼过程中，采取变换环境、条件、要求等因素进行体育锻炼的方法。采用变换锻炼法可以有效地调节运动负荷，克服疲劳和厌倦情绪，提高锻炼的积极性。运用变换锻炼法还常采用各种辅助性、诱导性和转移性练习，如配合乐曲及利用自然条件等。

（四）综合锻炼法

综合锻炼法是指各种体育锻炼的方法在体育锻炼中的综合运用。综合锻炼法的主要组织形式是循环锻炼法。循环锻炼法是把各种不同类型的动作组成一组锻炼内容，按一定的顺序循环往复进行锻炼的方法。这种方法具有综合锻炼的效果。循环锻炼法所布置的各个练习点，内容要搭配合理，以激发学生的锻炼兴趣，提高练习密度，达到健身的目的。循环锻炼法应选择已经掌握和简单易行的、锻炼价值较大的动作，明确规定各点的练习次数、规格和要求，应强调动作质量，防止单纯追求运动密度和运动负荷。

以上各种锻炼法，在实际运用中，可以相互补充，交错结合，但应有主有次。无论采用哪种体育锻炼的方法，都应从体育锻炼的目的出发，较之专业运动员，一般人的体育锻炼，应以有氧代谢为主，中等强度为宜。

第二节　运动处方的制订

一、运动处方的概述

体育锻炼可以达到防病、治病、健身的目的。不同的身体状况应采取不同的锻炼方法，否则易使人体受到伤害，尤其是那些身患疾病的人必须严格按照运动处方进行体育医疗。

二、运动处方的分类

（1）健身运动处方：健康人进行运动处方锻炼，以增强体质、提高健康水平为目的。
（2）竞技运动处方：专业运动员进行运动处方训练，以提高专业运动成绩为目的。
（3）康复运动处方：对患者应用运动处方以治疗和康复为目的。

三、制订运动处方的步骤

制订运动处方时，首先应按照一定的程序进行较系统的身体检查，对健康状况进行较客观的评价。在此基础上选择运动试验方法进行运动试验，对身体机能进行评价。对于健身运动处方的评定，尤其是心血管机能的评定，尽可能地发现潜在的心血管疾病，确定是否可以进行体育锻炼。然后进体质测试，评定身体素质和体力等级，确定其运动的负荷的范围。在制订运动处方时一定要保证信息的准确性和全面性，以免运动事故的发生。

（1）了解锻炼者的基础情况。这是制订运动处方最基础的依据，包括性别、年龄、职业、疾病史、身体锻炼习惯和现状、睡眠、食欲等。

（2）健康诊断。通过健康诊断，了解锻炼者的健康状况，为制订运动处方提供准确依据。可采用医学检查诊断健康，如有近期的身体检查证明，可直接应用。

（3）运动负荷实施。这是对锻炼者身体机能和运动承受能力的检测和评定。一般要进行安静状态和在定量负荷状态下的生理机能测试。主要测试指标有安静心率、血压、运动时最大吸氧量等。定量负荷多采用"递增负荷运动试验"，这是利用活动平板或功率自行车等进行的测试。

（4）体力测定。这主要是对锻炼者的身体素质状况进行检查评定。测定的内容包括身体各部分的力量、速度、耐力、灵敏性、柔韧性等。

（5）制订运动处方。在完成上述调查、测定及结果评价后，可依据身体锻炼的原则、方法，根据锻炼者的实际情况制订包括运动项目、运动强度、运动时间、运动频率等内容的锻炼方案。

（6）实施锻炼方案。实施锻炼方案是指按照运动处方进行锻炼。值得注意的是，在锻炼一个时期以后（约 4～6 周），应该再进行身体健康检查及运动负荷和体力测定，目的有二：一方面是用以评价运动处方锻炼的效果；另一方面可以根据锻炼中的实际，提供反馈信息，修改、调整出新的运动处方，控制锻炼过程，从而保证健身锻炼过程与身体状况相适应，取得理想的锻炼效果。

四、运动处方的主要内容

（1）运动项目根据年龄、性别、运动目的及身体状况等进行选择。由于运动处方的研究多是以维持和增进人类健康为目的，故能够提高呼吸、循环系统功能的运动项目受到特别的重视，这些项目多为有氧健身运动。体育健身的运动项目有许多，但不是任何一个健身项目对任何人都是适合的。众多的健身项目中也没有哪一项是十全十美的，应该根据体育运动参加者的目的选择有针对性的运动项目，如健身或改善心脏功能和代谢，预防文明病和老年疾病，选择以有氧代谢为主的走、跑、游泳、自行车等耐力性项目；增强肌肉力量，选择负重，哑铃等力量性项目；松弛精神，减轻压力，选择太极拳、放松体操、散步等项目。

（2）运动强度是指在单位时间内完成的运动量。包括物理强度、生理强度、心理强度。

（3）运动持续时间是指每次运动所持续的时间，即达到处方要求强度的持续时间。其时间依运动强度而定。运动持续时间是影响体育健身效果的重要因素之一。体育健身运动对人体是一个良性刺激。机体对这种良性刺激产生一定的反应，而长时间的刺激和反应，必会引起机体在形态、结构、生物化学和机能等多方面产生良好的适应反应，使人体的健康水平和运动能力得到提高。

（4）运动密度包括每周的密度和每天的密度。体育健身运动理论上应该每天都参加，坚持不懈。应该把健身运动当作是一件每天必需的生活内容，参加活动是对生活的一种享受，而不应该看作是一种负担。每日的密度可以根据人的爱好以及生活和工作的具体的安排而定。时间紧的话也可以安排两次运动，但是两次运动的时间应比一次运动的时间长。

（5）运动处方实施中的注意事项。参加运动时应注意一些事项，以更好地促进健康。在进行正式的体育健身运动前必须做好充分的、适宜的准备活动。准备活动不是可有可无的，在健身运动前进行准备活动可以降低肌肉的黏滞性，防止肌肉拉伤的发生，可以提高肌细胞内代谢酶的活性，有利于运动中的肌肉收缩能量的供应，还可以预先提高内脏器官的机能水平，尤其是心血管系统的。心血管系统存在某些病理变化的患者，进行准备活动可以明显降低运动中心血管意外的发生。

第三节　国家学生体质健康标准

一、定　义

为了贯彻落实健康第一的指导思想，切实加强学校体育工作，促进学生积极参加体育锻炼，养成良好的锻炼习惯，提高体质健康水平而制定的国家学生体质健康标准，是《国家体育锻炼标准》的有机组成部分，是《国家体育锻炼标准》在学校的具体实施，是国家对学生体质健康方面的基本要求。

二、健康标准

为建立健全国家学生体质健康监测评价机制，激励学生积极参加身体锻炼，教育部印发《国家学生体质健康标准（2014 年修订）》（以下简称《标准》），要求各学校每学年开展覆盖本校各年级学生的《标准》测试工作，并根据学生学年总分评定等级。只有达到良好及以上的学生，方可参加评优与评奖。

（1）各组别的测试指标均为必测指标。其中，身体形态类中的身高、体重，身体机能类中的肺活量，以及身体素质类中的 50 米跑、坐位体前屈为各年级学生共性指标。

（2）本标准的学年总分由标准分与附加分之和构成，满分为 120 分。标准分由各单项指标得分与权重乘积之和组成，满分为 100 分。附加分根据实测成绩确定，即对成绩超过 100 分的加分指标进行加分，满分为 20 分；初中、高中和大学的加分指标为男生引体向上和 1 000 米跑，女生 1 分钟仰卧起坐和 800 米跑，各指标加分幅度均为 10 分。

（3）根据学生学年总分评定等级：90 分及以上为优秀，80～89.9 分为良好，60～79.9 分为及格，59.9 分及以下为不及格。

（4）每个学生每学年评定一次，记入《〈国家学生体质健康标准〉登记卡》。特殊学制的学校，在填写登记卡时可以按规定和需求相应地增减栏目。学生毕业时的成绩和等级，按毕业当年学年总分的 50%与其他学年总分平均得分的 50%之和进行评定。

（5）学生测试成绩评定达到良好及以上者，方可参加评优与评奖；成绩达到优秀者，方可获体育奖学分。测试成绩评定不及格者，在本学年度准予补测一次，补测仍不及格，则学年成绩评定为不及格。

（6）学生因病或残疾可向学校提交暂缓或免予执行《标准》的申请，经医疗单位证明，体育教学部门核准，可暂缓或免予执行《标准》，并填写《免予执行<国家学生体质健康标准>申请表》，存入学生档案。确实丧失运动能力、被免予执行《标准》的残疾学生，仍可参加评优与评奖，毕业时《标准》成绩需注明免测。

三、单项指标与权重

表 4-1　学生体质健康单项指标与权重表

测试对象	单项指标	权重/%
小学一年级至大学四年级	体重指数（BMI）	15
	肺活量	15
初中、高中、大学各年级	50 米跑	20
	坐位体前屈	10
	立定跳远	10
	引体向上（男）、1 分钟仰卧起坐（女）	10
	1 000 米跑（男）、800 米跑（女）	20

注：体重指数（BMI）=体重（千克）/身高^2（米^2）。

四、评分表

（一）单项指标评分表

表 4-2　体重指数（BMI）单项评分表　　　　　（单位：千克/米^2）

等级		正常	低体重	超重	肥胖
单项得分		100	80		60
男生	专一	16.5～23.2	≤16.4	23.3～26.3	≥26.4
	专二	16.8～23.7	≤16.7	23.8～26.5	≥26.6
	专三	17.3～23.8	≤17.2	23.9～27.3	≥27.4
	大学	17.9～23.9	≤17.8	24.0～27.9	≥28.0
女生	专一	16.5～22.7	≤16.4	22.8～25.2	≥25.3
	专二	16.9～23.2	≤16.8	23.3～25.4	≥25.5
	专三	17.1～23.3	≤17.0	23.4～25.7	≥25.8
	大学	17.2～23.9	≤17.1	24.0～27.9	≥28.0

备注：体质指数（BMI）=体重（kg）/身高^2（m^2）

表 4-3　肺活量单项评分表　　　　　　　　　　　　　　　（单位：毫升）

等级	得分	男生					女生				
		专一	专二	专三	大一大二	大三大四	专一	专二	专三	大一大二	大三大四
优秀	100	4 540	4 740	4 940	5 040	5 140	3 150	3 250	3 350	3 400	3 450
	95	4 420	4 620	4 820	4 920	5 020	3 100	3 200	3 300	3 350	3 400
	90	4 300	4 500	4 700	4 800	4 900	3 050	3 150	3 250	3 300	3 350
	85	4 050	4 250	4 450	4 550	4 650	2 900	3 000	3 100	3 150	3 200
	80	3 800	4 000	4 200	4 300	4 400	2 750	2 850	2 950	3 000	3 050
良好	78	3 680	3 880	4 080	4 180	4 280	2 650	2 750	2 850	2 900	2 950
	76	3 560	3 760	3 960	4 060	4 160	2 550	2 650	2 750	2 800	2 850
	74	3 440	3 640	3 840	3 940	4 040	2 450	2 550	2 650	2 700	2 750
	72	3 320	3 520	3 720	3 820	3 920	2 350	2 450	2 550	2 600	2 650
	70	3 200	3 400	3 600	3 700	3 800	2 250	2 350	2 450	2 500	2 550
及格	68	3 080	3 280	3 480	3 580	3 680	2 150	2 250	2 350	2 400	2 450
	66	2 960	3 160	3 360	3 460	3 560	2 050	2 150	2 250	2 300	2 350
	64	2 840	3 040	3 240	3 340	3 440	1 950	2 050	2 150	2 200	2 250
	62	2 720	2 920	3 120	3 220	3 320	1 850	1 950	2 050	2 100	2 150
	60	2 600	2 800	3 000	3 100	3 200	1 750	1 850	1 950	2 000	2 050
不及格	50	2 470	2 660	2 850	2 940	3 030	1 710	1 810	1 910	1 960	2 010
	40	2 340	2 520	2 700	2 780	2 860	1 670	1 770	1 870	1 920	1 970
	30	2 210	2 380	2 550	2 620	2 690	1 630	1 730	1 830	1 880	1 930
	20	2 080	2 240	2 400	2 460	2 520	1 590	1 690	1 790	1 840	1 890
	10	1 950	2 100	2 250	2 300	2 350	1 550	1 650	1 750	1 800	1 850

表 4-4　50 米跑单项评分表　　　　　　　　　　　　　　　（单位：秒）

等级	得分	男生					女生				
		专一	专二	专三	大一大二	大三大四	专一	专二	专三	大一大二	大三大四
优秀	100	7.1	7	6.8	6.7	6.6	7.8	7.7	7.6	7.5	7.4
	95	7.2	7.1	6.9	6.8	6.7	7.9	7.8	7.7	7.6	7.5
	90	7.3	7.2	7	6.9	6.8	8	7.9	7.8	7.7	7.6
	85	7.4	7.3	7.1	7	6.9	8.3	8.2	8.1	8.	7.9
	80	7.5	7.4	7.2	7.1	7	8.6	8.5	8.4	8.3	8.2

等级	得分	男生					女生				
		专一	专二	专三	大一大二	大三大四	专一	专二	专三	大一大二	大三大四
良好	78	7.7	7.6	7.4	7.3	7.2	8.8	8.7	8.6	8.5	8.4
	76	7.9	7.8	7.6	7.5	7.4	9	8.9	8.8	8.7	8.6
	74	8.1	8	7.8	7.7	7.6	9.2	9.1	9	8.9	8.8
	72	8.3	8.2	8	7.9	7.8	9.4	9.3	9.2	9.1	9
	70	8.5	8.4	8.2	8.1	8	9.6	9.5	9.4	9.3	9.2
及格	68	8.7	8.6	8.4	8.3	8.2	9.8	9.7	9.6	9.5	9.4
	66	8.9	8.8	8.6	8.5	8.4	10	9.9	9.8	9.7	9.6
	64	9.1	9	8.8	8.7	8.6	10.2	10.1	10	9.9	9.8
	62	9.3	9.2	9	8.9	8.8	10.4	10.3	10.2	10.1	10
	60	9.5	9.4	9.2	9.1	9	10.6	10.5	10.4	10.3	10.2
不及格	50	9.7	9.6	9.4	9.3	9.2	10.8	10.7	10.6	10.5	10.4
	40	9.9	9.8	9.6	9.5	9.4	11	10.9	10.8	10.7	10.6
	30	10.1	10	9.8	9.7	9.6	11.2	11.1	11	10.9	10.8
	20	10.3	10.2	10	9.9	9.8	11.4	11.3	11.2	11.1	11
	10	10.5	10.4	10.2	10.1	10	11.6	11.5	11.4	11.3	11.2

表 4-5 坐位体前屈单项评分表 （单位：厘米）

等级	得分	男生					女生				
		专一	专二	专三	大一大二	大三大四	专一	专二	专三	大一大二	大三大四
优秀	100	23.6	24.3	24.6	24.9	25.1	24.2	24.8	25.3	25.8	26.3
	95	21.5	22.4	22.8	23.1	23.3	22.5	23.1	23.6	24	24.4
	90	19.4	20.5	21	21.3	21.5	20.8	21.4	21.9	22.2	22.4
	85	17.2	18.3	19.1	19.5	19.9	19.1	19.7	20.2	20.6	21
	80	15	16.1	17.2	17.7	18.2	17.4	18	18.5	19	19.5
良好	78	13.6	14.7	15.8	16.3	16.8	16.1	16.7	17.2	17.7	18.2
	76	12.2	13.3	14.4	14.9	15.4	14.8	15.4	15.9	16.4	16.9
	74	10.8	11.9	13	13.5	14	13.5	14.1	14.6	15.1	15.6
	72	9.4	10.5	11.6	12.1	12.6	12.2	12.8	13.3	13.8	14.3
	70	8	9.1	10.2	10.7	11.2	10.9	11.5	12	12.5	13

等级	得分	男生					女生				
		专一	专二	专三	大一大二	大三大四	专一	专二	专三	大一大二	大三大四
及格	68	6.6	7.7	8.8	9.3	9.8	9.6	10.2	10.7	11.2	11.7
	66	5.2	6.3	7.4	7.9	8.4	8.3	8.9	9.4	9.9	10.4
	64	3.8	4.9	6	6.5	7	7	7.6	8.1	8.6	9.1
	62	2.4	3.5	4.6	5.1	5.6	5.7	6.3	6.8	7.3	7.8
	60	1	2.1	3.2	3.7	4.2	4.4	5	5.5	6	6.5
不及格	50	0	1.1	2.2	2.7	3.2	3.6	4.2	4.7	5.2	5.7
	40	−1	0.1	1.2	1.7	2.2	2.8	3.4	3.9	4.4	4.9
	30	−2	−0.9	0.2	0.7	1.2	2	2.6	3.1	3.6	4.1
	20	−3	−1.9	−0.8	−0.3	0.2	1.2	1.8	2.3	2.8	3.3
	10	−4	−2.9	−1.8	−1.3	−0.8	0.4	1	1.5	2	2.5

表 4-6　立定跳远单项评分表　　　　　　（单位：厘米）

等级	得分	男生					女生				
		专一	专二	专三	大一大二	大三大四	专一	专二	专三	大一大二	大三大四
优秀	100	260	265	270	273	275	204	205	206	207	208
	95	255	260	265	268	270	198	199	200	201	202
	90	250	255	260	263	265	192	193	194	195	196
	85	243	248	253	256	258	185	186	187	188	189
	80	235	240	245	248	250	178	179	180	181	182
良好	78	231	236	241	244	246	175	176	177	178	179
	76	227	232	237	240	242	172	173	174	175	176
	74	223	228	233	236	238	169	170	171	172	173
	72	219	224	229	232	234	166	167	168	169	170
	70	215	220	225	228	230	163	164	165	166	167
及格	68	211	216	221	224	226	160	161	162	163	164
	66	207	212	217	220	222	157	158	159	160	161
	64	203	208	213	216	218	154	155	156	157	158
	62	199	204	209	212	214	151	152	153	154	155
	60	195	200	205	208	210	148	149	150	151	152

等级	得分	男生					女生				
		专一	专二	专三	大一大二	大三大四	专一	专二	专三	大一大二	大三大四
不及格	50	190	195	200	203	205	143	144	145	146	147
	40	185	190	195	198	200	138	139	140	141	142
	30	180	185	190	193	195	133	134	135	136	137
	20	175	180	185	188	190	128	129	130	131	132
	10	170	175	180	183	185	123	124	125	126	127

表 4-7　单项评分表　　　　　（单位：次）

等级	得分	男生					女生				
		引体体向上					一分钟仰卧起坐				
		专一	专二	专三	大一大二	大三大四	专一	专二	专三	大一大二	大三大四
优秀	100	16	17	18	19	20	53	54	55	56	57
	95	15	16	17	18	19	51	52	53	54	55
	90	14	15	16	17	18	49	50	51	52	53
	85	13	14	15	16	17	46	47	48	49	50
	80	12	13	14	15	16	43	44	45	46	47
良好	78						41	42	43	44	45
	76	11	12	13	14	15	39	40	41	42	43
	74						37	38	39	40	41
	72	10	11	12	13	14	35	36	37	38	39
	70						33	34	35	36	37
及格	68	9	10	11	12	13	31	32	33	34	35
	66						29	30	31	32	33
	64	8	9	10	11	12	27	28	29	30	31
	62						25	26	27	28	29
	60	7	8	9	10	11	23	24	25	26	27
不及格	50	6	7	8	9	10	21	22	23	24	25
	40	5	6	7	8	9	19	20	21	22	23
	30	4	5	6	7	8	17	18	19	20	21
	20	3	4	5	6	7	15	16	17	18	19
	10	2	3	4	5	6	13	14	15	16	17

表 4-8　耐力跑单项评分表　　　　　　　　（单位：分·秒）

等级	得分	男生（1 000 米）					女生（800 米）				
		专一	专二	专三	大一大二	大三大四	专一	专二	专三	大一大二	大三大四
优秀	100	3'30"	3'25"	3'20"	3'17"	3'15"	3'24"	3'22"	3'20"	3'18"	3'16"
	95	3'35"	3'30"	3'25"	3'22"	3'20"	3'30"	3'28"	3'26"	3'24"	3'22"
	90	3'40"	3'35"	3'30"	3'27"	3'25"	3'36"	3'34"	3'32"	3'30"	3'28"
	85	3'47"	3'42"	3'37"	3'34"	3'32"	3'43"	3'41"	3'39"	3'37"	3'35"
	80	3'55"	3'50"	3'45"	3'42"	3'40"	3'50"	3'48"	3'46"	3'44"	3'42"
良好	78	4'00"	3'55"	3'50"	3'47"	3'45"	3'55"	3'53"	3'51"	3'49"	3'47"
	76	4'05"	4'00"	3'55"	3'52"	3'50"	4'00"	3'58"	3'56"	3'54"	3'52"
	74	4'10"	4'05"	4'00"	3'57"	3'55"	4'05"	4'03"	4'01"	3'59"	3'57"
	72	4'15"	4'10"	4'05"	4'02"	4'00"	4'10"	4'08"	4'06"	4'04"	4'02"
	70	4'20"	4'15"	4'10"	4'07"	4'05"	4'15"	4'13"	4'11"	4'09"	4'07"
及格	68	4'25"	4'20"	4'15"	4'12"	4'10"	4'20"	4'18"	4'16"	4'14"	4'12"
	66	4'30"	4'25"	4'20"	4'17"	4'15"	4'25"	4'23"	4'21"	4'19"	4'17"
	64	4'35"	4'30"	4'25"	4'22"	4'20"	4'30"	4'28"	4'26"	4'24"	4'22"
	62	4'40"	4'35"	4'30"	4'27"	4'25"	4'35"	4'33"	4'31"	4'29"	4'27"
	60	4'45"	4'40"	4'35"	4'32"	4'30"	4'40"	4'38"	4'36"	4'34"	4'32"
不及格	50	5'05"	5'00"	4'55"	4'52"	4'50"	4'50"	4'48"	4'46"	4'44"	4'42"
	40	5'25"	5'20"	5'15"	5'12"	5'10"	5'00"	4'58"	4'56"	4'54"	4'52"
	30	5'45"	5'40"	5'35"	5'32"	5'30"	5'10"	5'08"	5'06"	5'04"	5'02"
	20	6'05"	6'00"	5'55"	5'52"	5'50"	5'20"	5'18"	5'16"	5'14"	5'12"
	10	6'25"	6'20"	6'15"	6'12"	6'10"	5'30"	5'28"	5'26"	5'24"	5'22"

注：根据人力资源和社会保障部 2016 年 12 月印发的《技工教育"十三五"规划》文件精神，技师学院的高级技工班、预备技师（技师）班毕业生分别按相当于大专、本科学历落实相关政策，所以此表把高级技工班称为专科，预备技师班称为本科。

（二）加分指标评分表

表 4-9　评分表　　　　　　　　　　　　　　　（单位：次）

加分	男生					女生				
	引体向上					一分钟仰卧起坐				
	专一	专二	专三	大一大二	大三大四	专一	专二	专三	大一大二	大三大四
10	10	10	10	10	10	13	13	13	13	13
9	9	9	9	9	9	12	12	12	12	12
8	8	8	8	8	8	11	11	11	11	11
7	7	7	7	7	7	10	10	10	10	10
6	6	6	6	6	6	9	9	9	9	9
5	5	5	5	5	5	8	8	8	8	8
4	4	4	4	4	4	7	7	7	7	7
3	3	3	3	3	3	6	6	6	6	6
2	2	2	2	2	2	4	4	4	4	4
1	1	1	1	1	1	2	2	2	2	2

注：引体向上、一分钟仰卧起坐均为高优指标，学生成绩超过单项评分 100 分后，以超过的次数所对应的分数进行加分。

表 4-10　评分表　　　　　　　　　　　　　　　（单位：次）

加分	男生					女生				
	1 000 米					800 米				
	专一	专二	专三	大一大二	大三大四	专一	专二	专三	大一大二	大三大四
10	−35″	−35″	−35″	−35″	−35″	−50″	−50″	−50″	−50″	−50″
9	−32″	−32″	−32″	−32″	−32″	−45″	−45″	−45″	−45″	−45″
8	−29″	−29″	−29″	−29″	−29″	−40″	−40″	−40″	−40″	−40″
7	−26″	−26″	−26″	−26″	−26″	−35″	−35″	−35″	−35″	−35″
6	−23″	−23″	−23″	−23″	−23″	−30″	−30″	−30″	−30″	−30″
5	−20″	−20″	−20″	−20″	−20″	−25″	−25″	−25″	−25″	−25″
4	−16″	−16″	−16″	−16″	−16″	−20″	−20″	−20″	−20″	−20″
3	−12″	−12″	−12″	−12″	−12″	−15″	−15″	−15″	−15″	−15″
2	−8″	−8″	−8″	−8″	−8″	−10″	−10″	−10″	−10″	−10″
1	−4″	−4″	−4″	−4″	−4″	−5″	−5″	−5″	−5″	−5″

注：1 000 米跑、800 米跑均为低优指标，学生成绩低于单项评分 100 分后，以减少的秒数所对应的分数进行加分。

附表：

1.《国家学生体质健康标准》登记卡（专科样表）

2.《国家学生体质健康标准》登记卡（大学样表）

3. 免予执行《国家学生体质健康标准》申请表（样表）

姓　名		性　别		学　号	
班　级		民　族		出生日期	

单项指标	专一			专二			专三			毕业成绩	
	成绩	得分	等级	成绩	得分	等级	成绩	得分	等级	得分	等级
体重指数（BMI）（千克/米²）											
肺活量（毫升）											
50 米跑（秒）											
坐位体前屈（厘米）											
立定跳远（厘米）											
引体向上（男）/ 1 分钟仰卧起坐（女）（次）											
1 000 米跑（男）/ 800 米跑（女）（分·秒）											
标准分											
加分指标	成绩	附加分		成绩	附加分		成绩	附加分			
引体向上（男）/ 1 分钟仰卧起坐（女）（次）											
1 000 米跑（男）/ 800 米跑（女）（分·秒）											
学年总分											
等级评定											
体育教师签字											
班主任签字											
家长签字											

学校签章：　　　　　　　　　　　　　　　年　　月　　日

姓　　名		性　别		学　号	
院（系）		民　族		出生日期	

单项指标	大一			大二			大三			大四			毕业成绩	
	成绩	得分	等级	成绩	得分	等级	成绩	得分	等级	成绩	得分	等级	得分	等级
体重指数（BMI）（千克/米^2）														
肺活量（毫升）														
50 米跑（秒）														
坐位体前屈（厘米）														
立定跳远（厘米）														
引体向上（男）/1 分钟仰卧起坐（女）（次）														
1 000 米跑（男）/800 米跑（女）（分·秒）														
标准分														

加分指标	成绩	附加分	成绩	附加分	成绩	附加分	成绩	附加分
引体向上（男）/1 分钟仰卧起坐（女）（次）								
1 000 米跑（男）/800 米跑（女）（分·秒）								
学年总分								
等级评定								
体育教师签字								
辅导员签字								

学校签章：　　　　　　　　　　　　　　　　　　年　　　月　　　日

附表 4-3　免予执行《国家学生体质健康标准》申请表（样表）

姓　名		性　别		学　号	
班　级/ 院（系）		民　族		出生日期	
原因					

申请人：
年　月　日

体育教师签字		家长签字	
学校基础部门意见			

申请人：
年　月　日

思考题

1. 体育锻炼原则及方法有哪些？
2. 运动处方的分类有哪些？
3. 制订运动处方的步骤有哪些？

第五章 田径运动

田径运动是人们参加竞技和锻炼身体的走、跑、跳、投等各项身体运动的总称，是一项易于在职业教育学生中开展且健身价值较高的运动项目。田径运动与生活密切相关，走、跑、跳、掷是人类生活的基本技能，是田径运动项目中最基本的运动形式。这些自然动作和技能对学习掌握田径运动各项技术有着十分密切的关系，这些自然动作规范，有助于正确地，较快地掌握田径运动技术。经常、系统、科学地参加田径运动锻炼，能有效地提高人体基本活动能力的水平，促进人体正常生长发育和各器官、系统机能的发展，全面发展速度、力量、耐力、灵敏和柔韧等身体素质，提高人体对外界环境变化的适应能力。田径运动又是一项重要的竞技运动项目，在一些大型的综合性运动会上，田径项目不光参加人数、项目和奖牌众多，影响极大，而且它对于加强国际国内交往，振奋民族精神和增强集体荣誉感等具有重要意义。

田径运动项目是径赛、田赛和全能比赛的统称。径赛项目是以时间计算成绩的竞走和跑的项目，如竞走、短跑、中长跑、接力跑、跨栏跑、障碍跑等；田赛项目是以高度和距离长度计算成绩的跳跃、投掷项目，如跳高、撑竿跳高、跳远、三级跳远、铅球、铁饼、标枪、链球等；此外还包括由部分田赛和径赛项目组成的全能比赛。本章主要介绍几种适合职业教育学生特点、健身价值高和适于开展的田径项目。

第一节 跑

跑是单脚支撑与腾空相交替、蹬与摆相配合、动作协调连贯的周期性运动，它是人体完成位移的主要方式之一，也是人体运动的自然动作和一种最基本的活动能力。影响跑的力主要包括内力和外力。内力是指肌肉收缩时产生的力，它是人体运动的动力来源；外力是指人体与外界物体相互作用时所产生的力。人体运动时受到的外力有以下几种：支撑反作用力、重力、摩擦力和空气阻力。

跑属于周期性运动，跑的一个周期中经历了两次单腿支撑状态和两次腾空状态。就一腿的动作而言，在一个周期中经历了支撑和摆动两个时期，这两个时期又分为折叠前摆、下压准备着地、着地缓冲和后蹬四个阶段。当两腿同时处于摆动时期时，人体处于腾空状态。

跑的过程中，步长和步频的变化决定跑速的增减。步长与步频受多种因素影响。决定步长的因素有：腿长、蹬地力量和方向、下肢运动幅度、动作协调性、关节灵活性、跑道的弹性和风向等。决定步频的因素有：人体神经过程的灵活性、下肢运动环节比例、髋部和腿部肌肉力量、收缩速度、运动器官协调等。步长与步频相互依存、相互制约。如果同时提高步长和步频，跑速必然提高。但是，在实践中，二者中的任何一个因素都不能超过一定的限度。步频太快影响步长，步长太大又影响步频。因此，每个人应根据个人特点选择合理的比例是确保获得最快速度的关键。

田径运动中有短跑、中长跑、接力跑、跨栏跑、障碍跑等径赛项目，本节重点讲述短跑、中长跑和接力跑的知识、技术、方法和健身价值，并介绍其锻炼方法等。

一、短　跑

短跑是田径运动中距离短、速度快、人体运动器官在大量缺氧情况下完成的极限强度的周期性运动项目。短跑是以无氧代谢供能的方式供能的。短跑项目一般包括 50 米跑、60 米跑、100 米跑、200 米跑，400 米跑，4×100 米接力跑等几项。

（一）短跑技术发展概述

短跑是田径运动的基础项目，对田径运动水平的提高，对其他运动项目的发展都有着重要意义。

公元前 776 年，短跑列为第一届古代奥运会的比赛项目。20 世纪初，短跑运动员在"快"的思想指导下，注意了步频快，形成大腿抬得高、脚落地距身体投影点近、步幅较小的技术，称为"踏步式"跑法。后来芬兰人克里麦特采用了"迈步式"跑的技术，上体直立或稍前倾，大腿抬得高并前伸小腿，脚落地距身体重心投影点较远，脚后跟先着地，步幅大步频较慢。短跑技术由"踏步式"向"迈步式"技术的发展，促进了短跑成绩的提高。但由于"迈步式"脚后跟先着地，产生阻力较大，影响了步频提高，在此基础上，通过膝关节放松，使小腿处于自然摆动状态，并用前脚掌着地，脚着地点距人体重心投影点距离较适中，这样大大改进了短跑的技术，这种技术称为"摆动式"跑法，极大地促进了短跑成绩的提高。

短跑技术中，起跑是主要组成部分。起跑器是 1938 年才正式批准使用的。为使运动员在起跑时能够迅速、及时地摆脱静止状态，获得尽量大的起跑初速度，并根据运动员的身高、腿长、身体素质状况的差异，设计出"普通式""拉长式"和"接近式"等起跑器的安装方法。起跑器有利于运动员在此基础上选择和改进有利于发挥个体能力的起跑技术，以提高自己的短跑成绩。

（二）短跑的健身价值

短跑不仅是竞技运动项目，同时也是具有较高健身价值的健身项目。经常练习短跑，能提高人体神经系统兴奋和抑制的调节功能以及神经系统传导过程的灵活性；能导致有氧系统酶活性的增加，改善肌肉物质代谢的功能，提高人体的最大摄氧能力和人体运动器官在缺氧条件下的工作能力；它还能发展速度、力量、灵敏、柔韧等身体素质，提高快速奔跑能力以及培养学生的竞争意识和坚毅、顽强的意志品质等。

（三）短跑技术

短跑全程技术按技术动作的变化可分为起跑、起跑后加速跑、途中跑和终点跑四个部分。

1. 起　　跑

起跑的任务是使身体迅速摆脱静止状态，为起跑后加速跑创造条件。田径规则规定，在短跑比赛中运动员必须采用蹲踞式起跑，运动员要按发令员的口令或发令枪声完成起跑动作。

起跑过程包括"各就位""预备"和鸣枪三个阶段。

听到"各就位"口令后，可利用短暂时间稍做放松练习，稳定一下自己的情绪，然后走到起跑器（起跑线）前，俯身，两手撑地，两脚依次蹬在前后起跑器的抵足板上，脚尖应触及地面，后腿膝关节跪地，通常将有力腿放在前起跑器（起跑线）上。接着两臂收回到起跑线后支撑地面，两臂伸直，两手间距离与肩同宽或比肩稍宽，四指并拢或稍分开与拇指成有弹性的"八"字形支撑，身体重心稍前移，肩约与起跑线齐平，头与躯干保持在一条直线上，颈部自然放松，身体重量均匀地落在两手、前腿和后膝之间，注意听"预备"口令。

听到"预备"口令后，逐渐抬起臀部，臀部要稍高于肩部约10～20厘米，同时使身体重心向前上方移动。此时，身体重心落在两臂和前腿上，身体重心投影点在距起跑线15～20厘米处，两小腿趋于平行，前腿膝角约为90°～100°，后膝膝角约为110°～130°。两脚贴紧在前后起跑器抵足板上，注意力集中听枪声。

听到枪声后，两手迅速推离地面，屈肘做有力的前后摆动，同时两腿快速有力蹬起跑器（地面）。后腿快速蹬离起跑器（地面）后，迅速屈膝向前上方摆出，摆出时脚不应离地面过高，这有利于摆动腿迅速着地并过渡到下一步。前腿有力蹬伸，后蹬角约为42°～45°。详见图5-1。

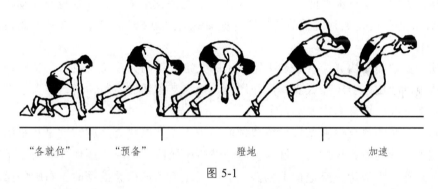

| "各就位" | "预备" | 蹬地 | 加速 |

图 5-1

2. 起跑后加速跑

起跑后加速跑是从蹬离起跑器（地面）到途中跑开始的一个跑段，一般为30米左右（优秀学生略长）。它的任务是尽快加速达到自己的最高速度。

脚蹬离起跑器（地面）后，身体处于较大的前倾姿势，为了不使身体向前摔倒，继续加速，要积极加快腿与臂的摆动和蹬地动作，保持身体平衡。第一步的着地应尽量靠近身体重心投影点，脚着地后迅速转入后蹬。身体的前倾随着步长和跑速的增加逐渐减小，最后接近途中跑的姿势。详见图5-2。

起跑后第一步约三脚半长，第二步约为四脚至四脚半长，以后逐渐增大，直至途中跑的步长。

加速跑最初几步的支撑点是处在身体重心投影点的后面，这可以使后蹬的大部分力量用于提高水平速度。随着跑速的增大，支撑腿着地点位置逐渐向前移，直至在身体重心投影点前面着地。加速跑过程中，最初几步两脚着地点并非在一条直线上，随着速度的加快，两脚着地点逐渐合于一条直线（约在起跑后 10～15 米处）。

两臂有力的前后摆动在起跑后的加速跑中有很大意义。在加速跑中两臂动作与途中跑基本相同，但开始几步大腿前摆幅度较大，与此相适应摆臂的幅度也较大。

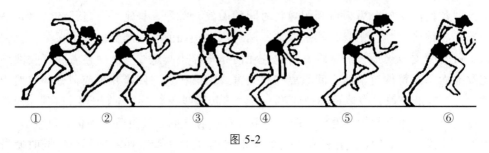

① ② ③ ④ ⑤ ⑥

图 5-2

3. 途中跑

途中跑的任务是继续发挥和保持最高跑速。起跑后加速跑结束即进入途中跑。一个单步由后蹬和前摆、腾空、着地和缓冲几个部分组成。

（1）后蹬和前摆：后蹬是推动人体向前的重要的动作阶段。当身体重心移过支持垂直面时，支撑腿开始积极有力的后蹬。后蹬的用力首先从伸展髋关节开始，依次蹬伸膝、踝关节，直到脚掌蹬离地面（图 5-3）。随着支撑腿的蹬地，摆动腿迅速有力的向前上方摆出，并带动同侧髋前移，大腿前摆与水平面成 15°～20°。后蹬与前摆结束时，支撑腿与摆动腿的夹角为100°～110°，支撑腿的支点到髋关节的连线与地面的夹角为 55°～60°，支撑腿蹬离地面时膝夹角为 150°～156°。

支撑腿与摆动腿的协调配合是途中跑技术的关键，正确完成蹬摆技术，特别是加快摆动腿前摆的幅度和速度，对于增大支撑反作用力、减小支撑腿的后蹬角度、增大水平速度和减小身体重心上下波动具有十分重要的作用。

（2）腾空：腾空是支撑腿结束后蹬离地面，进入无支撑状态。腾空期是从足尖离地后开始，支撑腿的大腿随着蹬地后的惯性，使膝关节折叠屈曲，同时，还伴随着另一条腿抬大腿的屈髋关节动作，形成边折叠边前摆姿势。即，当左腿离地折叠前摆时，右腿的摆动已接近最高位置，当右腿摆至最高点后，大腿积极下压，小腿随大腿快速摆落，成"鞭打"着地，与此同时，左腿大小腿夹角逐渐缩小，当右腿着地前，左膝角接近最小。在大腿摆落过程中，应强调前后两大腿做快速"剪绞"动作，以便加快步频。途中跑中，头部正直，上体稍前倾。摆臂动作是以肩关节为轴前后摆动，颈肩应放松，手成半握或伸直，臂弯曲，上臂与前臂约成 90°角。前摆时，肘关节角度小于 90°；后摆时，肘关节角度大于 90°。摆动应自然、有力地前后摆动。向前摆动速度要快，幅度要大，手稍超过下颌；后摆时，肘稍朝外，不能耸肩，上臂摆到与地面接近平行。

（3）着地和缓冲：腾空结束时，摆动腿积极下压（避免小腿前伸），用前脚掌富有弹性的着地。着地瞬间小腿与地面接近垂直。摆动积极着地有利于缩短前支撑的时间，并能减小着地时的阻力，有利于身体中心迅速前移转入后蹬阶段。然后迅速屈膝屈踝缓冲，随着跑动惯性，摆动腿大小腿折叠，迅速向前摆动并与支撑腿靠拢。

在支撑腿缓冲过程中，另一侧摆动腿的大小腿折叠角处于最小状态，折叠越好，越能缩短摆动半径，减小摆动阻力，加快摆动速度，从而增大后蹬效果。

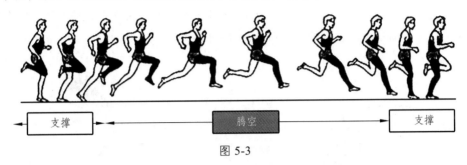

图 5-3

4. 终点跑

终点跑是全程跑的最后一段，应尽力保持途中跑的高速度跑过终点。终点跑的技术，要求学生在离终点线 15~20 米处时，尽力加快两臂摆动速度和力量，保持上体前倾角度。当学生离终点线前一步距离时，上体极速前倾，两手后摆，用胸部或肩部撞终点线，跑过终点后逐渐减速。详见图 5-4。

图 5-4

（四）200 米和 400 米跑的技术

200 米和 400 米跑，有一半以上距离是在弯道上进行的。为了适应弯道跑，必须改变跑的身体姿势和后蹬与摆动的方向。

1. 弯道起跑和起跑后的加速跑

为了便于在弯道起跑这后能有一段直线距离进行加速跑，应将起跑器安装在弯道跑道的靠右侧，并对着弯道的切点方向。起跑时，运动员的左手撑在距起跑线后沿 5~10 厘米处，使身体正对着弯道的切点。详见图 5-5。

弯道起跑后前几步应沿着内侧分道线的切点方向跑进，加速跑的距离相应比 100 米跑的加速跑段的距离短，上体抬起较早，在进入弯道跑时，尽可能沿着跑道的内侧跑，身体应及时地向内倾斜。

2. 弯道跑技术

从直道进入弯道跑时，身体应有意识地向内倾斜，加大右腿的蹬地力量和摆肢幅度，同时右臂亦相应地加大摆动的力量和幅度，以利于迅速地从直道跑进弯道。在弯道跑时，身体应向圆心方向倾斜，后蹬时，右腿前脚掌内侧用力，左腿前脚掌外侧用力（图 5-6）。大腿前摆时，右腿的膝关节稍向内，同时摆动的幅度比左腿大，左腿瓣摆时应稍向外。右臂摆动的幅度大于左臂，前摆时稍向左前方，后摆时右肘关节偏外，左臂稍高躯干做前后摆动。弯道跑时的蹬地与摆动方向都应与身体向圆心方向倾斜趋于一致。从弯道跑进直道，应在弯道的最后几米，身体逐渐减小内倾程度，顺自然跑 2 ~ 3 步。

图 5-5

图 5-6

跑的动作协调，上下肢配合好，用力动作合理，向前的效果好。随着塑胶跑道逐渐普及，现代跑的技术基本属于摆动式跑范畴，强调摆动时积极送髋，着地时前脚掌积极扒地，后蹬时"屈蹬"，蹬摆协调配合，臂的摆动幅度大。从跑的动作外形看，跑得放松，整个动作轻快柔和、自然协调，步幅开阔，向前性好是现代短跑技术的主要特征。此外，短跑的技术学习和训练要在技术和素质协调发展的基础上不断提高，在技术和素质不平衡中找出矛盾，通过训练得到某种平衡使成绩得到提高，然后打破这种平衡，去寻求新的发展和新的平衡。

（五）短跑的练习方法

（1）在各种姿势状态下听信号进行起跑练习。

（2）沿圆弧跑进。

（3）负重跨步走。

（4）橡皮带牵引起跑。

（5）斜支撑高抬腿跑。

（6）小步跑、高抬腿跑、后蹬跑接加速跑。

（7）蹬离练习。

（8）起跑后跑进 20 ~ 30 米练习。

（9）变节奏跑。

（六）易犯错误及纠正方法

1. 前后腿蹬起跑器（地面）用不上力

纠正方法：

（1）调整"预备"姿势，使两腿的膝角适当减小，让两腿处于最佳用力状态。

（2）反复练习蹬离起跑器（地面）动作。

（3）做迈第一步与摆臂组合的练习。

（4）做摆臂的辅助练习。

2. 起跑后加速跑上体抬起过早

纠正方法：

（1）讲清起跑后加速跑动作要领。

（2）加强摆臂摆腿和蹬离起跑器（地面）练习。

（3）适当拉长两起跑器（两脚）间的距离。

3. "坐着跑"

纠正方法：

（1）讲清后蹬腿后蹬用力顺序。

（2）加强腰、腹肌及支撑腿伸肌群力量。

（3）多做跑的专门练习。

（4）后蹬强调摆动腿带动髋前送。

4. 摆臂紧张，左右横摆，前后摆动幅度不适当，甩前臂等

纠正方法：

（1）反复做原地摆臂练习。

（2）在中等速度中改进摆臂技术。

（3）增强上肢力量，特别是肩关节力量。

5. 用手抓终点线

纠正方法：反复讲解练习正确的终点冲刺身体姿势

6. 提前减速

纠正方法：

（1）加强体力练习。

（2）讲解正确的终点冲刺技术，提高认识。

二、中长跑

（一）中长跑概述

中长跑是中距离跑和长距离跑的简称，是以有氧代谢为主的耐力性和周期性运动项目，它是指 800 米至 10 000 米距离的跑。现为奥运会项目的中距离跑项目有男、女 800 米和 1 500 米；长距离跑项目有男、女 5 000 米和 10 000 米（女子 3 000 米为非奥运项目），另外还有男女马拉松及 3 000 米障碍赛。从生理学角度分析，中距离跑是有氧和无氧的混合代谢过程，长距离跑是典型的有氧代谢过程。中长跑是历史悠久且开展普遍的运动项目。在 2000 多年前的古代奥林匹克运动会上就有中长跑比赛。19 世纪，中长跑在英国已盛行，后来世界各国也都相继开展起来。中国从 1910 年起也有了中长跑的比赛。

经常进行中长跑锻炼，可以有效地提高人体的心肺功能，发展耐力素质。同时对培养学生坚毅顽强的意志品质有积极的作用。

（二）中长跑技术

中长跑技术与短跑技术基本上是相同的，但由于各项目之间的距离不同，在技术动作的速度和幅度以及用力程度上有所不同。高步频、积极有效的伸髋和快速有力的摆动动作，是现代中长跑技术的主要特征。

中长跑技术分为起跑、起跑后的加速跑、途中跑和终点跑等主要技术环节。

1. 起跑和起跑后的加速跑

中距离跑采用半蹲踞式或站立式起跑，长距离采用站立式起跑。

（1）半蹲踞式起跑：两臂一前一后，一手的拇指与其他四指成八字形撑于起跑线后，另一臂在体侧，体重主要落在前腿和支撑臂上。起跑动作近似蹲踞式起跑，详见图5-7。

图 5-7

（2）站立式起跑的动作顺序按下列口令进行：听到"各就位"口令后，先做一两次深呼吸，然后走或慢跑到起跑线后，两脚前后开立，有力的脚在前，紧靠起跑线的后沿，前脚跟和后脚尖之间的距离约一脚长，两脚左右间隔约半脚，体重大部分落在前脚上，后脚用前脚掌支撑站立。眼向前看3~5米处，身体保持稳定姿势，集中注意力听枪声或"跑"的口令。

听到枪声或"跑"的口令时，两腿用力蹬地。后腿蹬地后迅速前摆，前腿迅速蹬直，两臂配合两腿动作做快而有力的摆动，使身体快速向前冲出，在短时间内获得较快的跑速。加速跑的距离根据项目、个人能力及战术而定。一般中跑加速跑的距离稍长。无论在直道或弯道上起跑，都应该按切线方向跑进，在规则允许的范围内，抢占有利的战术位置，然后进入途中跑。

2. 途中跑

途中跑是决定中长跑运动成绩的主要环节。途中跑应强调轻松、省力、节奏好。

（1）上体的姿势：正确的上体姿势是正直或稍前倾，头部自然，眼平视，面部和颈部的肌肉要放松。

（2）腿部动作：跑的速度大小决定于步长和步频。

（3）后蹬与前摆：在一个跑的周期中，当身体重心移过支撑点后，开始后蹬与前摆的动作。当摆动腿通过身体垂直部位向前摆动时，支撑腿的各个关节要迅速蹬伸，首先伸展髋关节，再迅速有力地伸展膝关节和踝关节。后蹬结束时，腿几乎蹬直或伸直。蹬伸的时间应短促，这样才能在蹬伸后及时向前摆腿。

（4）腾空：后蹬腿蹬离地面后，身体进入腾空时期。当后蹬腿的大腿开始向前摆动时，小腿顺惯性自然摆起，膝关节弯曲，形成大小腿折叠的姿势。

（5）脚的着地与缓冲：当摆动腿的大腿开始下落时，膝关节亦随之自然伸直，并用前脚掌着地。

（6）摆臂动作：中长跑时，两臂稍微离开躯干，肘关节自然弯曲，以肩为轴前后自然摆动，摆幅要适当。途中跑有一半以上的距离是在弯道上跑的。弯道跑的技术与短跑基本相同，只是动作的幅度与用力程度较小。

3. 终点跑

终点跑是临近终点的一段加速跑。终点跑的距离要根据项目、训练水平、个人特点、战术需要及具体情况而定。一般情况下，800 米可在最后 200～300 米、1 500 米在最后 300～400 米、3 000 米以上可在最后 400 米或稍长的距离开始终点冲刺跑。不论终点跑距离长短，在冲刺跑之前，都必须抢占有利位置，并注意观察对手情况，动用全部力量冲过终点。

4. 中长跑的呼吸

中长跑过程中，人体消耗能量大，对氧气的需要量也大，因此，掌握正确的呼吸方法是很重要的。中长跑途中，为了加大肺通气量，呼吸时采用口鼻同时进行呼吸的方法。呼吸节奏应和跑步节奏相配合，一般采用两步一呼、两步一吸，或三步一呼、三步一吸。呼吸时要注意加大呼吸深度。注意"极点"和"第二次呼吸"。中长跑时，由于氧气的供应落后于身体的需要，跑到一定距离时，会出现胸部发闷，呼吸节奏被破坏，呼吸困难，四肢无力和难以再跑下去的感受，这种现象称之为"极点"。这是中长跑中的正常现象。当"极点"出现后，要以顽强的意志继续跑下去，同时加强呼吸，调整步速。这样，经过一段距离后，呼吸变得均匀，动作重又感到轻松，一切不适感觉消失，这就是所谓的"第二次呼吸状态"。在中长跑运动中，多因准备活动不充分，容易发生腹痛情况，这主要是由胃肠痉挛引起，此时切不可紧张，可用手按住痛的部位，减慢跑速，多做几次深呼吸，坚持一段时间，疼痛就会消失。中长跑中"极点"的克服，不仅是提高训练水平的过程，也是锻炼意志、培养克服困难精神的过程。

（三）中长跑练习方法

（1）持续跑练习。一般持续 1～3 小时，跑时心律控制在 130～150 次/分。

（2）快速持续跑练习，一般以中等速度持续 30 分钟至 1 小时，心律控制在 165～170 次/分。

（3）走跑交替。

（4）定时定距离跑练习。

（5）变速跑练习。

（6）间歇跑练习。

（7）模拟比赛练习。

（四）易犯错误及纠正方法

1. 加速过快

纠正方法：加强中长跑起跑技术练习，强调"各就位"姿势时身体重心的稳定，要教育学生遵守起跑规则，教会学生合理的分配体力和加速跑的方法。

2. 跑的动作紧张不协调

纠正方法：反复讲解与示范，使学生了解正确的动作过程，多做柔韧性练习，增强弱肌群的力量，使各部分肌肉力量发展平衡；多做上体保持正直的慢跑、中速跑、变速跑和跑的专门性练习，强调身体放松。

3. 直线性差

纠正方法：注意膝关节向正前方摆动，用适宜的后蹬角度跑；加强弱腿力量练习，增强手臂、肩带的力量，加强摆臂技术练习，沿跑道的白线跑，强调用前脚掌内侧着地。

4. 后蹬效果不好

纠正方法：反复讲解和示范，建立正确的技术概念，加强后蹬跑、跨步跳、上坡跑、支撑送髋、原地多级跳等练习，要求髋、膝、踝关节充分蹬直，强调送髋动作，加强腿部力量练习。

5. 跑的节奏性差

纠正方法：反复讲解示范，使学生了解正确的呼吸方法及跑的节奏性的重要意义。原地跑步，练习呼吸步子的协调配合，逐渐过渡到途中跑，保持呼吸和步子的协调配合；多做各种跑的练习，在练习中强调保持稳定的步长和步频以及均匀的跑速，通过分段报时的方法，逐渐培养跑的速度感。

三、接力跑

（一）接力跑概述

接力跑是合作跑的主要内容之一。在田径项目教学中占有重要的位置。经常进行短跑接力，对提高速度、力量、灵敏性等身体素质有很大的帮助。接力跑和快速跑的技术基本相同，不同的是接力跑有传递、接棒的技术过程，要求队员协调配合，在快速奔跑中完成传接棒。所以，接力跑既需要学生们有良好的速度、力量、协调等素质，同时也需要有良好的合作意识。

奥运会比赛项目分男、女 4×100 米接力跑和 4×400 米接力跑。1908 年第 4 届奥运会首次设立接力项目，但 4 名运动员所跑距离不等。1912 年第 5 届奥运会改设 4×100 米接力跑 4×400 米接力跑。女子 4×100 米接力跑和 4×400 米接力跑分别于 1928 年、1972 年被列入奥运会比赛项目。接力跑运动员必须持棒跑完各自规定的距离，并且必须在 20 米的接力区内完成传接棒。

（二）接力跑技术

1. 4×100 米接力跑技术

（1）起跑。

持棒起跑：第 1 棒运动员为传棒队员，应以右手持棒，采用蹲踞式起跑，接力棒不得触及起跑线和起跑线前的地面，起跑技术和短跑起跑技术相同。

握法：

① 右手五指撑于地面，虎口位置握住棒的后部。

② 右手的拇指、食指撑地，其余3指握住接力棒。

③ 右手中指握棒。

接棒人起跑：第2棒、第3棒、第4棒运动员在接力区的预跑区内自己选定的起跑位置上，采用一手撑地的半蹲踞式起跑或站立式起跑。第2、4棒接棒运动员应站在各自分道跑道的外侧，右腿在前，右手撑地保持平衡，身体重心稍偏右边，头部左转，目视传棒运员的跑进和自己的起动标志线。第3棒接棒运动员应站在各自分道跑道的内侧，左腿在前，左手撑动地，身体重心稍偏左，头部右转，目视传棒运动员的跑进和自己的起动标志线。此外，第2、4棒接运动员也可用左腿在前、右手撑地、头部左转、目视传棒运动员的姿势准备接棒。

（2）传、接棒方法。

传接棒的方法主要有上挑式、下压式和混合式三种。

上挑式：接棒运动员的手臂自然向后伸出，手臂与躯干大约成40°~45°，掌心向后，拇指与其他四指自然张开，虎口朝下，传棒运动员将帮由下向前上方传挑送到接棒运动员的手中。此方法的优点是接棒人手臂后伸的动作比较自然放松，易掌握。缺点是第2棒接棒后不便于持棒快跑。第3、4棒传接棒时，棒的前端已所剩不多，相对容易掉棒。详见图5-8。

下压式：接棒人的手臂向后伸出，手臂与躯干约成50°~60°，手腕内旋掌心向上，虎口张开朝后，拇指向内，其余四指并拢向外。传棒运动员将棒的前端由上向下传到接棒运动员的手中。此方法的优点是每一次传接棒都能握住棒的一端，便于持棒快跑。缺点是接棒人在手臂后伸时相对紧张。详见图5-9。

图5-8

图5-9

混合式：第1棒用"上挑式"传棒，第2棒用"下压式"传棒，第3棒仍用"上挑式"将棒传到第4棒手中。

（3）传、接棒的时机。

在20米接力区和10米预跑区的30米内，传、接双方都能发挥接近自己最高跑速时，为传、接棒的良好时机。一般把这个时机设计在约离接力区末端3~4.5米处出现，其根据是此时传棒者仍处于高速之中，而接棒者也能加速到一定的水平。

（4）接力队员的棒次安排。

4×100米各棒次运动员安排原则应根据起跑质量、速度以及弯道能力，传、接棒技术，身高等综合因素来安排运动员。第1棒应安排起跑技术好并善于跑弯道的运动员；第2棒应安排专项能力强的运动员；第3棒应安排弯道跑技术好的运动员；第4棒应安排成绩最好、冲刺能力最强，同时具备顽强竞争精神的运动员。

2. 4×400 米接力跑技术

4×400 米接力跑的传接棒技术相对简单，但由于传棒人最后跑速已不快，所以接棒人应慢速跑进，目视传棒人，顺其跑速接棒，然后再快速跑出。在 4×400 米接力跑中，第 1 棒全程及第 2 棒的第一弯道是分道跑，第 2 棒运动员要跑至抢道线后方可自由抢道。第 1 棒的传接必须在参赛者指定的跑道内进行，其余各棒的传接，裁判员根据第 2 及第 3 棒运动员通过 200 米起点处的先后，按次序让其第 3 及第 4 棒的队友在接力区内，由内至外排列等候接棒。所有接棒者均不可在接力区外起跑。

接力棒必须拿在手上，直到比赛结束为止。完成交接棒后，运动员应留在本队的跑道中以免因影响他人而被取消比赛资格。任何人掉了棒，必须由其本人拾回，而且要在不影响别人的情况下，方可越出自己的跑道以拾回接力棒。

第 1 棒采用蹲踞式起跑，持棒方法同 4×100 米第 1 棒。第 2、3、4 棒采用站立式起跑，通常站在接力区后沿的前面，头部转向后方，看好同队的传棒队员，如果传棒人最后有一定速度，那么接棒人可以早些起跑；如跑速缓慢，则晚些起跑；如已筋疲力尽，则要在接力区内主动接棒，尽快完成传接棒。另外，要注意服从裁判安排，在不影响其他队跑进的情况下从两侧退出跑道。

4×400 米接力跑各棒次的安排原则为：第 1 棒安排技术良好、实力较强的选手，力争在第一个 400 米成为领先者，鼓舞士气；第 4 棒应是全队实力最强的选手。总体而言，按实力及竞技状态排序为：2-3-4-1。

3. 接力跑注意事项

传棒时动作方向要正确，用力不应过大或过猛；递棒前发出信号的距离要适当（一般控制在 1.5 米左右）；接棒人的启动标志线要反复校对准确，不能起动过早或过晚；预跑过程中不要一直向后伸着手，以免影响速度的发挥，接棒人向后伸出手臂的正确时机，应是在传递人发出信号之后瞬间。同时注意，向后伸出的手要尽可能保持平稳；练习时应按比赛规则要求进行。

（三）接力跑练习方法

（1）变节奏跑（30 米快跑＋30 米慢跑）。

（2）两人一组追逐跑。

（3）迎面接力跑。

（4）原地摆臂做传接棒的手法练习。

（5）慢跑中做传接棒的手法练习。

（6）采用下压式传接棒手法进行 4×50 米或 4×100 米接力跑练习。

（7）圆周接力跑和往返接力跑练习。

（四）易犯错误及纠正方法

（1）接棒人过早地超越传、接棒标志线。

纠正方法：全神贯注地起跑，缩短起跑标志线和接力区距离，经常在高速跑的情况下练习传、接棒动作；正确判断同伴的跑速和自己的竞技状态。

（2）传棒人超过接棒人。

纠正方法：全神贯注地起跑，延长起跑标志线和接力区之间的距离，经常在高速跑的情况下练习传、接棒动作；正确判断同伴的跑速和自己的竞技状态。

（3）接棒人接棒时回头看，影响跑速。

纠正方法：练习较慢速度时的接棒动作；目光始终向前，反复练习，消除紧张状态。

（4）掉棒。

纠正方法：在中速跑进中安全地传、接棒，传、接棒时严格按照先后次序；传棒人应负主要责任，必须握紧棒，直到安全送到接棒人手中为止。明确传、接棒时持棒的正确部位。

（5）传棒人持棒臂前送太早，或接棒人接棒臂后伸过早，或起跑时接棒臂就拖曳在后，影响跑速的发挥。

纠正方法：在特别强调注意的动作的情况下，反复进行传、接棒动作练习；消除紧张心理。

（6）接棒人没按应跑的跑道一侧跑进，给传递接力棒造成困难。

纠正方法：反复讲解和示范各棒次队员正确的跑进路线和传接棒技术，在队员中形成正确的概念之后反复练习。

四、田径运动竞赛规则简介（短跑、中长跑、接力跑）

（1）应用50毫米宽的白线标出起跑线。所有不分道跑的径赛项目，起跑线应为弧线，从而使所有运动员从与终点相同的距离处开始起跑。所有项目的出发位置应面对跑进方向，从左至右编号。

（2）400米及400米以下的各个径赛项目，起跑时应使用"各就位"和"预备"口令。400米以上的各个径赛项目，起跑时应使用"各就位"口令。所有比赛一般从发令员发令枪朝天鸣放的信号为起跑信号。

（3）400米及400米以下的各项径赛，规定采用蹲踞式起跑和使用起跑器。400米以上的各项径赛，所有起跑均应采用站立姿势。

（4）任何对起跑犯规负责的运动员将被取消该项目的比赛资格。起跑采用一次抢跑即被取消比赛资格。

（5）在分道跑的比赛中，运动员应自始至终在自己的分道内跑进。

（6）中长跑比赛中，如果运动员人数超过12人，可将他们分成两组同时起跑。大约三分之二的运动员为第一组，在常规起跑线处起跑。其余运动员为第二组，在另一条弧形起跑线处同时起跑，该起跑线画在外侧一半跑道上。第二组运动员应沿着外侧一半跑道跑至第一弯道末端，该段跑道将用规定的旗子或锥形物标出。画第二条弧形起跑线时，应使所有运动员跑进的距离相等。要按规定的抢道线切入里道。

（7）判定运动员的终点名次，应以其躯干（不包括头、颈和四肢）任何部位抵达终点线后沿垂直面的顺序为准。

（8）接力跑比赛场地为标准400米田径场地，内突沿外沿半径为36.5米。每条跑道宽1.22米（包含右侧分道线），分道线宽5厘米。跑进的方向为左手靠内场。分道编号应以左手最内侧分道为第 1 分道。即赛跑按逆时针方向进行，环形跑道从内向外依次是第 1 至第 9 号跑道，接力区为 20 米。每个接力区前有 10 米的预跑区。接力棒为光滑的空心圆管，由木料、金属或其他材料制成。长度为 28 ~ 30 厘米，直径为直径 3 ~ 3.5 厘米，重量为 50 克。一般漆成红、白各半的颜色。

（9）4 × 100 米接力跑是分道进行的，接棒者可以在接力区前 10 米内起跑。运动员必须在 20 米的接力区内里完成交接棒。"接力区内"的判定是根据接力棒的位置，而不是根据参赛者的身体或四肢的位置。

（10）在 4 × 400 米接力跑中，第 1 棒全程及第 2 棒的第一弯道是分道跑，第 2 棒运动员要跑至抢道线后方可自由抢道。第 1 棒的传接必须在参赛者指定的跑道内进行，其余各棒的传接，裁判员根据第 2 及第 3 棒运动员通过 200 米起点处的先后，按次序让其第 3 及第 4 棒的队友在接力区内，由内至外排列等候接棒。所有接棒者均不可在接力区外起跑。

（11）接力棒必须拿在手上，直到比赛结束为止。任何人掉了棒，必须由其本人拾回，而且要在不影响别人的情况下，方可越出自己的跑道以拾回接力棒。

（12）任何参赛者在传接棒完毕后，必须留在本队的跑道中直到各队交接棒全部完成，否则会被取消比赛资格。故意越出跑道以妨碍其他参赛队伍，其队伍也将被取消资格。

第二节 跳 跃

跳是人类的基本活动技能之一，跳跃运动是全身肌肉协调用力，克服自身重量的运动。田径运动中的跳跃项目，是运用人体自身的能力（或同时借助一定的器材），通过一定的运动形式，使人体腾越尽可能高的高度或跳越尽可能远的长度，是周期性和非周期性相结合的混合性质的运动。跳跃运动的力学基础：各个跳跃项目，虽然运动形式和要求不同，但有其共同点，即人体的运动都是从静止状态开始向前跑进，而后转变为腾空，最后是落地。通常以抛射运动规律作为田径跳跃运动的力学基础。也就是说，不管是哪一种跳跃项目，其动作阶段都可以划分为四个紧密相连的阶段，即助跑阶段、起跳阶段、腾空阶段和落地阶段，其中助跑和起跳阶段是影响跳跃成绩的主要阶段。本节主要对职业教育体育教学中常用的跳高（背越式、跨越式）、蹲踞式跳远、挺身式跳远和立定跳远作讲解。

一、跳 高

跳高是人体通过快速助跑和有力的起跳，采用合理的过杆姿势，使身体腾越尽可能高的垂直障碍的运动项目。它是以越过横杆上缘的高度来计算成绩的。1864 年，跳高首次被英国作为一项竞技项目列入田径比赛。在跳高技术发展的 100 多年里，逐渐出现了跨越式、剪式、滚式、俯卧式、背越式五种姿势。目前，在竞技赛场上，背越式跳高姿势是大多数运动员采用的跳高姿势。根据职业教育学生的特点，本节主要介绍跨越式和背越式两种跳高姿势。

（一）跳高的锻炼价值

跳高作为锻炼身体的手段有着悠久的历史，经常练习跳高能有效地增强全身肌肉的协调能力，特别是下肢力量，对提高腿、足的肌肉力量和用力速度，改善人体的灵活性、协调性和神经系统的支配能力，发展跑、跳速度及全身灵敏性等身体素质，培养勇敢、顽强、果断等优良品质和积极进取、奋发向上的精神有着重要的作用。通过跳高教学，能有效地促进学生的身心健康，培养学生勇攀高峰的良好心理品质。

（二）跳高技术

1. 跨越式跳高

跨越式跳高是一种技术简单，易于掌握，且对场地设备条件要求不高的跳高姿势。详见图 5-10。

图 5-10

跨越式跳高的动作方法分为助跑、起跳、过杆和落地。

（1）助跑：跨越式跳高从摆动腿一侧助跑，助跑路线基本上是直线，助跑角度一般与横杆成 30°~60°。正式助跑之前应事先丈量好步点，起跳点与横杆投影线距离一般在 60~80 厘米。全程助跑一般在 10~15 米，步数在 6~8 步，最后几步速度要加快，倒数第二步最长，重心最低，摆动脚落地时柔和屈膝前移，蹬脚送髋为起跳脚的前伸放脚做好准备。最后一步稍小，使上体迅速前移向前送髋，为从水平速度过渡到垂直速度做好充分准备。

（2）起跳：跨越式跳高应用远离横杆的腿作为起跳脚。助跑到最后一步时，起跳腿以大腿带动小腿迅速向前伸出，用脚跟先着地并迅速过渡到全脚掌，接着在摆动腿用力蹬伸和助跑水平速度的推动下，身体重心迅速前移，上体及时跟上，起跳腿屈膝缓冲，当身体重心移至起跳点的上方时，起跳腿迅速蹬伸，髋、膝、踝三关节充分蹬直成一直线，摆动腿膝关节微屈，以大腿发力带动小腿积极有力向前上方摆起，两臂积极配合摆动，起跳一侧臂自然在侧下方，另一侧手臂随摆动腿前摆，使身体向上腾起。

（3）过杆和落地：起跳腾空后，身体保持向上腾起姿势，摆动腿积极上摆，当脚跟越过横杆高度时，向横杆一方侧摆，使摆动腿的脚、小腿、大腿依次过杆。与此同时，起跳腿积极向上抬起，膝盖靠近胸部，小腿自然上摆与横杆平行，接着上体抬起，摆动腿同侧臂随摆动腿内转下压带动身体沿纵轴向内旋转，使上体和臀部能顺利过杆，起跳腿随着摆动腿的下压而抬高并绕过横杆，过杆后用摆动腿领先落地。

2. 背越式跳高

背越式跳高技术能够充分发挥速度和爆发性用力的潜在能力，成为现代最先进的跳高技术。它具有快速的技术特征，且能与力量完美地结合起来，使技术动作表现出很高的效率。

跨越式跳高的动作方法分为助跑、起跳、过杆与落坑。

（1）助跑：快速助跑是背越式跳高技术的特点之一。为了利用助跑的速度提高起跳的效果，背越式跳高的助跑距离较长，且采用更接近于普通跑的跑法。运动员的助跑大多采用 8～12 步，全程呈抛物线曲线，或者是一条直线接抛物线曲线。这种助跑路线的优点是便于加速和使速度损失减小到最低程度。最后 3～5 步在曲率逐渐加大的曲线上跑进，使身体的内倾逐步地加大，至倒数第二步摆动腿支撑垂直部位时达到最大内倾。直线助跑技术：近似于短距离途中跑技术，跑进时身体重心高而平稳上体适当前倾，后蹬充分有力，前摆积极抬腿，两臂协调配合大幅度摆动。弧线助跑技术：身体逐步内倾，加大外侧腿臂的摆动幅度，保持头、躯干成一直线向内倾。助跑的整个过程应有明显的加速性和较强的节奏感，尤其是最后几步逐渐加快，到最后一步最快。背越式跳高采用弧线助跑，是形成背向越杆的需要，也是产生高效率起跳的前提和保证。助跑的最后一步，约与横杆成 30 度角。详见图 5-11。

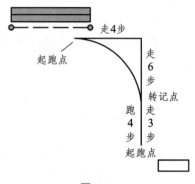

图 5-11

（2）起跳：背越式跳高的起跳在起跳脚踏向起跳点时，要求保持身体的内倾姿势向前送髋和前移躯干，并使起跳腿一侧的髋超越摆动腿同侧髋，同时控制肩轴几乎与横杆垂直，形成肩轴与髋轴的扭紧状态。然后，起跳腿以大腿带动小腿积极下压着地。着地时起跳脚外侧跟部接触地面，接着通过脚的外侧滚动至全脚掌，脚尖朝向弧线的切线方向。随着身体由内倾转为垂直，迅速地完成缓冲和蹬伸动作。蹬伸动作依次由髋、膝、踝顺序用力，躯干和三个关节充分伸展，运动员顺势向上跳起。

为了加快起跳的速度，在起跳过程中，腿臂的协调配合起着积极的作用。目前大多数运动员采用屈腿或折叠式的摆腿方法，即在助跑最后一步摆动腿蹬离地面以后，以髋发力加速前摆大腿，同时小腿随着惯性自然地向上折叠。起跳腿着地瞬间，摆动腿已靠近起跳腿，膝关节的弯曲接近最大程度。然后大小腿的角度有所展开，摆动腿沿着助跑弧线的延续方向加速上摆，直至减速制动，这时大小腿约成 90°～120°。整个摆腿过程随着膝关节角度的变化，摆动半径随之改变，使摆动的加速和减速节奏十分明显，从而对起跳产生积极的动作效应。

摆臂的方法有双臂摆动和单臂摆动两种。前者有助于加大摆动的力量，后者有助于缩短起跳时间。但无论采用何种摆动方法，都要求快速、充分，与摆动腿的摆动协调配合。

（3）过杆与落坑：过杆是最终决定跳跃成败的重要环节。合理的过杆技术应利用人体旋转以及根据人体与横杆相对位置的改变，控制旋转速度的变化，使身体的各个部位顺利地越过横杆。

当起跳腿蹬离地面结束起跳以后，身体应保持住较伸展的姿势向上腾起，同时在摆动腿和同侧臂的带动下，围绕身体纵轴旋转，使身体转向背对横杆。这时采取较伸展的姿势，可以减慢围绕身体矢状轴和额状轴的旋转速度，防止上体过早地倾向横杆，有助于以摆动腿同侧臂和肩为先导超越横杆。

当头和肩越过横杆以后，及时地仰头、倒肩和展体，并利用身体重心向上的速度，收腿挺髋，形成身体的背弓姿势。这时两腿屈膝稍后收，两臂置于体侧，这样可以缩短半径，加快围绕身体额状轴的旋转。当身体重心移过横杆时，则应做相反的补偿，即含胸收腹，控制上体继续下旋，同时以髋部发力，带动大腿和小腿加速向后上方甩腿，使整个身体脱离横杆。整个过杆动作是沿着身体重心的运动方向，顺势、依次和快速地完成的，在这个过程中，任何多余的动作，特别是过大的挺腹和收腹，引起髋部的位置急剧的上升或下落，都会给过杆造成困难。此外，还应根据助跑的快慢和起跳以后相对于横杆位移的速度，确定适宜的背弓程度。通常背弓越大，完成过杆动作的时间越长。落坑技术比较简单，在向后上方甩腿之后，保持着屈髋伸膝的姿势下落，最后以上背部或背部落于海绵坑。落坑后做好缓冲，防止受伤。详见图 5-12。

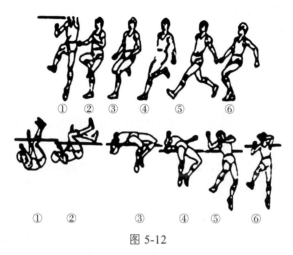

图 5-12

（三）跳高的练习方法

1. 跨越式跳高的练习方法

（1）左右变向跳跃橡皮筋练习。

（2）垂直助跑起跳过杆空中转体 90°～180°练习。

（3）原地和助跑起跳摸高练习。

（4）上一步起跳跨越横杆练习。

（5）助跑 3～5 步起跳跨越横杆练习。

（6）全程助跑跨越式跳高练习。

2. 背越式跳高的练习方法

（1）弧线助跑练习。

（2）原地摆腿转体练习。

（3）上一步起跳内旋摆腿转体练习。

（4）垫上挺髋背弓练习。

（5）原地后倒挺髋练习。

（6）原地起跳后倒上体练习。

（7）上一步起跳后倒挺髋练习。

（8）助跑 3～5 步起跳过杆练习。

（9）全程助跑完整练习。

（四）易犯错误及纠正方法

（1）起跳前减速，甚至有停顿现象。

纠正方法：反复在杆前做助跑起跳练习，注意助跑后几步身体重心平稳，最后一步起跳时放脚要快。可用皮筋代替横杆克服害怕心理。

（2）起跳时身体过早倒向横杆。

纠正方法：加强杆前弧线助跑练习或跳上海绵垫等练习，注意起跳前的身体内倾和起跳垂直向上的动作及摆腿摆臂的方向。

（3）起跳时摆动脚擦地。

纠正方法：采用弧线连续上步快速而有力的蹬摆起跳，摆腿用力蹬地后立即上收、小腿折叠，以髋带腿向前上方摆出。

（4）放脚不正确。

纠正方法：加大助跑弧线，防止弧线上跑切线（弧线跑五步）。注意放脚步的方向。

（5）摆腿起跳时臀部后坐。

纠正方法：迈步起跳时摆动腿积极地送髋，起跳脚着地时髋快速移上支撑点。另外，加强髋关节灵活性练习。

（6）最后两步倒体过早。

纠正方法：建立正确弧线助跑概念，观摩优秀运动员技术录像及正确示范。注意弧线跑时身体倾斜角度应由小—大—零的合理变化。加大助跑弧线练习，反复做全程助跑练习等。

（7）助跑加速不匀，节奏紊乱，致使起足失败。

纠正方法：调整助跑距离，找出最适宜的助跑步点，采用画线、设标记、听节拍等培养学生的节奏感。可用橡皮筋代替横杆克服恐惧心理。

（8）助跑速度过快，致使跳不起来。

纠正方法：控制跑的速度和节奏，加强腿部力量训练。

（9）坐着过杆，做不出送髋动作。

纠正方法：可采用垫上送髋，倒体成桥，原地高台过杆和助跑过杆等练习。

（10）身体与横杆斜交叉过杆。

纠正方法：采用杆前助跑起跳，起跳时注意摆动腿的摆动方向和防止倒体过早的动作。3～11步助跑起跳摆动腿触高物并沿纵轴转体90°～270°，摆动腿用力向内摆。

（11）大腿后侧和小腿擦落横杆。

纠正方法：杆前做原地背越式过杆练习，注意体会空中挺髋动作和过杆时收腿的时机。

（12）头肩先着垫。

纠正方法：加高海绵垫，做原地背越式过杆练习，注意纠正落地位置不正确和落地时身体过于放松的错误。

（13）落地时双手先撑地。

纠正方法：垫上后倒肩背着垫练习，在较高的起跳位置做有杆或无杆的原地背越式练习。

（五）跳高场地及竞赛规则简介

1. 跳高场地

跳高场地由起跳区、跳高架、横杆和落地区组成。起跳区为扇形助跑道，长15～25米，朝横杆中心的倾斜度不超过1:250。起跳区应平坦、坚实，若加塑胶垫道时，塑胶道应与地面齐平落地区应不小于6×4×0.7米。落地区用海绵垫铺成，一般性比赛或练习可用沙坑代替。

跳高架置于起跳区与落地区之间的中央地段。立柱离海绵垫至少有10厘米的间隙。横杆托应水平放置显长方形，宽4厘米，长6厘米，横杆托必须牢固地被固定在立柱上，两立柱之间的距离为4～4.04米，与海绵垫近壁在同一垂直面上。在与横杆垂直的地面上，可安装一条5厘米的测高板，板长3.66米，板面与起跳齐平。跳高落地区可用沙坑或海绵包，长至少5米，宽3米。沙子或海绵包应高出地面，其高出地面的高度应根据学生的水平而定。跳高横杆垂直面的左、右两侧地面上，各画一条宽5厘米、长约4厘米的延长线，线宽包括在落地区的一面。

2. 竞赛规则

（1）应抽签排定运动员的试跳顺序。

（2）运动员必须用单脚起跳，在同一高度连续3次试跳失败，即失去继续比赛的资格。

（3）比赛开始前，主裁判应向运动员宣布起跳高度和每轮结束后横杆的提升高度。

（4）除非比赛中只剩下1名运动员，并且他已获得该项目比赛的冠军，否则每轮之后，横杆升高不得少于2厘米，横杆升高的幅度不得增大。

（5）一旦比赛开始，运动员不得使用助跑道或起跳区进行练习。

（6）如有下列情况之一者，则判为试跳失败：

① 试跳后，由于运动员的试跳动作，致使横杆未能留在横杆托上。

② 在越过横杆之前，运动员身体的任何部位触及立柱及以外的地面或落地区。如果运动员在试跳中一只脚触及落地区，而裁判员认为其并未从中获得利益，则不应判为试跳失败。

（7）关于免跳：运动员可以在主裁判事先宣布的横杆升高计划中的任何一个高度开始试跳，也可在以后任何一个高度根据自己的愿望决定是否试跳。但在任何高度上，只要运动员连续3次试跳失败，即失去继续比赛的资格。允许运动员在某一高度上第1次或第2次试跳失败后，在其第2次或第3次试跳时请求免跳，并在后继的高度上继续试跳。运动员在某一高度上请求免跳后，不准在该高度上恢复试跳。

（8）每次升高横杆后，在运动员试跳之前，均应测量横杆高度。当横杆放置在纪录高度时，有关裁判员必须进行审核测量。如果自上一次测量纪录高度后，横杆又被触及，在后继的纪录高度的试跳之前，裁判员必须再次测量横杆高度。

（9）每名运动员应以其最好的一次试跳成绩，包括因第1名成绩相等而进行的决名次赛的试跳成绩，作为其最后的决定成绩。成绩相等：① 在出现成绩相等的高度上，试跳次数较少者名次列前。② 如成绩仍然相等，则在包括最后跳过的高度在内的全赛中，试跳失败次数较少者名次列前。③ 如成绩仍相等：a. 如涉及第一名时，在造成其成绩相等失去了继续试跳权利的最低失败高度上，每人再试跳一次。如有关运动员都跳过或都未跳过而仍不能判定名次，则横杆应提升或降低，调高为2厘米。他们应在每个高度上只试跳一次，直到分出名次为止。有关运动员必须参加决定名次的每次试跳。b. 如成绩相等不涉及第一名时，则运动员的比赛名次并列。

（10）标志物：为有助于助跑和起跳，运动员可以使用 1~2 个标志物（由组委会批准或提供）。如果未提供此类标志物，运动员可以使用胶布，但不可使用粉笔或其他任何擦不掉痕迹的类似物质。

（11）在比赛过程中不得移动跳高架或立柱，除非有关裁判长认为该起跳区或落地区已变得不适于比赛。如需移动跳高架或立柱，应在试跳完一轮之后进行。

二、跳 远

跳远又称急行跳远，是人体通过快速的助跑和有力的起跳，采用合理的空中姿势和动作，使身体腾越水平距离的运动项目。比赛时以跳的长度决定比赛名次。跳远运动经过长达百年的发展及演变，已经在技术及成绩上达到了很高的水平。这些成绩的取得与跳远技术的发展是密不可分的，每一次技术上的进步，都会带来成绩的显著提高，但反观我国的跳远运动发展，无论在技术上或成绩上都与世界水平有很大差距。

跳远技术发展大致经历了三个阶段：

1. 多种技术并存阶段（1896—1935）

此阶段多以起跳后找到最适合空中动作（即在空中能保持长时间稳定平衡）为发展方向，所以先后出现蹲踞式、两步半走步式和挺身式三种空中动作，也创造出了一些较好的成绩。

2. 力量型技术发展阶段（1935—1968）

力量型技术主要表现在起跳技术上，空中动作则以走步式与挺身式两种为主。运动员起跳时采用的是"打击式"的着地技术，此种技术虽然可以获得较好的垂直速度，但却会影响水平速度，所以现今已很少采用。

3. 速度型技术发展阶段（1968—今）

虽然此种技术对助跑速度非常注重，空中动作男子多采用走步式，女子多采用挺身式。为使助跑起跳流畅，必须抓住三个关键环节：高速助跑、全速上板和快速摆腿起跳。目前美国是世界上掌握此种技术最为完善的国家。

由此可见，在跳远技术的发展过程中，曾出现了蹲踞式、挺身式和走步式三种不同的空中姿势。三步半的走步是当今跳远竞技场上最为流行的姿势。但是，由于其动作难度较高，要求人体腾空后有较长的滞空时间，因此，在职业教育学生教学中有关走步式姿势的教学很难普及。本节主要介绍蹲踞式跳远、挺身式跳远和立定跳远三种跳远方法。

（一）跳远的健身价值

跳远不仅是一项竞技运动项目，也是一种锻炼身体的手段，是现在学校体育教学的主要内容之一，经常练习跳远能有效的发展速度、下肢快速力量和灵巧性，提高神经系统、心脏和血管的功能，增进健康，培养勇敢、顽强、果断等良好心理品质。

（二）跳远技术

不管什么样的跳远方式，其技术过程都是相通的。跳远技术过程可以分为助跑、起跳、腾空和落地四个阶段。

（1）助跑：助跑的任务是获得高的水平速度，并为准确、快速有力踏板和起跳创造条件。助跑中，一般设两个标志，第一标志设在起跑点，第二标志设在最后 6～8 步起跳脚着地处。最后几步助跑是重要环节。既要保持高速度，又要做好起跳准备，在保持步长的基础上，加快步频形成快速上板的攻势。一般来说，助跑最后一步步长，比倒数第二步步长稍短。

（2）起跳：起跳的任务是充分利用助跑速度，获得尽可能大的腾起初速度和适宜的腾起角度向空中腾起。一般分为起跳脚着地、缓冲和蹬伸三个阶段。

（3）腾空：腾空动作是为了维持身体平衡和为落地创造有利条件。

（4）落地：正确的落地是为了争取更好的成绩，以及防止受伤。

1. 蹲踞式跳远

蹲距式跳远是跳远技术中比较容易掌握的一种。其技术要领是人体通过快速的助跑单脚起跳腾空后，形成空中"腾空步"姿势，在此基础上，上体保持正直、摆动腿的大腿部分继续向上摆动，两臂向前摆动，留在体后的起跳腿开始屈膝前摆，这样，逐步靠拢摆动腿，逐渐在空中形成蹲踞式，落地前小腿自然前伸落地。详见图 5-13。

图 5-13

注意事项：

助跑：放松自然，逐渐加速，最后几步加快步频，步点准确。

起跳：起跳脚踏上起跳标志后，蹬伸用力起跳快，摆臂摆腿配合快。

腾空：腾空步后，起跳腿向前上方提举，身体呈团身蹲踞姿势。

落地：两腿前伸落沙坑，屈膝缓冲安全着地。

2. 挺身式跳远

通过助跑起跳后，在完成"腾空步"的基础上，起跳腿继续蹬伸留在体后，然后摆动腿伸髋下放，此时，留在体后的起跳腿与摆动腿靠拢，两臂外展，并挺胸送髋使躯干成反弓形，形成展体并拉开身体前部肌群，然后两腿同时前收举腿，两臂开始时一前一后，当摆动腿继续向后运动、继而收腹举腿时，两臂上举，准备做落地运动，落地时注意举大腿，伸小腿。详见图 5-14。

图 5-14

3. 立定跳远

立定跳远具有简便易行的特点,有平地就能进行练习。其动作方法是:跳时两腿稍分与肩同宽或稍比肩宽,膝微屈,身体前倾,成半蹲姿势,然后两臂自然前后预摆两次,两腿随着屈伸,当两臂从后向前上方做有力摆动时,两脚用前脚掌迅速蹬地,膝关节充分蹬直同时展髋向前跳起,身体尽量前送,身体在空间成一斜线,过最高点后屈膝、收腹、小腿前伸,两臂自上向下向后摆,落地时脚跟先着地,落地后屈膝缓冲,上体前倾。详见图 5-15。

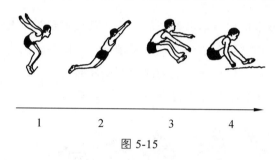

| 1 | 2 | 3 | 4 |

图 5-15

(三)跳远的练习方法

1. 起 跳

(1)原地模仿起跳练习。在确定起跳腿后,原地做起跳练习,摆动腿和两臂的摆动和起跳腿蹬地要同时,协调一致。

(2)从走步到慢跑连续做起跳练习。原地起跳动作比较正确后,再在走步中做,然后慢跑 3~4 步连续做起跳练习(可集体在跑道或平整的场地上进行练习)。

(3)4~6 步助跑起跳,用摆动腿落入沙坑,而后随惯性向前跑进,注意不能用踏跳腿落地,以免踏跳腿负担过重。

(4)同上练习,起跳后用头触及或手摸高悬物。

(5)中、远程助跑起跳练习。

2. 腾空挺身动作练习

(1)原地做腾空动作的模仿练习。

(2)原地上一步起跳,在落地前快速完成腾空动作。

(3)4~6 步助跑后跳后做摆动腿练习。小腿微向前、向下、向后摆动,膝关节放松,落地后继续向前跑进。

(4)利用踏跳板(台),4~6 步助跑起跳做腾空动作。

（5）不用踏板做练习（4），要求把注意力集中在做腾空动作上。

3. 落地动作练习

（1）4~6步助跑跳远，落地前做伸小腿动作，不要怕后坐。

（2）6~8步助跑跳远，落地前做伸小腿动作，脚落地刹那，迅速做屈膝或挺腹动作，避免后坐。

4. 完整技术练习

（1）中距离助跑起跳，改进腾空与落地动作。

（2）正确丈量步点，每次助跑接近起跳板时均要做起跳动作，然后以摆动腿继续向前跑进。这样接近正式试跳的练习，容易正步点。丈量步点次数不宜过多，3~4次即可，过多会因体力因素影响后面的正式试跳。

（3）全程助跑挺身式跳远练习。

（四）跳远常见错误动作及纠正方法

1. 助跑凑步子上踏跳板

纠正方法：讲清凑步子上板的不良后果，练习时发现凑步子立即指出，并检查纠正。

2. 助跑步点不准

纠正方法：固定开始助跑姿势和加速距离，预先做好标志或固定加速步数，并注意场地和气候的变化。

3. 助跑最后几步降速

纠正方法：克服怕犯规的心理因素；反复跑步点，强调助跑的最后阶段积极加强后蹬，加大两臂摆动，上体保持正直，提起身体重心，加速身体前移；助跑起跳要果断，如果体力不佳，可缩短助跑距离或平稳加速，保证加速上板的能力。

4. 起跳腿蹬不直，起跳向前不向上

纠正方法：手扶肋木或栏竿等物侧向站立做起跳腿蹬伸送髋动作；多做短距离助跑起跳头触高悬物；发展腿部力量。

5. 挺身过早或以挺腹代替挺身

纠正方法：加强起跳练习，强调"腾空步"姿势，待身体腾越一定距离后再做挺身动作；可在起跳板前1.5~2米处设一高30~50厘米的橡皮筋或横杆，要求越过障碍物后再做挺身展体动作；在两臂悬垂或支撑状态做挺身式模仿动作；腾空时要求头部正直，下放摆动腿时要求先向下伸展髋部，然后稍向后摆，而起跳腿屈膝稍向前提，形成摆动腿较直、起跳腿稍屈膝的姿势。

6. 落地前没有向前伸小腿

纠正方法：反复讲清伸腿的作用，加强伸腿意识，做立定跳远练习要求落地时伸腿，多做短距离助跑跳远，重点注意落地时小腿前伸。

（五）跳远场地及竞赛规则简介

1. 跳远场地

跳远用的沙坑宽至少 2.75 米，最宽 3 米，一般沙坑长 6～9 米。助跑道宽 1.22 米，长至少 40 米。跳远起跳板前沿至沙坑近端的距离 2～4 米。坑内沙面与起跳板表面在一个水平面上。起跳板用木料制成，长 1.21～1.22 米，宽 19.8～20.2 厘米，厚度不超过 10 厘米，埋入地下，漆成白色。详见图 5-16。

跳远、三级跳远场地简图

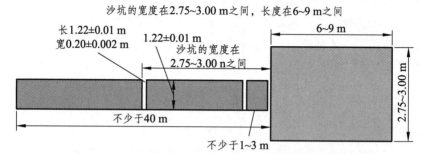

图 5-16

2. 竞赛规则

（1）应抽签决定运动员的试跳顺序。

（2）运动员超过 8 人，应允许每人试跳 3 次，有效成绩最好的前 8 名运动员可再试跳 3 次，试跳顺序与他们前 3 次试跳后的排名相反。当比赛人数只有 8 人或少于 8 人时，每人均可试跳 6 次。

（3）一旦比赛开始，运动员不得使用比赛助跑道进行练习。

（4）如有下列情况之一，则判为试跳失败：

① 在未做起跳的助跑中或在跳跃中，运动员以身体任何部位触及起跳线以外地面。

② 从起跳板两端之外的起跳线的延长线前面或后面起跳。

③ 在落地过程中触及落地区以外地面，而落地区外触地点较区内最近触地点更靠近起跳线。

④ 完成试跳后，向后走出落地区。

⑤ 采用任何空翻姿势。

注：运动员助跑时在任意位置跑出助跑道标志线不算犯规。

（5）上述 4（②）的规定除外，运动员在起跳板后面起跳应为有效。

（6）测量成绩时，应从运动员身体任何部位触地的最近点量至起跳线或起跳线的延长线，测量线应与起跳线或其延长线垂直。

（7）应以每名运动员最好的 1 次试跳成绩，包括因第 1 名成绩相等而进行的决名次赛的试跳成绩，作为其最后的决定成绩。

第三节 投 掷

田径运动中的投掷，是人体运用自身的能力，通过一定的运动，将手持的规定器械进行抛射，并尽可能获得远度的运动项目。它是以力量为基础、以速度为核心的田赛项目。虽然各种投掷项目的器械、场地、运动形式等有所不同，但它们都可以分为准备阶段（包括握持器械和准备姿势）、预加速阶段（包括助跑、滑步或旋转三种）、最后用力阶段和结束阶段（出手以后的身体平衡）等四个紧密相连的技术阶段。正规的投掷比赛项目有铅球、标枪、铁饼、链球等，本节主要介绍铅球的技术动作分析。

一、投掷运动的健身价值

投掷项目是一种表现人体力量和协调能力的运动项目。一般来说，从事投掷练习可使肌肉发达，改善肌肉功能的灵活性，提高速度和力量。经常参加投掷锻炼者，其身体动作具有很强的协调性和灵巧性，使中枢神经系统对快慢、轻重的反应快速，从而提高灵敏性、节奏感和速度感。

二、推铅球技术发展概述

古时，士兵们利用与炮弹形状和重量相同的石头，发展臂力，锻炼体魄。后来逐渐演变成了现在的推铅球。根据国际业余田径联合会规定，比赛用的铅球质量男子为 7.26 千克，女子为 4 千克。铅球直径男子为 11～13 厘米，女子为 9.5～11 厘米。

推铅球是我国开展较早的田径运动项目之一。早在 1910 年旧中国第一届全运会上，男子铅球就被列为正式比赛项目。女子铅球也于 1930 年第四届全运会被列为正式比赛项目。但是旧中国的铅球运动发展缓慢。新中国成立以后，铅球运动有了较快的发展。20 世纪 80 年代后期到 90 年代初期是我国铅球运动快速发展时期，尤其是女子铅球达到了高峰。

三、推铅球技术

推铅球是职业类院校田径教学中的必修项目，也是《国家体育锻炼体育标准》规定项目之一。经常从事这项运动的练习能发展学生的速度、力量、灵敏、协调等身体素质，并能培养学生坚毅、顽强的意志品质。

（一）推铅球技术的分类

推铅球是速度力量型项目。体育教学中，推铅球技术主要有两种，即原地推铅球和滑步推铅球。原地推铅球又细分为正面原地推铅球、侧向原地推铅球和背向原地推铅球；滑步推铅球分为侧向滑步推铅球、背向滑步推铅球和背向旋转推铅球。根据职业教育学生的特点，在此仅介绍背向滑步推铅球技术。

（二）背向滑步推铅球技术

1. 握持铅球

握持铅球时，握球手（以右手投掷为例）五指自然分开，将球放在食、中、无名指根处，拇指和小指扶在球的两侧，手腕背屈。这样可以增加握球的稳定性，防止铅球滑动，充分发挥手腕和手指的力量，使铅球获得更快的初速度。详见图 5-17。

握好球后，将球放在锁骨窝处，贴于颈部，下颌向右转，右臂屈肘，掌心向内，上臂与肩齐平或略低于肩，左臂自然上举，两眼平视前方。握持铅球的方法比较简单，但动作掌握得正确与否，会对滑步和最后用力动作产生较大的影响。握持铅球的动作细节可因人而异，但必须有利于完成后续动作和发挥肌肉力量。详见图 5-18。

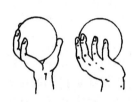

球应放在五指指根上的部位

图 5-17

图 5-18

2. 滑步前的准备姿势

预备姿势是为滑步做好技术上和心理上的准备，为顺利、平稳的进入滑步创造条件，分为高姿势和低姿势两种，多数人采用高姿势，其方法是：握、持好球后，背对投掷方向，两脚前后开立，相距 20～30 厘米，右脚在前，脚尖紧靠投掷圈后沿，左腿在后并自然弯曲，以前脚尖或脚掌着地。上体正直放松，左臂自然上举，体重落在伸直的右腿上。这种姿势的优点是全身肌肉比较放松，能使运动员较协调和顺利的进入滑步，有利于进一步提高滑步速度。

3. 预摆和滑步

滑步前可做 1～2 次预摆，目的是检查身体和铅球的稳定性，降低身体重心，以保证人体和铅球在滑步中的平衡。预摆时，弯曲的左大腿平稳的向后上方摆动，同时上体前屈，左臂前伸或自然下垂，头与背部基本成一条直线。左腿摆到一定高度身体平衡后，迅速回收左腿靠近右腿，与此同时右腿逐渐屈膝，形成弓背团身姿势，即完成一次预摆。预摆 1～2 次后即可进入滑步。滑步时，首先使身体重心向投掷方向移动，随之左腿以膝关节和髋关节伸展的方式向投掷方向摆出，同时右腿快速、有力地蹬伸，蹬、摆动作协调配合，开始滑步，推动身体向投掷方向移动。右腿蹬伸和左腿摆动结束后，迅速收拉右腿滑步。右脚脚尖向内转动，然后在投掷圈圆心附近与投掷方向成 90°～135°着地。紧接着左脚积极下落，脚尖稍向外转，用前脚掌内侧在投掷圈正对投掷方向的直线左侧与投掷方向约成 45°着地，并使左脚尖与右脚跟在一条直线上。此时，肩轴与髋轴呈交叉扭紧状态，为最后用力创造条件。

4. 最后用力

最后用力是从左脚落地前开始至铅球离手结束，最后用力是推铅球技术的关键环节，它对铅球出手初速度的贡献率高达 80%~85%。动作正确与否直接影响着铅球出手初速度、出手角度和出手高度。

当滑步结束右脚着地时，右腿迅速蹬转，左脚积极着地。滑步结束后，右髋向投掷方向转动，努力保持肩轴与髋轴的扭紧姿势，上体在转动中逐渐抬起。为加快上体转动和抬起，左臂由胸前向投掷方向牵引摆动，使身体由背对投掷方向转至侧对投掷方向。此时肩轴仍落后于髋轴，左臂和左肩高于右肩，体重大部分仍在弯曲而压紧的右腿上，身体形成侧弓姿势，拉长的肌群成待发之势，为躯干最后用力动作创造有利条件。

身体形成侧弓后，右腿继续蹬伸，加速右髋向投掷方向转动和上体的前移，体重逐渐移至左腿，左膝被动微屈。左臂由上向身体左侧靠压制动，同时快速转体，挺胸抬头，用力推球。当铅球将要离手时，右手屈腕，手指有弹性地拨球，以加快铅球出手速度。铅球出手角度一般是 35°~39°。

右腿用力蹬伸，推动右髋转动，使肩轴更加落后于髋轴，从而使躯干肌群得到最大限度的预先拉长。当髋轴转至接近正对投掷方向时，肩轴迅速转动，赶超髋轴，形成自下而上的用力顺序，使下肢和躯干肌肉的力量得到充分的发挥。最后用力过程中，右腿正确的蹬伸用力，能保证髋部正确的运动，而髋部动作将直接影响着转体和身体侧弓动作的形成。左腿的支撑动作非常重要，它可以有效地保证动量转换，从而加快上体和铅球向前上方运动的速度，提高铅球的出手高度，并使铅球获得较大的垂直分力，进而达到理想的出手速度和出手角度。详见图 5-19。

图 5-19

5. 维持身体平衡

铅球离手后，两腿前后交换，同时身体左转，并及时降低身体重心，以便减缓向前冲力，维持身体平衡，避免出圈犯规。

四、背向滑步推铅球练习方法

（1）摆动腿的摆动练习、摆动腿摆动落地练习。
（2）投掷圈外徒手背向滑步练习。

（3）持球滑步练习。徒手模仿背向推铅球技术。

（4）投掷圈外、内背向滑步推轻铅球练习。

（5）投掷圈内背向滑步推铅球练习。

（6）投掷圈内用不同重量的铅球进行完整技术练习。

（7）采用各种专门练习进行分解技术及完整技术练习。

（8）进行不同形式的比赛和测验。

五、易犯错误及纠正方法

1. 推球时手腕、手指用不上力或挫伤手指

纠正方法：加强手指、手腕的力量练习；向下对地推球练习，手指、手腕适当紧张，体会推拨球动作；注意正确的用力顺序，养成自下而上的用力习惯。

2. 滑步距离太短

纠正方法：在地上画出右脚落地的标志，要求滑步后右脚落在标志上；徒手或持球做摆蹬结合的练习。

3. 滑步后上体过早抬起，身体重心移至两腿之间

纠正方法：练习者双手或左手拉住同伴或橡胶带做滑步练习；滑步中要始终目视地上 2～3 米处的标志。

4. 滑步后停顿，不能与最后用力紧密衔接

纠正方法：徒手或持球做滑步摆腿练习，注意摆腿的方向；加强腿部力量，尤其是爆发力练习。

5. 推球时身体向左倒

纠正方法：滑步后保持上体正确姿势和左臂用力方向；画线限制学生左脚落地位置。

六、铅球比赛场地及竞赛规则简介

（一）比赛场地

铅球比赛场地是田赛场地设施之一。由投掷圈、限制线、抵趾板和落地区组成。投掷圈用厚 0.6 厘米铁板、钢板或其他材料围成直径 2.135 米的圆圈，漆成白色。圈内地面用混凝土、沥青或其他坚硬、不滑的材料铺成。铅球比赛场地的限制线在投掷圈的两侧，长 75 厘米，宽 5 厘米，后沿通过圆心的延长线并与落地区中心线垂直。抵趾板用木材或其他材料制成，漆成白色，安装在落地区两条白线之间的正中位置，固定在地面，宽为 11.2～30 厘米，内沿弧长 1.21～1.23 米，其内沿与投掷圈内沿重合。落地区用煤渣、草地或能留下铅球落地痕迹的其他材料铺成，用宽 5 厘米的两条白色角度线标明，线宽不包括在落地区有效面积内，角度线的内沿延长线通过投掷圈圆心，夹角为 34.92°。落地区地面沿投掷方向的向下倾斜度不得超过 1∶1 000。在两角度线的外侧每隔 1 米放置距离标志牌。铅球落地扇形角度应该为 34.92°。

（二）铅球比赛场地的场地画法

推掷铅球落地的有效区为 400 的扇形场面，角度线宽 5 厘米不计在 400 角之内，投掷区向投掷方向地面的倾斜坡度不得超过千分之一。详见图 5-20。

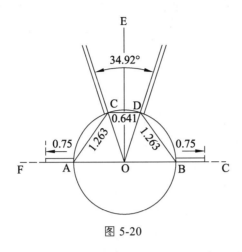

图 5-20

（1）以 O 点为圆心，以 1.067 5 为半径画铅球投掷圈。

（2）确定铅球推掷方向，画投掷圈直径 AB，分别从 A、B 点向圈外务延 75 厘米。

（3）作与直径相正交的纵轴线 OE，在纵轴线 10 米处取一点 F，通过 F 点作 OE 的垂线 CD，使 CF = DF = 30.64 米。

（4）连接 OC 和 OD 并延长，则∠COD = 400，构成铅球推掷扇形有效投掷区。

（三）铅球竞赛规则

（1）如果比赛的运动员数目，超过 8 名，会先进行初赛，在初赛里每名运动员有 3 次的试掷的机会，完成初赛后，便选择成绩最好的 8 名运动员进入决赛，若第 8 名运动员的成绩有两个或以上相同，这些同成绩的运动员均能晋身决赛。

（2）决赛当中，每名运动员再有 3 次试掷的机会。

（3）进入决赛时，运动员试掷的先后次序，会依据他们进入决赛时的成绩安排，成绩最好的会在最后试掷，成绩最差的会在最先试掷。

（4）假若参赛的运动员只有 8 名或以下，则每名运动员可试掷 6 次。

（5）运动员在初赛及决赛的 6 次投掷中，最好成绩的一掷，便会成为该运动员的最后成绩。

（6）运动员在投掷的时候，脚可触碰顶趾板的内侧，但却不可触及顶趾板的顶部。

（7）运动员在投掷后，必须从后半圆离开投掷区。

（8）每次试推时限 1 分钟；在比赛最后阶段可增至 2 分钟；只剩最后 1 人时才有 5 分钟。

（9）成绩的量度，把尺在铅球落地最近投掷区的那一点开始，拉往投掷区的中心，但读数却是在顶趾板内侧的数字。

（10）应用单手将铅球从肩部推出。当运动员进入圈内开始试掷时，铅球应贴着或靠近颈部或下颚，在推球过程中手部不得降到此部位以下，不得将铅球置于肩轴线后方。

（11）名次的决定：

① 距离最远的得冠军。

② 但如果成绩相同时，便会看他们的第二最好成绩，再相同则看第三最好成绩，如此类推。

③ 若成绩仍然相同时，则进行一次新的试推，直至分出名次为止。

思考题

1. 田径运动的定义及分类有哪些？

2. 短跑主要技术环节分为哪几个阶段？

3. 短跑起跑的口令是什么？

4. 简述短跑各技术阶段动作分析。

5. 中长跑主要技术动作有哪些？

6. 中长跑起跑姿势及口令是什么？

7. 简述中长跑呼吸过程。

8. 接力跑传接棒的方法有哪些？各自的技术特点是什么？

9. 简述 4×100 米和 4×400 米接力跑各棒次的安排原则。

10. 简述接力跑传接棒的时机。

11. 接力跑的注意事项有哪些？

12. 跳高的定义及姿势是什么？

13. 跳高运动的锻炼价值有哪些？

14. 跳高技术动作分为哪几个阶段？

15. 跨越式跳高起跳技术的分析。

16. 背越式跳高弧线助跑的意义是什么？

17. 跳远的定义及跳远技术动作分为哪几个阶段？

18. 蹲踞式跳远技术的注意事项。

19. 挺身式跳远的技术动作分析。

20. 立定跳远的技术动作分析。

21. 推铅球技术的分类。

22. 简述背向滑步推铅球技术。

第六章　篮　球

第一节　篮球运动的概述

一、篮球的起源及发展

篮球是以投篮为中心的对抗性体育运动之一,1892 年 1 月(另一种说法是 1891 年 12 月),为美国马萨诸塞州菲尔德基督教青年会训练学校教师詹姆斯·奈斯密斯博士所创。

詹姆斯·奈斯密斯博士并不是在改革一项运动,而是在发明一项运动。他当时只是为了给国际基督教青年会训练学校的学生们发明一种适合室内进行的运动,但他的发明引起了积极的响应。最初,他将两个装桃子的篮,钉在学校健身房楼上看台的两端,以橄榄球作为比赛用具,向篮内投掷,后来改为铁制的圆圈,挂上线网。再后来剪开网子下口,成为今天篮筐的样子。为了完善篮球游戏,他在 1892 年制定了 13 条规则,后逐步修改和增加条款,出场人数也逐渐减少,直至规定每队 5 人,这才成为现代的篮球运动。

1932 年国际业余篮球联合会在瑞士成立。在 1936 年第十一届奥运会上,男子篮球被列为正式比赛项目。除奥运会举行篮球赛外,第一届世界男、女篮球锦标赛分别在 1950 年、1953 年举行,之后每 4 年举行一次,每 2 年举行一次各大洲篮球锦标赛。在美国,篮球立即被人们所接受。当时所采用的水果篮、足球和 9 人制赛规已经不存在了,但原来 3.05 米(10 英尺)的篮筐高度和其他一些规则却保留了下来。1895 年美国各大学开始把篮球作为一项竞技运动,1898 年成立了第一个职业联盟。篮球比赛从 1904 年圣路易斯奥运会开始成为表演项目,直到 1936 年的柏林奥运会上才成为正式比赛项目,但那年由于缺乏比赛场地,奈斯密斯博士为室内比赛而发明的篮球赛被改在室外进行。在那次决赛中,美国队击败加拿大队夺冠。到 1992 年为止,美国统治奥运会篮球比赛项目达半个世纪之久,从 1992 年这项比赛放开了对职业运动员限制后,美国的篮球比赛项目更是如虎添翼,1992 年巴塞罗那奥运会上,那次比赛结束时,迈克尔·乔丹、约翰逊、拉里·伯德和他们的队友的得分平均超过对手 40 分以上,美国男子职业篮球联赛球星首次参赛就赢得了"梦之队"的美誉。近代篮球运动于 1896 年传入中国。1913 年华北体育联合会将其列为正式比赛项目。1951 年 5 月,在北京举行了第一届全国篮球比赛。现在,我国已是世界上篮球运动开展得最广泛的国家之一。

二、现代篮球运动的发展趋势

现代职业竞技篮球运动将向"高""快""全""准""变"、明星更加突出、技战术运用向"精练化""技艺化""智谋化"的方向发展,而"高""快""全""准""变"等的含义又有了新的变化。随着现代篮球运动的继续发展，人们会感觉到球场越来越小、比赛时间越来越短、篮架越来越低、篮筐越来越大、场上变化越来越快、队员身体接触越来越频繁剧烈、核心球员的特殊功能越来越突出等趋势。

三、现代篮球运动的特点

（一）集体性

篮球运动的活动形式是以两队成员相互协同攻守对抗的形式进行的，竞赛过程要集整体的智慧和技能协同配合，要反映和谐互助的团队精神和体现出一定的协作风格，才能获得最佳成效。

（二）对抗性

（1）地面对抗：由于篮球运动攻守对抗竞争是在狭小的场地范围内快速、凶悍的近身进行的，获球与反获球的追击、抢夺与限制、反限制，其拼智、拼技、拼体、拼力，除必须有竞技智慧外，还需要有特殊的体能，剽悍的作风，顽强的意志与必胜的精神。篮球运动竞争的过程，即是陶冶这种作风、精神的过程。

（2）高空对抗：篮筐悬空 3.05 米，通过进攻与防守向对方篮筐投篮或防止对方向我方篮筐投篮时其特殊的特点。因此，篮球运动要求运动员具有特殊的制球与制空能力。

（三）时空性

篮球比赛在一定的时间内围绕空间的球和篮展开攻守对抗，因此在比赛过程中的时间观念、空间意识必须强烈，并以智慧运用各种形式、方法和手段去争取时间，搏夺空间优势，从而使比赛更具有时空性要求，这也是篮球运动独异的特点。

（四）教育性

从社会学的角度说，篮球运动是一项有广泛群众基础和特殊社会影响的体育项目，篮球竞赛和各种篮球活动过程中充满教育因素。现代篮球运动与科学技术的进一步有机融合，加上自身整体的特殊活动形式产生的功效，已成为社会文明进步和人们喜闻乐见的人文景观，它引发种种有趣的竞技史事和人物故事，给人以观赏赞誉，增智教育，可以成为在不同人群中进行社会性人本教育的直观课程。

（五）综合性

篮球运动分类属综合性体育运动，它包含着跑、跳、投等身体体能活动，从其本体运动的科学内容体系结构而言，呈现多元化趋势，涉及社会学、人文学、军事学、生物学、科技学、管理学、体育学、竞技学、教育学等，所以进行该项运动有利于广大篮球活动者培育特殊的运动意识、气质、修养、品德、体能、技能和能力，达到健身强体的作用。

（六）增智性

现代篮球运动竞技拼争日趋凶悍激烈的基础是智慧、技艺、体能和默契配合的组合，所以具有特殊的观赏性。如何扬长避短，克敌制胜，除需自身的身材条件、体能素质水平、技能能力、意志作风等保障外，更需人文修养、智慧、计谋和精湛的技艺作保障，用此调动对方。因此从事篮球活动需要技艺上精益求精，使自己达到"艺高人胆大，胆大艺更高"的境地。同时还需要在实践中刻苦磨炼，博览群书，充实自己的智能结构，使自己更聪明起来。所以，篮球运动活动过程将使从事者更加聪慧、健魄起来。

（七）职业性

自 20 世纪中期在美欧国家率先成立职业篮球俱乐部以后，随着竞技水平的提高以及赛制和规则的完善、创新，现代篮球运动在全球蓬勃发展，使运动员的智能、体能和技战术水平不断提高，对推动职业化进程起了新的催化作用，至 20 世纪八九十年代，篮球职业化如雨后春笋在美、欧、澳、亚等大洲建立起来，特别国际奥委会同意美国男子篮球职业联赛职业队员参加国际大赛后，全球职业化篮球已成为一种时尚的产业化趋势，优秀球队和球星效应的社会商业化价值观发生了新的变化，反映着新世纪篮球运动发展的又一新特点。

（八）商业性

篮球运动商业化的重要特征是篮球运动组织体制、竞赛赛制和训练管理机制的商业化气息的增浓，以及运动员自由人地位的确立和运动技能能力价值观的变更。俱乐部产权的明晰，独立社会法人代表的重新认识等，这一系列的变革无疑一方面促进了世界篮球运动向更高的竞技水平发展；另一方面也有力地推动了职业化篮球向商业化、产业化方向发展。这已成为 21 世纪世界篮球竞技运动发展的总的趋势，其社会价值和经济价值必将呈现新的景象。

第二节　篮球的基本技术

一、移　动

移动是篮球比赛中为了改变位置、方向、速度，争取高度等所采用的各种脚步动作的总称。移动是篮球技术的基础，一切攻守技术或战术都要通过脚步移动来完成。移动技术可以反映出练习者的身体素质、篮球意识等的高低，是篮球运动中非常重要的基本功。

（一）动作要领

1. 基本站立姿势

两脚自然开立，约同肩宽，两膝弯曲，身体重心落在两脚之间，两臂自然置于体侧，上体稍前倾，两眼注视场上情况，随时准备向各个方向起动。这种姿势可以保持身体平衡和有较大的应变性，便于起动时身体重心的改变和前脚掌的有力蹬地。详见图 6-1。

图 6-1

持球时，保持上述姿势并持球于胸腹之间，做好投、传、突的准备。

防守时，平步或斜步站立，两臂张开以便干扰对方的传接球、运球或投篮。

2. 急 停

（1）跨步急停。

在快速跑动中，先向前跨出一大步，脚跟着地并迅速过渡到全脚掌抵住地面，迅速屈膝上体后仰，第二步着地时，身体侧转，脚尖内旋，用前脚掌内侧蹬撑地面保持身体平衡，重心落在两脚之间。详见图 6-2。

技术要点：第一步要大，降重心；第二步要跟得快，用脚前掌内侧蹬住地。

（2）跳步急停。

在中速和慢速移动中，用单脚或双脚起跳，上体稍后仰，落地时两脚跟同时着地并迅速过渡到全脚掌，用前脚掌内侧蹬住地面，两膝弯曲，两臂屈肘微张，以保持身体平衡。详见图 6-2。

技术要点：重心在两脚之间，屈膝降重心。

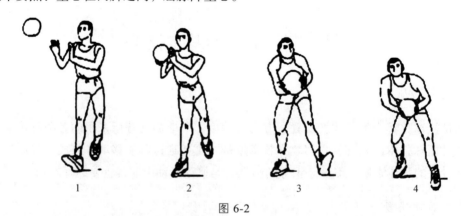

图 6-2

3. 跑

（1）变向跑。

从右向左变向时，最后一步右脚尖稍内扣，用前脚掌内侧用力蹬地，同时，迅速屈膝降重心，腰部随之左转，上体向左前倾，左脚向左前方跨出，加速前进。

（2）侧身跑。

向前跑动的同时，头部和上体侧转向球的方向，脚尖朝向跑动的前进方向，做到既保持跑速，又要注意观察场上情况。

4．跳

（1）双脚起跳。

两脚开立，两膝快速下蹲，上体稍前倾，两臂相应后摆，起跳时两脚快速用力蹬地、伸膝、提腰，两臂加速向前上方摆动，使身体向上腾起。落地时，用前脚掌先着地，屈膝缓冲。

（2）单脚起跳。

起跳时，踏跳腿微屈前送，脚跟先着地并快速屈膝过渡到前脚掌用力蹬地，同时提腰摆臂，另一腿快速屈膝上摆。当身体腾空到最高点附近时，两腿伸直自然合并。落地时，两脚分开，屈膝缓冲。

5．转　身

重心移向中枢脚，另一只脚的前脚掌蹬地，同时中枢脚以脚前掌为轴用力碾地，上体随着移动脚转动，以头、肩带动腰部随移动脚向前后改变身体方向，转身后重心落于两脚之间。移动脚向中枢脚前方跨步转动的叫前转身；移动脚向中枢脚后方撤步转动叫后转身。详见图6-3。

技术要点：中枢脚的前脚掌为轴碾地，转身时要保持身体重心平稳。

图 6-3

6. 滑　步

由两脚左右站立两膝较深弯曲姿势开始，向左侧滑步时，右脚掌内侧用力蹬地，左脚向左（移动方向）迈出的同时，右脚迅速跟随滑动，并保持屈膝降低重心的姿势，上体微向前倾，两臂侧伸，眼睛注视对手。

技术要点：移动时做到异侧脚先蹬，滑动时身体重心要平稳，两臂保持侧伸。

7. 后撤步

撤步时，用前脚掌内侧用力蹬地，后脚的前脚掌用力碾地，同时腰部用力向侧后转胯，前脚后撤，后脚变为前脚。详见图6-4。

技术要点：前脚用力蹬地，利用腰部力量带动转胯；后撤时转动的角度不宜过大。

1　　2

图 6-4

（二）练习方法

移动技术是以腿部力量做的蹬、跑、跳等动作，所以要加强腿部力量。增强腿部力量的辅助练习方法，可采用一些田径项目进行针对性的练习。例如：变速跑、高抬腿、单足跳、立定跳、纵跳、跳台阶等项目的练习。发展速度、力量、耐力、灵敏、柔韧性，有助于掌握移动基本技术，为学习篮球技术打下良好的基础。

（1）听信号起动及加速跑。

（2）原地转身、跨步。

（3）跑动中急停，接转身、跨步、起跳。

（4）变向跑、后退跑、侧身跑、变速跑综合练习。

（5）三角滑步结合撤步练习。

（6）一对一摆脱与反摆脱的练习。

（三）易犯错误与纠正方法

（1）跳步急停时停不稳，重心前移。

纠正方法：落地时两腿要分大，上体稍后仰，屈膝下降重心。

（2）跨步急停时身体前倾，重心不稳。

纠正方法：慢做分解动作，强调一步大、二步小、三降重心。

（3）单脚起跳时摆动腿配合不协调。

纠正方法：体会摆动腿加速摆动动作。

（4）转身时身体后仰、重心上下起伏。

纠正方法：转身时保持屈膝降重心，上体稍前倾。

（5）滑步时重心高，身体上下起伏。

纠正方法：降低重心，先蹬后滑，两脚保持与地面接触。

（6）撤步方向过于靠后。

纠正方法：慢速体会蹬地转髋的发力动作和撤步时脚的位置。

二、运 球

运球是个人摆脱防守进行攻击的有力手段，也是组织全队进攻战术配合的重要桥梁。通过运球练习，可以提高手对球的感应能力，熟悉球性，提高控制球、支配球的能力。运球方法很多，常用的有高、低运球；运球急停急起；体前变向换手、不换手运球；背后运球；运球转身；胯下运球等。

（一）运球动作四个组成环节

1. 身体姿势

要想熟练掌握好运球技术，必须注意身体姿势、手型、手按拍球的动作和整体动作的协调。运球时应保持两脚前后自然开立，两膝微屈，上体稍前倾，头抬起，眼睛平视，抬头注意场上情况。非运球手臂屈肘平抬，用以保护球。脚步动作的幅度和下肢各关节的屈度随运球速度和高度的不同而有所变化。

2. 手臂动作

运球时，五指张开，用手指和指根以上部位及手掌的外缘触球，掌心不触球。低运球时，主要以腕关节为轴，用手腕、手指的力量运球；身前高运球和变向高运球时，主要以肘关节为轴，用前臂和腕、指的力量运球；体侧或侧后的提拉式高运球主要以肩关节为轴，用上臂、前臂、腕、指的力量运球。拍按球时，手应随球上下迎送，尽量延长控制球的时间，这样有利于保护球和根据场上情况改变动作。

拍按球的部位是由运球的方向和速度来决定的。拍按球的部位不同，使运球的入射角和球反弹起来的反射角也不同。原地运球时，拍按球的上方。向前运球时，拍按球的后上方。

3. 球的落点

运球时应控制球的落点，使球完全保持在自己所能控制的范围内，以便随时利用自己的上体、臂、腿来保护球，而且也要便于技术运用。例如：运球向前推进无防守时，球的落点应控制在身体的侧前方，并根据推进速度保持适当距离。在对手紧逼防守时，应使球远离对手，采用侧对防守的运球方法，将球的落点控制在身体的侧后方，以便更好地保护球和及时抓住战机变换运球方法突破防守。

4. 手脚协调配合

运球时既要使移动速度和运球速度协调一致，又要保持合理的动作节奏。能否保持脚步动作和手部动作协调一致，关键在于按拍球的部位、落点的选择和力量大小的运用。脚步移动越快，拍按球的部位越靠后下方，落点越远，拍按球及反弹起来的力量越大。运球时，手拍按球和脚步动作要保持一定的比例关系和节奏。直线运球，一般拍一次球跑两步。详见图6-5。

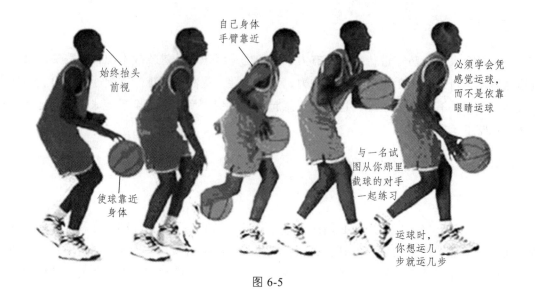

始终抬头前视

自己身体手臂靠近

必须学会凭感觉运球，而不是依靠眼睛运球

与一名试图从你那里截球的对手一起练习

使球靠近身体

运球时，你想运几步就运几步

图 6-5

（二）常用的技术动作

1. 高运球

运球时，球反弹的高度在腰、胸之间叫高运球。运球时身体重心高、灵活性大、速度快，便于观察场上情况。它是在没有防守队员阻挠情况下，为了加快向前推进的速度或在进攻中调整进攻速度和攻击位置时，所采用的一种运球方法。详见图 6-6。

动作要领：上体稍前倾，抬头看前方，以肘关节为轴，用手拍按球的后上方，把球的落点控制在身体侧前方。手脚协调配合，使球有节奏地向前运行。

技术要点：手拍按球的部位正确，手脚协调配合。训练手对球的控制能力。

2. 低运球

运球时，球反弹的高度在膝关节以下的运球叫低运球。当受到对手紧逼或接近防守队员时，常采用这种运球方法保护球和摆脱防守。详见图 6-6。

图 6-6

动作要领：两膝迅速弯曲，重心降低，抬头看前方，上体前倾，靠近防守队员一侧，用上体和腿保护球。同时，用手腕、手指力量短促地拍按球，以便更好地控制球和摆脱防守，继续前进。

技术要点：两膝弯曲迅速，降低重心，上体前倾；拍按球短促有力，手脚协调配合。手对球的控制能力。

3. 急停急起

运球急停急起是运球时利用速度的突然变化来摆脱防守的一种方法。多用在对手防守较紧的情况下，在快速运球中突然停止前进，迫使防守队员被动减速停住，趁其重心不稳时，再突然加速起动运球，摆脱防守。详见图 6-7。

图 6-7

动作要领：运球急停时，用手快速拍按球的前上方，同时，两脚做跨步急停，并转入低运球，用臂、上体和腿保护球。运球急起时，后脚用力蹬地，同时拍按球的后上方加速超越对手。

技术要点：拍按球部位正确；停得稳，起得快；控制球与脚步的协调配合。

4. 体前变向运球

体前变向换手运球是运球队员利用突然改变运球方向来突破防守的一种运球方法。这种方法多用于对手堵截运球前进路线时运用。详见图 6-8。

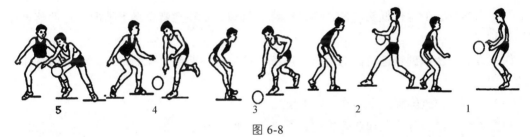

图 6-8

动作要领：以运球队员右手运球向对手右侧突破为例。先向对手左侧快速运球，当对手向左侧移动堵截时，运球队员突然变向，用右手拍按球的右侧后上方，并靠近身体向左侧送拍球，使球落在身体的左侧前方反弹，右脚迅速向左侧前方跨出，上体左转并前倾探肩，换手拍按球的后上方，加速运球突破。

技术要点：拍按球的部位、方向正确，过人前要有吸引动作，变向时要有突然性，同时要及时跨步、侧身护球和加速超越对手，要注意换手运球时的快速与协调。

5. 转身运球

转身运球是运球队员被防守堵截运球的一侧并且距离较近时，运用后转身改变运球方法，借以突破防守的一种方法。详见图 6-9。

图 6-9

运作要领：以右手运球为例。运球转身时，侧对防守，左脚在前做中枢脚，将球控制在身体右侧，右手按球的右侧上方，随着后转身右脚蹬地后撤的同时，将球拉向身体后侧方落地反弹，即换左手运球，从对手的右侧突破。

技术要点：转身时要加力运球，以加大球的反弹力，增加手控制球的时间，利于拉引球动作的完成。运球转身时，使上臂紧贴躯干来减小球的转动半径，同时运球手臂提拉球的动作和脚的蹬地、跨步、转身动作紧密结合。

（三）运球练习

（1）原地高运球、低运球，体会运球的动作要点。
（2）变向运球，体会换手时拍按球的部位和拉球、推球的动作。
（3）体侧前拉后推运球练习，体会向前、向后运球的触球部位。
（4）双手运两个球，提高控制球能力。
（5）听信号急停急起运球练习，体会全身协调用力。

（四）易犯错误及纠正方法。

（1）高运球、低运球低头看球，运球时掌心触球，不注意观察场上情况，球的落点在身体的正前方。

纠正方法：由慢到快进行高低运球，明确手控制球的部位、球的落点，强调用身体保护好球。

（2）运球急起急停时，停不稳、起不快。

纠正方法：结合徒手急起急停练习，强调急停时运球手按拍在球的正上方；急起时，手按拍在球的后上方。

（3）运球体前变向不及时、不明显。

纠正方法：徒手练习变向动作，体会脚掌蹬地方向。

（4）运球转身过程中，身体重心上下起伏；转身时，球离身体太远。

纠正方法：原地、行进间徒手模仿练习，体会转身时身体重心的控制和拍按球的部位。

三、篮球传接球

传接球技术是篮球比赛中进攻队员之间有目的地传球的方法。它穿针引线般地把各项技术各个队员连为一体，是比赛中运用最多的一项技术。

传接球的好坏，直接影响着战术质量的高低。比赛中为了给同伴创造有力的得分机会，队员之间要组织各种战术配合。但这些配合，不管设计得多么巧妙，最后如果没有及时到位传接球，都将会使前功尽弃。

当今篮球运动员普遍身材高大，移动能力强，控制范围广，在各队普遍重视防守，特别是加强了攻击性防守的情况下，给传接球造成了极大的困难，同时也促进了传接球技术向更高水平发展。纵观国内外高水平的篮球比赛，不少运动员，特别是一些球星的助攻妙传，不仅在比赛中发挥重要作用，而且具有很高的观赏性。

（一）传　球

传球的方式和种类较多，要达到比赛对其的要求，涉及的因素也多。但从一个传球过程来看，传球是由持球方法、传球方法、球的飞行路线和球的落点四个部分组成。其中传球手法是关键，它直接影响球的飞行路线和落点。

1. 传球的组成部分

（1）持球。

传球出手的过程是一个功能性过程，即球受外力作用后，以一定的速度、方向、角度和旋转方式离手，完成既定的飞行轨迹，到达传球队员所要求落到的位置上。因此，采用正确的持球方法，就是为球所受的外力选择正确的力点，以有利于出手前对球的控制和不同的传球距离、方式的要求。持球方法有双手持球和单手持球两种，具体持球方式的选择要依据运用的需要。

① 双手持球。

双手五指自然张开，两拇指相对成"八"字形，用指根以上部位握住球的后侧部，掌心空出。两臂自然屈肘，使球靠近自己的身体。抬头注视场上情况。详见图6-10。

1　　　　2

图 6-10

② 单手持球。

持球手五指自然张开，翻腕，用指根以上部位握住球的侧后下方。自然屈肘，肩部放松，抬头注视场上情况。

（2）传球要领。

传球出手的瞬间，手腕、手指对球的飞行方向、速度、路线和落点的控制，即手腕翻转、前屈和手指弹拨的用力方法。手腕、手指的力量作用于球的正后方，则球飞行的方向是向前，而且是平直的；手腕、手指力量作用于球的后下方，则球的飞行方向是前上方，沿弧线飞行；手腕、手指力量作用于球的后上方，则球向前下方击地成折线弹出，即为反弹球。在球离手的一刹那，用力越大，发力越快，即手腕翻转、前屈和手指用力拨球越急促，则作用于球的力量就越大，球飞行的速度就越快；如果手腕、手指用力缓慢，则球飞行的速度就会减慢。由于球即将离手的一刹那，手腕、手指用力的大小、速度的快慢和作用于球的不同部位，影响着球的飞行速度、方向和球到的位置，所以巧妙地运用手腕、手指的力量是提高传球技巧的关键。

传球的手法虽然是主要的，但脚蹬地、腰腹和手臂用力与腕、指的配合，也是不可忽视的。特别是前臂动作的伸、摆、绕等不同用力方法，可以增加出球点，扩大出球面，提高传球的灵活性，增强传球的威力。

（3）球的飞行路线。

球的飞行路线有直线、弧线和折线三种。由于比赛中攻守队员站的位置、距离和移动的速度及意图等情况不同，所以选择传球路线和飞行的速度也有所不同。例如：传出的球可以超越或不超越防守者，需要从空中越过对手的传球，应用弧线球；而传给已摆脱防守的同伴时，多用直线球。总之，传球时，要根据场上不同情况，掌握好传球时机，正确合理地选择球的飞行路线，使同伴顺利地接到球。

（4）球的落点。

传球要有针对性。球的落点是指传出的球与接球同伴相遇的方位。传球时，要根据接球同伴的位置、移动速度和意图及其防守队员的情况来定，要考虑到传球的高低、远近、快慢、用力等情况。将球传到远离防守队员一侧的位置，又与接球同伴恰好相遇，做到人到球到，便于接球后顺利地衔接下一个技术动作。

2. 主要的传球方式

（1）双手胸前传球。

它是一种最基本、最常用的传球方法。这种传球方法便于控制球，适用于不同方向、不同距离的传球，也便于与投篮、运球、突破等技术动作相结合运用。

① 动作要领。

双手五指自然张开，拇指相对成"八"字形，用指根以上部位握住球的后侧部，掌心空出。两肘自然弯曲于体侧，将球置于胸前部位。身体成基本站立姿势，眼睛注视传球目标。传球时，在后脚蹬地、身体重心前移的同时，前臂迅速向传球方向伸直，手腕由下向上、由里向外同时翻转，拇指用力下压，食指、中指用力拨球，将球传出。出球后身体迅速调整成基本站立姿势。传球距离越近，前臂前伸的幅度越小；传球距离远，则需加大蹬地、伸臂和腰腹的全身协调用力；传球距离越远，蹬地、伸臂的动作幅度越大。详见图6-11。

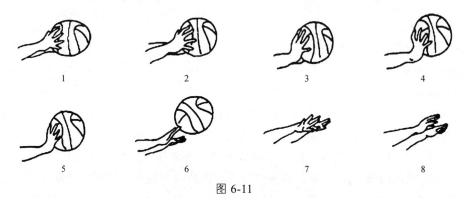

1   2   3   4

5   6   7   8

图 6-11

② 技术要点。

正确的手型和正确的抖动手腕和手指。动作协调连贯，双手用力均匀。迎球、接球、收球，传球发力部位如何发力。接球后的后引缓冲动作，蹬腿发力，上下肢协调用力。

③ 注意问题。

传球者必须向接球队员的胸前传球，避免对方受伤。接球队员以基本篮球姿势站立，双手向前伸，主动迎球。最前端的手指触球后应让整个手臂迅速向内弯曲，起到缓冲的作用，保护自己不受伤害。接到球时，没有声音。接球时，缓冲极为重要，否则容易伤到指关节，使其错位，甚至骨折。

（2）双手头上传球。

这种传球出手点高，机动性强，便于和头上投篮相结合。高大队员在内线策应时运用较多，特别在抢获后场篮板球发动快攻第一传、外围队员转移球以及向内线高吊球时经常采用。

① 动作要领。

双手举球于头上，双肘向前。近距离传球时，前臂前摆，手腕前扣并外翻，同时拇指、食指、中指用力拨球。传球距离远时，用脚蹬地和腰腹力量带动上臂发力，前臂前甩，腕、指用力前扣和拨球。详见图6-12。

图 6-12

② 技术要点。

前臂前摆和手腕前扣要快速有力，手指用力拨球。全身协调用力，传球动作快、准。

（3）双手低手传球。

这是一种近距离低部位传球方法，多用于内线队员进行策应或外围队员交叉跑动时传球。

① 动作要领。

双手持球置于腹前，上体稍前倾，两脚开立略宽于肩。传球时，手腕由下而上翻转，同时小指、无名指、中指用力拨球，将球柔和地传出。跑动中双手低手传球时，如左脚上步接球，应将球置于腰腹右侧，用前臂和手腕向上翻转、手指拨球的力量，将球柔和传出。双手（或单手）低手传球。详见图6-13。

图 6-13

② 技术要点。

前臂前摆和手腕、手指翻转拨球动作要柔和一致。学会双手低手传接球用力方法和保证传球效果。

（4）反弹传球。

反弹传球是一种通过球击地后反弹给同伴的隐蔽传球方法，多用于向内线传球，突破分球，快攻一传的传球，其特点是不易被对方抢断。详见图 6-14。

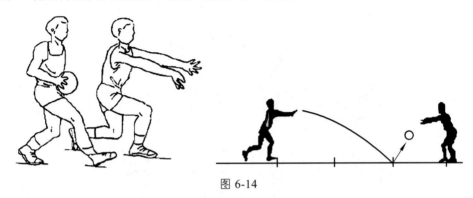

图 6-14

① 动作要领。

反弹传球的动作方法与各种传球方法基本相似，只是此时腕、指用力要大，使球的反弹高度最好在接球同伴的腰部位置。如果用力不够，反弹高度就低，不便于同伴接球。反弹传球的击地点一般应在与接球队员之间距离的 2/3 处；如果防守队员离传球队员稍远或后退协助内线队员防守时，则可在防守队员脚外侧稍后的位置击地反弹，使球击地后向斜上方弹起，利于接球。

② 技术要点。

球的击地点和力量要适当，使球的反弹高度适宜接球。

（5）单手肩上传球。

这是单手传球中的一种最基本的方法。这种传球的力量大，飞行速度快，经常用于中、远距离传球。详见图 6-15。

图 6-15

① 动作要领。

以右手传球为例，双手持球于胸前，双脚平行自然开立。传球时，左脚向传球方向迈出半步，同时将球引至右肩上方，肘关节外展，上臂与地面近似平行，右手手腕后仰托球的下部，左肩对着传球方向，重心落在后脚上。接着用右脚蹬地，转体，右前臂迅速向前挥摆，手腕前屈，通过食指、中指拨球把球传出。球出手后，随着身体重心前移，右脚向前迈出半步，保持基本站立姿势。

② 技术要点；跨步与传球的配合要协调，前臂积极挥摆，手腕和手指控制好球。

（6）单手胸前传球。

这是一种近距离的传球方法，具有快速、灵活、隐蔽的特点，并便于和运球突破投篮结合运用。

① 动作要领：以右手传球为例，双手持球于胸前，双脚自然开立。传球时双手将球引至右肩下部，右手腕稍向后屈，掌心向前，左手扶球的侧下部。出球时，右臂短促前伸，手腕急促向前屈扣，同时食指、中指、无名指用力拨球，将球平直向前传出。

② 技术要点：前臂前伸短促，同时急抖腕，食指、中指、无名指用力拨球。

（7）单手体侧传球。

这是一种隐蔽的传球方法，外围队员向内线传球时，常用此方法。详见图6-16。

图 6-16

① 动作要领。

以右手传球为例，成基本站立姿势，双手持球于胸前。传球时，左脚向左侧前方跨步的同时，左手推、右手将球引至身体右侧，经体侧向前做弧线摆动。当球摆至身体右侧前方时，迅速收前臂，屈腕，用食指、中指的力量拨球，将球传出。

② 技术要点。

当持球手引球至体侧时，前臂摆动要快，幅度要小，手腕、手指急促前屈将球传出。

（8）击地传球。

击地传球通常用来将球从防守队友张开的手臂下传出。双手击地传球的技术要领与上文提到的从胸前传球一样，只是球传出时手指向下有力，使球碰地板反弹后，到达接球队友的腰部位置。详见图6-17。

图 6-17

① 动作要领。

双手持球的预备站位：面向要传球的队友，抬头、屈膝，手指张开，将球持在胸前，两肘微向外，伸臂向外推球时，向前跨出一步，击地传球应该击在距离接球者 1/3 距离点效果最好，球传出时手指向下有力，使球碰地板反弹后，到达接球队友的腰部位置。

② 技术要点。

要注意击地传的力量、角度、线路、击地点。

3. 传球技术的运用

在比赛中，传球经常是在严密防守的情况下进行的，而有利的接球机会往往转瞬即逝。持球队员要合理地运用传球技术，不失时机地将球传给处于有利位置上的同伴，达到进攻的目的。在运用传球技术时，应注意以下几个方面：

（1）传球要有信心。传球时，自信心很重要。要坚信自己的力量，沉着、冷静、有信心地把球传出。相信同伴，将球恰到好处地传出，并养成良好的传球习惯。

（2）传球要有目的性。传球时，视野要广，先观远处，后看近处，全面观察场上情况，用眼睛余光注视同伴，及时抓住每一个有利的传球时机。

（3）传球时手腕、手指力量的运用要适宜，手的力量的运用是提高传球速率的关键。传球时尽量减少多余动作和动作幅度，以提高传球速率，避免不必要的跳起传球。

（4）传球前应有攻击动作或假动作。传球时应利用摆头、晃球、面部表情的假动作，或将瞄篮、跨步突破、转体位移等攻击性动作与传球紧密结合，"声东击西"以获得良好的传球机会。

（5）传球要有利于同伴接球后的攻击。传出的球应有助于同伴接球后构成能投、能传、能突的"三威胁"姿势。

（6）传球要熟悉本队战术配合的攻击点。传球时要注意发挥其纽带作用，知晓攻击点的出现顺序，调动全队战术的攻击力。

（7）要耐心寻找有利于攻击的传球时机。当持球队员贻误有利传球机会后，不应急躁匆忙，要及对利用运球或传球转移，重新寻找有利于攻击的传球时机。

（二）接　球

接球分为单手接球和双手接球。

接球时，眼睛要注视来球，手臂迎球伸出，手指自然分开，手掌对球。当球接触手指时，屈肘，手臂后引缓冲来球力量。见图 6-18。

图 6-18

1. 双手接球

双手接球是最基本的接球方法，其优点是控球较稳，且便于衔接下一动作。

（1）动作要领。

眼视来球，两臂迎球伸出，两手手指自然张开，拇指相对成"八"字形，其他手指向前上方，两手成一个半圆形。当手指触球时，两臂顺势屈肘后引缓冲来球的力量，两手持球于胸腹前，成基本站立姿势。

（2）技术要点。

主动伸手迎球，在手接触球后屈臂缓冲。

2. 单手接球

单手接球的接球控制范围大，但不如双手接球稳定性好。

（1）动作方法。

原地单手接球时，接球手向来球伸出，五指自然分开，掌心正对来球，腕、指放松。当手指触球时，顺球的来势迅速收臂置球于身前或体侧，另一手迅速扶球，保持身体平衡，做好下一进攻的准备姿势。

（2）技术要点。

手指自然张开伸臂迎球，当手指触球时，顺势后引，另一手及时扶球。

（三）传、接球练习方法

（1）持球：徒手模仿持球动作、反复体会持球动作、两人持一球。

（2）接球：拿放在地面上或同伴手里的球，原地接不同方向的来球。

（3）对墙连续传接球。

（4）两人原地多种方式传接球。

（5）四角移动传接球。

（6）二传一抢。

（7）两人行进间传接球推进。

（8）三人"8"字围绕传接球推进。

（四）传、接球易犯错误与纠正

1. 传　球

传球易犯错误：双手胸前传球时，持球方法不正确，掌心触球，两拇指距离过大或过小，手腕翻转不够，手指发力不足，传球时两肘外张，传球时形成挤球动作。双手持球时用力不一致，传出去的球侧旋，全身动作配合不协调。

纠正方法：保持正确的基本站立姿势，掌握正确持球手型，肘外张多是手指朝上持球，两臂与肩手腕手指紧张造成的。练习时要求学习者持球手型正确，上肢各部位肌肉放松。两人一组做持球与无球的传球模仿练习，体会传球动作的连贯性和上下肢的协调配合，再做由慢到快、由近到远的两人传接球练习，体会两手翻腕拨球动作。

2．接　球

接球易犯错误：接球时双手不伸出迎球，当手指触到球时，手臂没有顺势后引、缓冲。

纠正方法：徒手练习主动迎球动作，自抛自接体会"迎球"和"后引"缓冲动作。徒手模仿或在同伴协助下体会传球时腕翻转和指拨球的动作。

四、投　篮

投篮是篮球运动的关键技术，是得分的唯一手段，是进攻队员将球投入篮筐而采用的各种动作行为总称。投篮是篮球运动的主要进攻技术，比赛中进攻队员运用其他各种进攻技术、战术的运用都是为了创造更多更好的进攻机会，力求投中得分。因此，投篮是篮球技术的核心，对于在比赛中取胜具有十分重要的意义。身体的协调用力，正确的投篮手法，恰当的瞄准点，合适的飞行路线和球的旋转是投篮成功的重要因素。

（一）投篮命中率

1．瞄　篮

瞄准点，是指投篮时眼睛注视篮圈或篮板的那一点。那么，投篮时瞄准点在哪里呢？通过大量的实践调查，投篮时瞄篮点应该在篮圈的后沿部分。当看这点时，球就会空心入网。

2．站　位

不管是罚球还是跳投，如果右手投篮，右脚应直接指向篮圈中央。罚球情况下应把右脚放在罚球线中点，稍前于左脚。最重要的是感觉自己站位舒适。

3．持　球

食指位于球后半部的中点，扶球手扶球另一侧，拇指向后展开，两手指自然张开，两拇指下个对成"T"字形。

4．下肢动作

当双手持球于胸前，肘关节要自然下垂，两脚前后或者左右开立，两膝微屈，把重心落在两脚上，眼睛注视瞄准点，在投篮时，下肢要蹬地发力，两臂要向前上方伸直，前臂内旋，拇指下压，手腕前屈，食指和中指有力拨球，通过指端把求柔和投出，球出手时候身体要随投篮出手方向自然伸展，但注意在投篮时下肢要先发力，出手要柔和、流畅，不要猛然用力，否则会使球离手太快，这样命中率就下降。要使球柔和入网，球应从指端出手，自然离开手指，如果球触手掌，球就不能柔和地触篮圈。在膝部动作中，在原地投篮或罚球时稍微屈膝即可，像其他投篮，膝关节必须保持稳定与一致。但无论哪种投篮，基本前提就是：投篮越简单，动作就越小，获得一致的稳定出手的机会就越好。

5．球的飞行轨迹

在球投出时如果球触篮圈后又弹回来，这说明投篮太平，即弧度不够。弧度不够使球不能柔和触及篮圈，在罚球线附近出手时弧线的最高点与篮板上沿平行，出手点越远，弧线就相应高一点。

6. 球投出后的跟随动作

当球出手之后你眼睛要集中在看球的飞行路线上，球出手后眼睛应该要注视篮球筐，这样不会影响动作，相应投篮命中率会更高。

7. 球的旋转

球在飞行中的正常旋转能排除空气阻力的干扰，使球稳定地沿着正确的轨道运行，球的旋转是依靠手腕前屈或翻转和手指拨球动作产生的。由于投篮的动作方法、距离不同，球的旋转也不同，中、远距离的投篮时，使球围绕横轴向后旋转，这样易于加大球的飞行弧线，提高投篮命中率。

（二）常见的几种投篮

1. 原地投篮

原地投篮是行进间和跳起投篮的基础，多用在中远距离投篮和罚球时。其优点是投篮时身体比较平稳，便于身体协调用力。缺点是投篮的突然性差，出手点低，易受干扰。特点是出手点较高，便于结合其他技术动作，可以在不同距离和位置运用。详见图6-19。

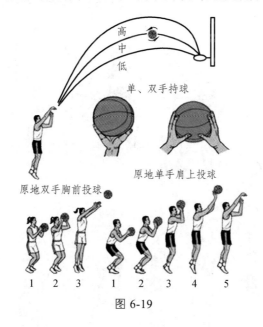

图 6-19

（1）单手肩上投篮。

① 动作要领：准备姿势为两脚平行或右脚在前左脚在侧后方，重心放在两脚之间，上体稍前倾。准备投篮时，右手手指自然分开，手心空出，向后屈腕、屈肘持球于肩上，左手扶球，同时屈膝降重心。投篮时，两脚蹬地发力，右肘上提，右臂向前上方伸展，手腕前屈，食中指拨球。投篮后，身体随投篮动作向前上方伸展，脚跟微提或两脚蹬离地面。

② 技术要点：投篮时要自下而上发力，右肘要抬起，右臂向前上方伸展，球的重心要落在手指上，用食、中指拨球。

（2）双手胸前投篮。

双手胸前投篮，其力量大，多用于远距离投篮，便于和传球、运球突破相结合，上肢力量较小者或女子一般多采用此项技术。详见图 6-20。

① 动作要领：双手持球于胸前，肘关节自然下垂，两脚前后或平行站立，膝关节稍内扣，上体稍前倾，身体重心放在两脚之间，眼睛注视瞄准点。投篮时，两脚蹬地，腰腹伸展，两臂上伸，拇指向前压送，同时两手腕外翻，用拇指、食指和中指将球投出。投篮后，身体随投篮动作向前上方伸展，脚跟微提或两脚蹬离地面。

② 技术要点：屈膝蹬地、伸展腰腹、上伸手臂和出手时手腕、手指用力动作要连贯、协调。

图 6-20

2. 跳起投篮

跳起投篮，其出手点高、突然性强，便于与移动、传接球、运球突破等动作结合运用。详见图 6-21。

图 6-21

（1）动作要领：双手持球于胸前，两脚前后或左右分开自然站立，上体略前倾。在两脚用力蹬地向上起跳的同时，上体向上伸展，双手举球至肩上，右手持托球，左手扶球的侧方，

100

当身体在最高点附近时，右臂抬肘向上伸直，最后用手腕、手指的力量将球投出，落地时屈膝缓冲。

（2）技术要点：向上举球和跳起动作要协调一致，在最高点附近出手。

3. 行进间投篮

行进间投篮多在快攻或切入篮下时运用。

（1）高手上篮。

高手上篮出手点高，在离篮很近或较远时都可采用。详见图6-22。

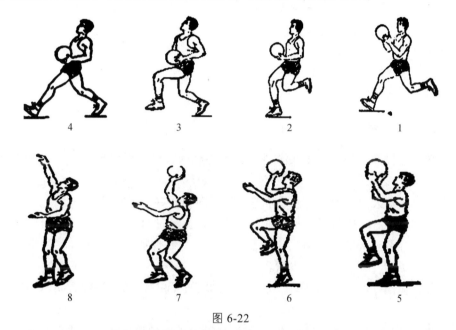

图 6-22

① 动作要领：以右手为例。当球在空中运行时，右脚向前跨出一大步同时接球，然后左脚接着向前跨出一小步，脚跟着地迅速过渡到前脚掌蹬地起跳，同时右膝屈膝上摆，双手举球，手臂上伸掌心向上，用手腕和手指拨球，柔和地将球投出。空中两腿并拢，落地时屈膝缓冲。

② 技术要点：第一步要大并接稳球，第二步要小，起跳有力；手指拨球要柔和。

（2）低手上篮。

低手上篮上篮速度快，伸展距离远，控制球较稳。详见图6-23。

行进间低手投篮

图 6-23

101

① 动作要领：当身体腾空到最高点时，左手离球，右手五指分开，手心向上，托球下部，手臂继续向投篮方向伸展，并以手腕为轴，手指向上挑球，使球从食指、中指滚出。

② 技术要点：右手托球要稳，投篮时手指拨球要柔和。

（三）投篮练习

（1）徒手做原地投篮动作的模仿练习，体会动作方法。

（2）近距离定点投篮、慢速行进间投篮。

（3）在防守干扰下中、远距离投篮或上篮。

（4）运球急停投篮，接传球投篮。

（5）自投自抢，连续投篮。

（6）半场、全场运球或传接球上篮。

（7）不同角度的投篮练习。

（四）投篮易犯错误动作及纠正方法

（1）单手肩上投篮，持球时肘关节外展，手心触球，出球时成推球动作，手腕向里撇，无名指和小指拨球。

纠正方法：强调大臂与地面垂直，投篮时抬肘向上伸臂，手腕前扣，食指和中指拨球。

（2）双手胸前投篮，持球手法不正确，肘外张；投篮时两手用力不一致，伸臂不够充分。

纠正方法：强调正确的持球方法，投篮时蹬地、腰腹伸展，手臂上伸。注意伸臂的同时手腕翻动、拇指压球，食指、中指拨球。

（3）跳起投篮出手时间掌握不好，起跳时的蹬地时间与摆球、举球时间不一致，球飞行弧度过低。

纠正方法：自己根据信号"跳、投"，做原地跳起投篮的模仿练习；降低起跳高度和缩短投篮距离的投篮练习。

（4）高手上篮时，接球与举球动作衔接不好，投篮用力过大。

纠正方法：慢做分解动作，第一步接球，第二步举球，起跳后手指柔和地拨球。

（5）低手上篮时，举球不稳，手臂伸展不够。

纠正方法：反复练习举球和伸展手臂、拨球动作。

五、持球突破

持球突破是持球队员运用脚步动作和运球技术快速超越对手的一种攻击性很强的技术，由蹬跨、转体探肩、推按球和加速等动作组成。运用时应结合投篮、分球、跨步等动作，使进攻显得更加灵活机动。

（一）基本动作

1. 蹬　跨

队员在突破前，两脚左右开立，略宽于肩，屈膝降低身体重心，重心落在两脚之间，两脚踵稍提起。双手持球于胸腹之间，注意保护球。突破时，用虚晃或瞄篮等假动作吸引对手，用移动脚前掌内侧蹬地的同时，中枢脚力碾地，上体前倾并转体，重心前移，以带动移动脚迅速向突破方向跨出。跨出的第一步要稍大，以缩小后蹬腿与地面所成的角度，增加后蹬力量，争取第一步就接近甚至超越对手。第一步落地后，膝关节要保持弯曲，脚尖指向突破方向，以便第二步的蹬地加速。

2. 转体探肩

在蹬地跨步、上体前移的同时，要转体探肩，使身体重心继续前移，加快突破速度，同时占据空间有利位置和保护球。

3. 推按球

在蹬跨、转体探肩的同时，将球由体前推引至远离防守队员一侧，并在中枢脚离地前推按球离手，球落于跨出脚前的外侧，用远离对手一侧的手运球，使球反弹高度在腰膝之间。

4. 加　速

在完成上述动作后，已获得起动的初速度，这时中枢脚要积极、有力地蹬地，加速超越对手。

以上几个环节，几乎是在同一时间完成，它们之间紧密衔接，相互影响。只有熟练地掌握这几个环节，动作连贯，快速一气呵成才能达到突破的目的。

（二）技术动作

1. 动作要领

（1）交叉步突破。

这种突破方法的优点是跨步后与防守队员接触面较小，能更好地利用跨步抢位保护球。详见图 6-24。

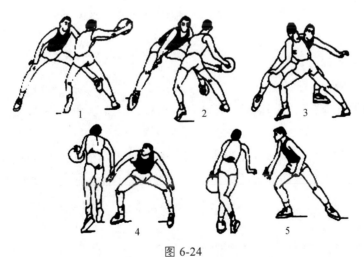

图 6-24

① 动作方法。

以右脚做中枢脚从防守队员左侧突破为例。突破时，左脚向左侧前方迈出一小步，把防守队员引向自己左侧的同时，用左脚前掌内侧迅速蹬地，向右侧前方跨一大步，上体稍右转，左肩向前下压，重心向右前方移动，将球推引至右侧，用右手推按球于左脚右侧前方，接着右脚蹬地加速超越对手。

② 动作关键。

积极蹬地，起动突然；转体探肩应与跨步相连；推按球离手必须在中枢脚离地之前；跨步脚尖指向突破方向，整个动作协调连贯。

③ 技术要点：重心降低，转探肩保护球蹬跨积极，推放球要及时。

（2）顺步突破。

这种方法也称同侧步突破，其优点是突破时起动突然，初速度快，但球暴露较多，容易被对手将球断掉。详见图6-25。

图6-25

① 动作方法。

以左脚做中枢脚从防守队员左侧突破为例。突破时，上体积极前倾的同时，右脚迅速向右前方跨一大步，同时上体右转，左肩积极下压。左脚内侧用力蹬地，在左脚离地前，用右手推按球于右脚外侧前方，然后左脚迅速跨步抢位，加速运球超越对手。

② 动作关键。

起动要突然，跨步、运球要快速连贯，中枢脚离地前球要离手。

③ 技术要点。

蹬跨有力，转身探肩，加速积极。

（3）前转身突破。

当对手贴身防守或背对篮接球时，可结合后转身、投篮等动作突破对手。

① 动作方法。

以左脚做中枢脚为例。背对球篮和防守者，突破时，以左脚为轴做前转身，右脚随着转身向球篮方向跨出，左肩向防守者的一侧空当下压，右手推放球后左脚蹬离地面向前跨出，超越对手。

② 技术要点。

重心要稳，跨步、蹬地、运球动作连贯。

（4）后转身突破。

与前转身突破运用时机相似，可结合前转身、投篮等动作突破对手。详见图6-26。

图 6-26

① 动作方法。

以左脚做中枢脚为例。背对球篮和防守者，突破时，以左脚为轴做后转身，右脚随着转身向右后方的球篮方向跨出，脚尖指向侧后方，右肩向防守者的一侧空当下压，左手向右脚前方推放球后左脚蹬离地面向前跨出，超越对手。

② 技术要点。

重心要稳，右脚向侧前方跨出时脚尖方向要正确，推放球后左脚内侧用力蹬地加速。

（三）练习方法

（1）持球反复体会并做蹬地、转探肩、保护球动作练习。

（2）接球急停，面对防守做交叉步或顺步突破练习。

（3）背对防守做转身突破练习。

（4）结合假动做突破练习。

（5）一攻一守做持球突破练习。

（6）向前、侧方抛球，然后做跳步接球突破练习。

（7）突破与加速运球投篮结合练习。

（四）易犯错误与纠正方法

（1）突破时第一步跨步太小，突破时没有转、探肩，绕开防守者运球，重心过高。

纠正方法：徒手模仿结合分解练习；一同学手臂侧平举，突破时从手臂下通过。

（2）中枢脚提前非法移动。

纠正方法：徒手或结合慢动作的练习中体会。

（五）持球突破技术的运用

（1）应根据对手在防守距离、位置、步法、身体重心控制等方面出现的漏洞，抓住时机进行突破。

（2）运用持球突破要与投篮、传球、假动作等技术结合，善于调动对手，制造和利用突破时机。

（3）突破前要观察了解双方队员在场上的位置，正确选择突破方向。既要考虑个人攻击，也要注意配合。遇有意外阻挠，应及时变换动作。

（4）根据本队进攻战术的需要或为了扭转场上被动的局面，可有目的地利用持球突破打乱对方防御部署，创造良好的攻击机会。

（5）根据对手情况，有意识地攻击薄弱环节，在局部地区形成一对一局面，利用持球突破攻击防守能力较差或犯规较多的对手。

六、个人防守对手

防守对手是队员合理运用防守动作，积极抢占有利位置，破坏和阻挠对手进攻，以争夺控制球权为目的的行动。防守对手是个人防守技术和集体防守的基础。可分为防守无球队员和防守有球队员。详见图6-27。

图 6-27

（一）动作要领

1. 个人防守有球队员

（1）防守方法：阵地进攻时，一般情况下，首先防守者应占据对手与球篮之间的位置，对手离篮近则贴近防守；离篮远则离稍远些。其次，要根据对手的进攻特点调整防守位置。对于中远投较准的进攻队员，在其投篮区域时应适当靠近防守；对于善于突破的进攻队员，防守时应适当远离对手一些。

当对手持球可运球突破、投篮、传球时，要占据对手与球篮之间的位置，根据对手的进攻特点和意图选择平步或斜步防守姿势，干扰对方投篮和传球；防守突破能力较强的对手时，多采用平步防守或斜步防守强侧的姿势；防守中远距离投篮时，多采用斜步防守。当对手突破时，及时迅速地运用撤步、滑步等脚步动作用躯干合理地封堵对手的移动路线；当对手投篮时，积极上步起跳封盖；当对手停球时，要上步贴近防守，封堵对方传球或投篮。

（2）技术要点：抢占有利的防守位置，及时判断对方进攻意图，积极移动，封堵对手传球、投篮、突破。

2. 个人防守无球队员

（1）防守离球距离较远的对手时，要做到"人、球、篮"兼顾和协防、补防。通常选择离对手较远并靠近球篮的位置，采用面向球并且侧对防守者的站立姿势。当对手向有球方向移动或切入篮下时，应合理地运用快速的脚步动作抢占有利的防守位置，堵截其摆脱移动的路线。防守内线队员时，要合理利用身体对抗抢占对手与球篮之间的有利位置；也可采用绕前防守或侧面防守的姿势，积极干扰或封堵其传接球的路线。

（2）技术要点：抢占"人、球、篮"兼顾的防守位置；防守时要做到"内紧外松，近球紧，远球松，松紧结合"；防止对手空切和接球，随时准备协防、补防。

（二）练习方法

（1）一对一攻防练习。
（2）防摆脱接球练习。
（3）防对手空切练习。

（三）易犯错误与纠正方法

1. 个人防守对手易犯错误

防守时的位置、距离的选择不恰当；防守者没有根据对手运球和原地持球动作而采取合理的防守动作；防守时重心太高，不便于随时移动，防守位置的选择不正确，没有随时抢占"人球兼顾"的有利位置；防守时"松"与"紧"的结合不好；防对手摆脱空切时，没有及时堵截。

2. 个人防守对手易犯错误的纠正方法

在练习中及时提示队员纠正防守位置、距离选择不恰当的错误。减慢攻守速度练习及提高练习难度，纠正防守姿势和选位。建立正确的防守概念，重点强调"人球兼顾"的防守原则，及时提示队员调整防守位置和姿势，积极移动，堵截对手空切路线，并做好协防、补防。

七、篮球防守

随着篮球运动的发展，篮球防守技战术发生了很多变化，在篮球比赛中防守的重要性被体现得淋漓尽致。防守技术向着更加主动、积极、凶猛的方向发展，如半场紧逼、全场紧逼、夹击等攻击性防守的大量运用，使得被防守方进攻失误增多，对比赛的胜负影响极大。

现代世界篮球运动的水平在不断进步和提高，篮球运动的运动员已不再把眼光局限在进攻上，而是着眼于最根本的防守技术上。从世界篮球运动的发展趋势分析，随着攻守转换时间的缩短，防守也由被动防守转换为积极主动的防守，身体接触频繁，对抗更加凶猛。因此，在篮球运动中应重视防守。防守是最有力的进攻，进攻是最好的防守，这就要求现代篮球要攻守平衡，能攻能守。

（一）防守抢、打、断技术

防守抢、打、断技术是面对持球者进行防守时的具有攻击性行为的防守技能。抢球：夺取进攻队员手中的球。打球：击落进攻队员手中的球。断球：截获进攻队员之间的传球。

有效的抢、打、断球必须建立在准确的判断、快速地移动和合理的手部动作的基础之上，必须保证正确的防守位置，即使不成功，也要尽可能快地恢复正常的防守位置，防止对手突破，准确判断是基础，快速移动是为了占据有利的位置，而合理的手部动作则是减少犯规的重要保证。手部击球时的动作幅度要小，速度要快，要善于发挥出手腕和手指的动作速度。

1. 抢　球

抢球是带有攻击性防守的重要技术之一，在对方动作迟缓、精神不集中或球保护不好的情况下，防守者都可以大胆地抢球。

动作要领：抢球时要突然上步，靠近对手，同时伸出右臂右手迅速按在球上方（对方的两手之间），左手立即握住球的下方，右手下按球并将球向对方怀内旋转，左手用力协助转动。当球在对方手中转动时，右手加向回拉球动作，球即脱开对方双手，将球抢到手。

2. 打　球

当进攻队员持球、运球、投篮时，防守队员都可以出其不意地突然打球，也可以在集体防守的配合过程中，通过堵截、夹击、关门等方法打掉持球队员手中的球。

（1）自上而下打球。

动作要领：首先观察和判断好持球队员的情况，打胸前持球队员的球时（以右手打为例），右脚稍上步同时右手迅速伸前臂，接近球时手腕全力向下挥动，带动手指、手掌外侧的短速弹击力量将球击落，要做到动作小，出击突然。

（2）自下而上打球。

动作要领：当对方注意力不集中或接高球正要下落时，用这种打球方法（左手打为例）。左脚稍向前移，同时左手前臂向前伸，掌心向上，接近球时，手腕向上振动，带动手指、指根用短促振动力量将球打掉，手指打球时要有向回带的动作，以便打球后脱开对方持球部位，将球打到自己面前。

3. 断　球

（1）横断球。

动作要领：要准确判断对方传球意图和球的飞行路线，要与对手有一定距离，使其同伴感到可以传球。准备断球时要降低重心，要与传球人、接球人保持一定角度，位置要靠近传球一侧。注意观察持球队员的动作，当持球者传球出手时，迅速向来球方向起跳。充分伸展腰腹和手臂，当截获来球，立即收腹双脚落地保持平衡，及时与运球、传球相接。

（2）纵断球。

动作要领：以从对手右侧断球为例。纵断球时，右脚应向右前方（从对手侧后绕出断球时）或右侧前方（从对手身后绕出断球时）跨出，左腿从侧面绕过对手，同时右脚用力蹬地（或两脚蹬地）侧身向来球方向迅速跃出，两臂伸直将球断获。其他动作要领同横断球。

（二）防守基本技术练习

（1）防守基本姿势和动作，对所要防守的位置和进攻者，使用的技术以及进行防守的各种基本姿势和动作的练习，如防有球与无球，防强侧与弱侧，防突破与投篮等。

（2）防守移动步伐脚步的灵活性，是防守步伐的辅助训练，着重于频率、幅度、变化、协调的练习。防守的移动步伐是防守的基本功之一，要注重准确、规范、速度、组合、变化的训练。

（3）单项防守技术对单一的某种进攻技术的防守练习，应注重防守技术动作的组合及合理的运用。

（4）单兵防守是综合性防守练习的初级阶段，以个体为主，先从规定进攻者的位置距离开始，对其进攻手段不加限制，以练习防守者防守基本技术的运用及组合能力。

（5）两人以上的防守，两人及多人的防守训练，是综合性防守训练。以多人配合为主，在各种不同的位置，面对进攻者运用不同的技术，防守者要练习使用各种防守技术进行配合，这也是培养篮球意识的过程。

（三）抢、打、断球易犯错误及纠正

（1）抢、打、断球的时机判断不准确，行动不果断，以致造成防守失误。

纠正方法：注意培养和提高观察、判断和反应能力，同时可以采用固定路线、固定方法和练习形式，提高起动速度、弹跳、灵敏等素质，提高抢、打、断球技术和运用能力。

（2）抢球时手臂与身体配合不协调。

纠正方法：在慢速中练习双手抢球时的手触球动作及手臂与身体协调配合方法，体会突然迅速加旋转的抢球方法。

（3）抢、打、断球时出现扑空或造成犯规。

纠正方法：可采用二人或三人一组，从有利于抢、打、断球的防守位置开始练习，或先在慢速中体会动作，后在快速中练习，逐渐在对抗条件下练习，还可采用教师在练习中采用给以语言信号刺激或条件限制的方法，帮助判断时机，提高抢、打、断球技术和运用能力。

（4）断球起跳腾空后，身体和手臂不能充分伸展。

纠正方法：可用徒手模仿练习或断球空中动作的专门性练习，如采用跑动中单脚或双脚跳起向不同方向触及目标的方法，帮助改进，提高断球时空中动作。

（5）抢、打、断获球后进攻意识差或出现违例。

纠正方法：组织由抢、打、断获球后结合运球，传接球技术练习，同时注意贯彻篮球规则精神，培养进攻意识和技术运用能力。

八、抢篮板球

抢篮板球是指抢投篮未中从篮板或篮圈反弹出的球。在篮球比赛中，篮板球是球队获得控制球权的一项重要手段，并且篮板球的质量往往影响到比赛中的主动权甚至比赛的胜负。要抢好篮板球，首先要有强烈的抢篮板球意识；还要根据球的飞行情况准确判断其落点和球可能反弹的方向和距离，并迅速地移动并抢占对手与球篮之间有利的位置；然后起跳抢球，及时发动快攻或组织二次进攻。

（一）抢篮板球技术

抢篮板球是攻守转换的重要手段；是控制球权的重要方式；对比赛胜负有直接的影响。

1. 抢占位置

要设法抢占在对手与球篮之间的有利位置上。抢进攻篮板球时要判断球的落点，利用各种假动作冲抢；抢防守篮板球时要注意用转身挡人的动作，先挡人后抢篮板球。不论抢进攻还是防守篮板球，都要抢占对手与球篮之间的位置。

2. 起跳动作

起跳前两腿微屈，重心降低，上体稍前倾，两臂屈肘举于体侧，重心置于两脚之间，注意观察判断球的反弹方向，及时起跳。起跳时两脚用力蹬地，同时两臂上摆，手臂上伸，腰腹协调用力，充分伸展身体，并控制身体平衡。

3. 抢球动作

分双手、单手和点拨球。双手抢篮板球时，指端触球瞬间，双手用力握球，腰腹用力，迅速将球拉入胸腹部位，同时两肘外展，以保护球。单手抢篮板球，跳起达到最高点时，指端触球后，迅速屈指、屈腕、屈肘收臂，将球下拉，另一只手扶球护球于胸腹部位。点拨球是在跳起到最高点时，用指端点拨球的侧方、侧下方或下方。

进攻抢到篮板球时或补篮或投篮，或迅速传球给同伴重新组织进攻；防守抢到篮板球，或在空中将球传出或落地后迅速传出或运球突破后及时传给同伴。

动作要点：抢篮板球的关键是抢占位置，要设法抢占在对手与球篮之间的位置上。进攻要强调"冲抢"，防守要强调"挡抢"。

（二）抢篮板球分类

1. 抢进攻篮板球

动作要领：进攻队员一般位于防守队员外侧，处于不利于抢篮板球位置。因此，进攻队员抢篮板球要突出一个"冲"字。当同伴或自己投篮时，近篮的进攻队员首先要准确判断球的落点，运用虚晃的假动作，摆脱防守队员的阻挡，绕、跨、挤到对手的前面或侧前方，抢占有利位置，借助跨步或助跑起跳补篮或抢篮板球。

动作关键：准确判断球的反弹方向和落点，绕步或跨步冲抢，及时起跳。

抢进攻篮板球应注意的几个问题：

（1）预判：如果没有很好的预判，即使顶人、弹跳再好，也不可能抢得进攻篮板。

（2）卡位：判断到球的落点后，下一步就是卡位。

（3）顶人：卡好位以后，一定要注意顶人，也就是保护好你的篮板球位置，不让别人来侵占你的篮板球位置。

（4）保护好球：抢到进攻篮板后，一定要注意保护好球。否则对方很可能把你的球切掉。

（5）最后，也是最重要的，凌驾于所有上面的环节，就是态度。没有积极拼抢进攻篮板的态度，以上都是空谈。所以态度极为重要。

2. 抢防守篮板球

动作要领：防守队员处于抢篮板球的有利位置，位于进攻队员内侧，一般多采用"挡抢"。首先应保持正确的站位姿势，两膝微屈，上体稍前倾，重心落在两脚之间，两臂屈肘侧张占据较大的面积。当对手投篮出手后，首先应注意对手的动向，并根据与对手的位置，运用上步、撤步和转身抢占有利位置，把对手挡在身后，与此同时，观察判断球的落点准备起跳。起跳时前脚掌用力蹬地，向上摆臂并提腰，手向球的落点方向伸展，跳至最高点触到球时，用双手、单手抢球或将球点拨给同伴。如在空中抢到球未能传出，落地时应保持身体平衡和保护球，及时运用传或运的方式转守为攻。

动作关键：准确判断球的反弹方向和落点，抢位挡人，及时起跳，迅速一传。

抢防守篮板球应注意的几个问题：

（1）观察：抢后场篮板球前，防守者要保持人球兼顾的位置，使自己能及时看到对方队员出手投篮。要养成对方队员投篮就要看住对手的习惯。

（2）预阻：对方投篮出手后，防守者应面对面就地阻截，防止对手向篮下冲抢。此时一般多用平步防守步法。要主动贴近对手，使其无法起步摆脱或耽误其冲抢篮板球时间。

（3）转身：转身就是当对手向一方移动时，防守者应同时膝微屈做后转身，将对手背在自己身后产生阻挡效应。

（4）挡人：保持防守者的有利位置，挡住对手冲抢篮板球。挡人是转身的目的和结束动作，要注意身体重心稍靠后，并用身体的背部抵住对手的冲撞。

（三）练习方法

抢篮板球的关键是抢占位置，要设法抢占在对手与球篮之间的位置上。进攻要强调"冲抢"；防守要强调"挡抢"。

（1）起跳、抢球练习。

（2）抢占位置练习。

（3）抢篮板球结合传球练习。

（4）连续打板练习。

（四）易犯错误与纠正方法

易犯错误：对投篮球的反弹点判断不好，挡人抢位不积极；起跳不及时；抢球落地后，没有及时护球。

纠正方法：强调篮板球反弹的一般规律，练习移动、抢位、挡人、起跳、护球的技术动作。

第三节　篮球基本战术

篮球战术，是比赛中队员的个人技术的合理运用和全体队员相互协调配合的组织形式和方法。一切战术的目的，都是为了争夺控球权而投篮得分。篮球战术对比赛胜负有重要作用，战术对发挥本队专长、抑制对手之短有积极作用，它可以掌握主动，去争取比赛的胜利。

一、基本进攻战术

（一）传切配合

传切配合是队员之间运用传球与空切的一种战术配合方法，具体可分为两种，第一种是队员传球后，立即切入接回传球进攻；第二种是队员传球后，其他队员空切接球进攻。

1. 传切配合

如图 6-28 所示，4 传球给 5 后，立刻摆脱对手向篮下切入，接 5 传来的球投篮。

如图 6-29 所示，在 5 与 6 互相传球之际，5 乘其对手不备之机，突然空切篮下，接外围同伴的传球，然后投篮。

红色为传球路线，蓝色为球员移动路线

图 6-28

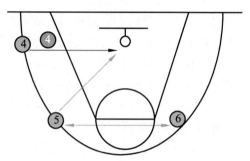

红色为传球路线，蓝色为球员移动路线

图 6-29

2. 传切配合的要求

进行传与切的队员要人到球到，因此，空切队员要根据球的方向掌握好时机，突然摆脱，并卡位挡人准备接球，传球队员要吸引自己的防守者，根据空切队员的速度和方向，做到传球及时到位。

（二）突分配合

突破分球又叫突分，原来只是突破，直接上篮，防守方感到这种上篮威胁较大，就开始进行协防，迫使突破队员不得不分球，最后发展到现在的突分配合。既然是配合，就需要两三个同伴之间要互相建立默契。突破队员往哪里突，无球队员应往哪个方向去接应，这就要形成一个默契。

1. 突分配合方法

如图 6-30 所示，5 突破后，遇到 7 迎上补防，立刻把球传给切入篮下的 7，7 接球后投篮或与其他同伴配合。

2. 突分配合的要求

突破要突然、快速，在突破过程中既要做好投篮的准备，又要随时注意观察场上攻守队员的位置和行动，以便抓住有利战机，及时、准确地把球传给有利进攻的同伴。

红色为传球路线，蓝色为球员移动路线

图 6-30

112

（二）传切配合与突分配合练习

（1）徒手与结合传接球的路线跑动练习。

（2）二、三人的传切配合练习。

（3）多球传切配合练习。

（4）攻守转换的传切配合练习。

（5）加固定防守的传切配合练习。

（三）传切与突分易犯错误及纠正方法

（1）进攻选位距离近，进攻配合的范围小，配合难以成功。

纠正方法：应反复讲解示范传切配合的位置要求，规定进攻位置，明确进攻队形和配合方法。

（2）假动作的运用不逼真，真假变化慢。

纠正方法：在练习中对合理运用假动作，提出要求和给以方法上的指导，可采用模仿性的练习，并抓住重点、难点，反复练习，帮助提高运用假运作的能力。

（3）切入跑动时不选捷径，跑动中不侧身，不看球。

纠正方法：可采用划出切入跑动路线的方法，并给以"看球"信号的刺激和条件限制，逐渐改进动作，提高切入技术。

（4）配合队员传球准确性、隐蔽性差。

纠正方法：加强练习各种传球技术，增加传球的多变性，并在配合中对传球提出明确的要求和给以方法上的指导、示范。如：指出传球时机、位置、方式。

二、防守基本战术

（一）关门配合

关门配合是两个防守队员协同防守突破的配合方法。当进攻队员运球突破时，防守突破的队员向侧后方移动挡住其移动路线，临近突破一侧的防守队员，应及时快速向突破队员的前进方向移动，与突破的队员靠拢，像两扇门一样关起来，堵住进攻者的前进路线。详见图6-31。

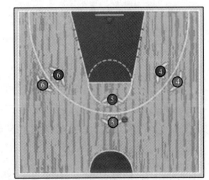

图 6-31

1. 配合方法

当5从正面突破时，4与5、5与6进行"关门"配合。

2. 配合要点

在防守队员积极堵截持球队员的突破路线的同时，临近突破一侧的防守队员要及时快速地向同伴靠拢进行"关门"配合。

3."关门"配合易犯错误及纠正方法

（1）对持球突破队员进攻意图判断不准，时机掌握不好。

纠正方法：明确讲解与示范关门的时机，练习中注意判断时机能力的培养。

（2）配合时移动路线不合理，动作过大或过猛，造成犯规或漏洞。

纠正方法：反复强调"关门"的目的主要是造成对方失误，己方不要犯规。正确示范防守时的位置路线和手脚的协调配合。

（3）配合时的位置、距离选择不当，配合效果差。配合成功后，调整防守速度慢。

纠正方法：通过信号刺激，指出如何回防，提高配合质量。

（二）换防配合

交换防守配合是破坏掩护配合的一种方法。进攻队员利用掩护已经摆脱防守时，防守掩护的队员及时发出换防的信号，与同伴互换各自的对手。在适当时候再换防原来的对手。

1. 配合方法

如图6-32所示，5去给4掩护，5要提示同伴，4被挡住时，5主动呼唤同伴换防，5防守4的运球，4应迅速调整位置防守5。

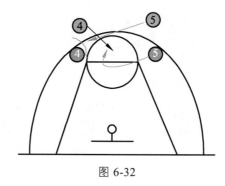

图6-32

2. 交换防守配合的要求

交换防守前，一般是由防守掩护者的队员主动提示同伴，换防时，动作要果断、快速。在适当时候再换回来，防守各自原来的对手，以免在个人力量对比上失利。

3. 换防配合易犯错误及纠正方法

（1）配合不默契、协防能力差。

纠正方法：反复讲解与示范防守掩护配合的方法和要求。在练习中强调协防能力的培养。

（2）技术动作运用不合理，不正确，易造成犯规或贻误时机。

纠正方法：可在二对二、三对三的练习中强调技术动作正确运用的意义。先在慢速中体会配合动作，逐渐提高动作速度。教师在配合时可发出"撤步""快上""跟上""换防"等信号帮助完成配合。

（3）配合成功时，不能及时调整防守位置，有效地防住对手。

纠正方法：讲解配合后继续防守对手的重要性和必要性。调整继续防守的位置和距离，使队员处于积极主动且具有攻击性的位置上。

第四节　篮球比赛规则简介

一、比赛方法

一队 5 人，其中一人为队长，候补球员最多 7 人，但可依主办单位而增加人数。比赛分四节，每节各 10 分钟，美国男子篮球职业联赛（下文称 NBA）为 12 分钟；每节之间休息 5 分钟，NBA 为 130 秒；中场休息 10 分钟，NBA 为 15 分钟，另在 NBA 中在第 4 节和加时赛之间和任何加时赛之间休息 100 秒。比赛结束两队得分相同时，则举行加时赛 5 分钟，若 5 分钟后得分仍相同，则再次进行 5 分钟加时赛，直至比出胜负为止。

二、得分种类

球投进篮筐经裁判认可后，便算得分。3 分线内侧投入可得 2 分；3 分线外侧投入可得 3 分；罚球投进可得 1 分。

三、进行方式

比赛开始由两队各推出一名跳球员至中央跳球区，由主审裁判抛球双方跳球，开始比赛。

四、选手替换

每次替换选手要在 20 秒内完成，替换次数则不限定。交换选手的时机为有人犯规、争球、叫暂停等时。期间裁判可暂时中止球赛的计时。

五、罚　球

每名球员各有 4 次被允许犯规的机会，第 5 次即犯满退场（NBA 中为 6 次）。且不能在同一场比赛中再度上场。罚球是在谁都不能阻挡、防守的情况下投篮，是作为对犯规队伍的处罚，给予另一队的机会。罚球要站在罚球线后，从裁判手中接过球后 10 秒内要投篮。在投篮后，球触到篮筐前双方球员均不能踩越罚球线。

六、违　例

（1）普通违例：如带球走步、两次运球（双带）、脚踢球（脚球）或以拳击球。

（2）跳球时的违例：除了跳球球员以外的其余球员不可在跳球者触到球之前进入中央跳球区。

七、时间规则

（1）24 秒钟规则：进攻球队在场上控球时必须在 24 秒钟内投篮出手（NBA、CBA、CUBA、

WNBA等比赛均为24秒，全美大学体育联合会比赛中为35秒）。

（2）8秒钟规则：球队从后场控制球开始，必须在8秒钟内使球进入前场（对方的半场）。

（3）5秒钟规则：持球后，球员必须在5秒钟之内掷界外球出手，FIBA规则规定罚球也必须在5秒钟内出手。

（4）3秒钟规则：分为进攻3秒和防守3秒。进攻3秒：进攻方球员不得滞留于3秒区3秒以上；防守3秒：当某防守方球员对应的进攻方球员不在3秒区或者3秒区边缘，且彻底摆脱防守球员时，防守方球员不得滞留禁区3秒以上。

八、犯　规

（1）侵人犯规：与对方发生身体接触而产生的犯规行为。

（2）技术犯规：队员或教练员因表现恶劣而被判犯规，比如与裁判发生争执等情况。

（3）取消比赛资格的犯规：球员做出的违背运动员精神的犯规动作，比如打人。发生此类情况后，球员应立即被罚出场外。

（4）队员5次犯规：无论是侵人犯规，还是技术犯规，一名球员犯规共5次（NBA规定为6次）必须离开球场，不得再进行本场比赛。

九、违　例

违例既不属于侵人犯规，也不属于技术犯规的违反规则的行为。主要的违例行为有非法运球、带球走、3秒违例、使球出界、用脚踢球。

（1）队员出界：球员带球或球本身触及界线或界线以外区域，即属球出界。在球触线或线外区域之前，球在空中不算出界。

（2）干扰球：投篮的球向篮下落时，双方队员都不得触球。当球在球篮里的时候，防守队员不得触球。

（3）球碰板后对方不得碰球，直到球下落。

（4）被紧密盯防的选手：被防守队员紧密盯防的球员必须在5秒钟之内传球，运球或投篮，否则其队将失去控球权。（NBA规则中无此规定）

（5）球回后场：球队如已将球从后场移至前场，该球队球员便不能再将球移过中线，运回后场。

第五节　篮球场地

篮球比赛场地应是一个长方形的坚实平面，无障碍物。

奥运会篮球比赛和世界篮球锦标赛的比赛场地长度为28米，宽15米，其他比赛长度可减少4米，宽度减少2米，要求其变动互相成比例。球场的丈量从界线的内沿量起。

所有新建球场均应符合国际篮联要求：长28米，宽15米。天花板或最低障碍物的高度至少应为7米。

长边的界线称边线，短边的界线称端线。球场上各线都必须十分清晰，线宽均为 0.05 米。从边线的中点画一平行端线的横线称中线。中线应向两侧边线外各延长 0.15 米。

以中线的中点为圆心，以 1.80 米为半径（半径从圆周的外沿量起），画一个圆圈称中圈。

三分投篮区是由场上两条拱形限制出的地面区域。在此区域外投篮得三分。

从罚球线两端画两条线至距离端线中点各 3 米的地方（均从外沿量起）所构成的地面区域叫限制区。它的作用是球在本队控制时，限制本队队员在对方限制区内停留的时间不得超过 3 秒钟。

罚球区是限制区加上以罚球线中点为圆心、以 1.80 米为半径向限制区外所画的半圆区域，它是执行罚球的区域。

篮球场地有土质、水泥、沥青和木质等。有条件的一般都用木质场地。土质、水泥和沥青场地比较经济，基层单位使用较多，但要注意场地地面平整，以防出现伤害事故。

任何场地都要求地面平整，不要有突起和小坑，不要有小石块，日常要维护好，画线要清晰。

灯光照明：比赛场地的灯光应符合电视转播的要求，至少应为 1500 勒克斯，这个照度是从球场上方 1 米处测量的。详见图 6-33。

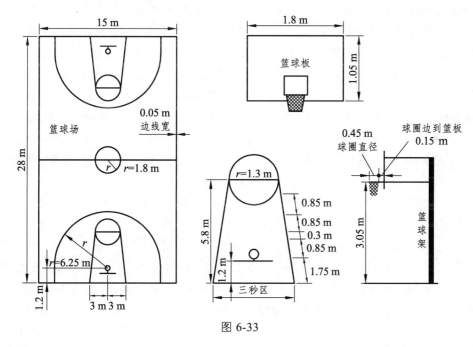

图 6-33

思考题

1. 双手胸前传接球的动作要领是什么？
2. 单手肩上投篮的动作要领是什么？
3. 行进间运球的动作要领是什么？
4. 简述现代篮球运动的特点。
5. 简述影响投篮命中率的主要因素有哪些？

117

第七章 排　球

第一节　排球运动的起源发展史

排球运动起源于美国，是1895年在美国马萨诸塞州（旧称麻省）霍利约克市，一位叫威廉斯·盖·摩尔根的体育工作人员发明的。当时，网球、篮球很盛行。摩根先生认为篮球运动太激烈，而网球运动量又太小，他想寻求一种运动量适中，又富于趣味性，男女老少都能参加的室内娱乐性项目，就想把当时已广为流行的网球搬到室内，在篮球场上用手来打。这种游戏开始时，他将网球网挂在篮球场上，用篮球隔网像打网球一样打来打去进行游戏。但室内篮球场面积较小，网球容易出界，于是他作了某些改进：一是把网球允许球落地后再回击的规则改为不许落地。二是把网球的体积扩大。三是因篮球太大、太重，不能按预想的方式进行游戏，便改试用篮球胆，而篮球胆又太轻，在空中飘忽不定，玩起来不方便，难于控制。于是，该市的"司堡尔丁体育用品公司"试做出了圆周为25~27英寸（约63.5~68.8厘米）（约255~346克）规格的球，因经过试用效果很好，就决定采用这种球。这种新上市的球类项目，最初没有固定的名字，也没有一定的场地和规则。参加比赛的双方人数不限，只要不使球落地，从网上回击到对方场地便行。这个新的运动项目最初起名叫"mintonette"（小网子），第二年（1896年），斯普林菲尔德市立学院的艾·特·哈尔斯戴特博士将此球命名为"华利波"（VolleyBall），意为"空中飞球"，这个名字沿用至今。而且国际标准用球虽历经百年，进行了千百次的改进，但球的规格还是和第一代的球差不多。

排球这个新的运动项目，于1896年斯普林菲尔德市（Springfield）斯普林菲尔德青年会干事培养学院青年会召开青年会体育干事会时，该校学生将排球运动以示范表演的形式，表演给观众，这次正式公开见面，就博得了观众的喜爱和赞赏。同年，在马萨诸塞州的斯普林菲尔德市举行了第一次排球公开赛。这是世界上第一场排球比赛，当时比赛采用五人对五人。从那以后这个新的运动项目在各学校迅速开展普及开来。与此同时，这一运动也引起了美国军队的兴趣，他们把排球列入军事体育项目，广泛在军队中开展，在空军中一度达到狂热的程度。

排球传入中国的时间，一说是1905年，一说是1913年。Volleyball在我国最早译为"队球"（也叫华利波），后改"排球"。将"华利波"改称"排球"是在1925年3月举行的广东省第九届运动会上，主要取其分排站立之意。在1964年东京举行的第十八届奥运会上，首次进行了排球比赛。

排球运动自1895年创始以来，迄今已有一百多年的历史。排球从开始仅仅是少数人的一种游戏、娱乐的手段，发展到今天已遍及世界五大洲，成为广大群众所喜闻乐见的体育运动项目之一。

第二节　排球基本技术

一、准备姿势、移动步伐

在排球比赛中攻防的多数技术都是在准备姿势或快速移动后完成的，因此它是完成各项基本技术的基础。移动的作用是为了接近球，保持好人与球的位置关系，以保证击球动作的合理。移动是为了迅速地接近球，保持合理击球位置并完成各种击球技术前的准备动作。比赛中常用的移动步法有滑步、交叉步、跳步 跨步和跑步等。

（一）准备姿势动作要领

两脚左右开立略比肩宽，两膝弯曲，脚跟提起，上体前倾使身体重心靠前，两臂自然弯曲置于腹前，双目注视来球，使身体保持静中待动状态。按照身体重心的高低，准备姿势可分为下三种。详见图 7-1。

稍蹲姿势　　　半蹲姿势　　　低蹲姿势

图 7-1

（1）半蹲准备姿势：排球比赛中最基本的准备姿势，多用于接发球、拦网和各种传球。
（2）稍蹲准备姿势：一般用于扣球助跑之前、对方在组织进攻不需要快速反应的时候。
（3）低蹲准备姿势：主要用于后排防守、进攻保护、拦网保护及衔接各种倒地动作的接球。

（二）移动技术分类及技术动作要领

移动分为并步与滑步、交叉步、跨步与跨跳步、跑步、综合步移动。
（1）并步与滑步移动技术动作要领：如向某方向移动时，同侧腿向移动方向跨出一步，另一侧腿迅速跟上，做好击球前的准备。连续并步就是滑步。详见图 7-2。

并步　滑步

图 7-2

（2）交叉步移动技术动作要领：以向右为例，上体稍向右转，左脚从右脚前面向右交叉迈出一步，然后右脚再向右跨出一大步，同时身体转向来球方向，保持击球前的姿势。详见图 7-3。

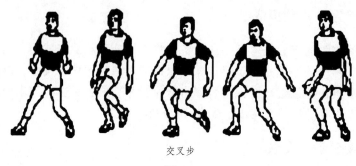

交叉步

图 7-3

（三）重点与难点

排球运动的重点和难点主要集中在准备姿势和移动，要注意降低重心。

（四）练习方法

1. 准备姿势和移动的基本练习

（1）指导学生分解练习移动。

（2）指定方向做一次移动练习，再做多次练习。

（3）学生看教师手势方向或口令做出相应的移动。

2. 三米线左右移动、三角形移动

（五）容易犯的错误及纠正方法

（1）直腿弯腰。

纠正方法：多做低姿移动辅助练习。

（2）臀部后坐。

纠正方法：讲清重心靠前的道理，使双膝投影超过脚尖。

（3）全脚掌着地。

纠正方法：提示提脚跟，使其两脚前后略分大一些。

（4）启动慢。

纠正方法：做启动辅助练习，身体在各种姿势下的起跑练习。

（5）制动不好，制动后不能保持准备姿势。

纠正方法：提示脚和膝内扣，最后一步稍大。

二、发球：侧面下手发球、正面上手发球

发球是排球运动的一项重要的基本技术。它是比赛的开始，也是排球比赛的重要进攻手段。有威力、攻击性强的发球，不但可以直接得分，起着先发制人的作用，而且还可以破坏

对方组织进攻战术，减轻本方防守压力，为防守反攻提供有利条件。此外，威力大的发球还能振奋精神，鼓舞士气，打乱对方的阵脚和部署。反之，发球失误过多，不但会失去发球权或为对方加分，而且还会给本方造成很大的心理压力和防守的困难局面。

发球技术的种类包括正面下手发球、侧面下手发球、正面上手发球、跳发球、勾手发球、正面上手发飘球、勾手发飘球、发高吊球。本部分主要讲解侧面下手发球、正面上手发球两种。

（一）侧面下手发球

侧面下手发球示范详见图 7-4。

图 7-4

1. 动作要领

（1）站立：侧面下手发球是发球者身体侧对球网站立，两脚左右开立，约与肩宽，左手托球于腹前。

（2）抛球：左手将球平稳抛起至胸前，距离身体约一臂，高度不应超过头部。

（3）引臂：在抛球的同时右臂后摆至后下方，身体微向右转动。

（4）发力：用右脚蹬地向左转体，带动右臂向前上方摆动。

（5）击球：在腹前以全手掌或掌根击球的右下方，身体随击球转动向前。

2. 重难点

（1）右臂直臂摆动。

（2）击球手型部位。

（3）击球点。

3. 练习方法

（1）抛球练习应使球平稳抛出。

（2）对固定目标做反复挥臂击球练习。

（3）进行发球比赛练习，将学生分成小组，在对区将半场画出不同得分区，学生将球发出，球落某区就得相应的分值，最后将本组的各得分相加，总分高的小组胜利。

4. 易发生错误

（1）球抛的不稳、不垂直，影响击球的准确性。

（2）击球点不正确，使击出的球易下网或出界。

（3）击球手臂过于弯曲，影响击球速度和击球力量。

（4）击球后身体重心不前移。

5. 纠正方法

（1）相互讨论，观察分析，建立正确动作概念。

（2）多练习抛球。

（3）多进行近距离发球，体会动作要点，固定击球点。

（4）互相观察发球动作，利于改进动作。

（二）正面上手发球

正面上手发球示范详见图 7-5。

图 7-5

1. 动作要领

（1）站立：发球者正面对球网站立，两脚前后自然开立，左脚在前，左手托球于体前。

（2）抛球：左手托球上送，将球平稳垂直抛于右肩的前上方，抛球的高度不宜过高，便于击球向前。

（3）引臂：抛球的同时，右臂抬起，屈臂后引，肘与肩平，上体稍向右转，重心落于右脚。

（4）发力：利用蹬地转体带动右臂挥动，手臂的挥动轨迹呈直线。

（5）击球：用掌根部位击球的后中部，使击球力量集中，作用力通过球体的重心。此时手指、手腕紧张，使球体迅速脱离击球手。此发球技术可以使球在飞行当中发生不规则的飘晃。

2. 练习方法

练习方法同"侧面下手发球"。

3. 重难点

（1）抛球、挥臂、击球部位。

（2）抛球、挥臂时全身协调用力。

4. 易发生错误及纠正方法

（1）击球不准。

纠正方法：距离墙 5～6 米，对墙用掌根击球练习。

122

（2）挥臂动作不固定。

纠正方法：对镜子做徒手挥臂练习、击固定球的练习。

（3）击球时身体没转体带动手臂挥动。

纠正方法：对墙击球练习，使手臂的挥动慢于身体的转动，让身体带动手臂完成挥臂动作。

（4）抛球的高度中位置不准确。

纠正方法：设置固定的目标，对准目标反复做抛球练习。

（5）正面上手发球时，做不出推压带腕动作。

纠正方法：徒手练习挥臂。

三、传　球

在排球运动中，传球是基础，是最基本的技术，排球运动传球方法有正传、背传、侧传和跳传 4 种。在排球运动中，传球起的是过渡性作用，通过传球可以贯彻执行教练的战术，通过传球可以体现球员的默契程度（团队合作），好的传球往往能够制造直接得分的机会，可以调动场上的气氛，给队友一种鼓舞，给对手心理带来打击与压力。

传球按传球方向分为正面传球、背向传球、侧向传球；按支撑方式分为原地传球、空中传球（跳传）。

（一）正面传球

正面传球示范详见图 7-6。

图 7-6

1. 动作要领

（1）准备：身体移动至球下，稍蹲、抬头看球，双臂弯曲、双手抬起置于脸前，两手自然张开成半球状，手指手腕保持适度紧张。两拇指相对，两食指侧对，用拇指内侧、食指全部、中指的二三指以上部分触球的后下部，无名指和小指触球的两侧辅助控制球的传出方向。

（2）蹬伸：迎击来球，开始蹬地、伸膝、伸臂，在脸前上方迎击来球。

（3）击球：击球点保持在额前上方一球处，在身体的协调动作配合下，伸臂压腕，弹指，将球击出。

2. 重难点

（1）传球时的手型、击球点。

（2）传球时的全身协调用力。

123

3．练习方法

（1）徒手模仿练习传球动作，原地与移动结合练习。

（2）自抛自传练习。

（3）一抛一传练习。

（4）对墙自传练习。

4．易犯错误及纠正方法

（1）手型不正确，形不成半球状，击球点不稳定。

纠正方法：近距离面对墙连续传球，同时检查和纠正手型。

（2）传球时后坐，无蹬地力量。

纠正方法：多做自抛球后的传球练习，多做平传球转成自传球的练习。

（3）传球时有推压或拍打动作。

纠正方法：多做原地或对墙自传球，增加指、腕力量，体会触球感觉。

（二）背向传球

背向传球示范详见图 7-7。

图 7-7

1．动作要领

（1）准备：传球前身体背对目标，上体保持正直或稍后仰，双手自然抬起在脸前，目视来球。

（2）迎球动作：迎球时抬上臂、挺胸，上体应根据传球目标的距离保持适度后仰。

（3）手型：与正面传球相同，但触球时手腕稍后仰，掌心向上，拇指托在球下，击球下部。

（4）击球点：击球点保持在额上方，比正面传球稍高、偏后，应利用蹬地、展腹、伸臂及手腕手指的弹拨力量将球传出。

（5）传球后动作：立即转身随球去保护、接应，或准备做下一个动作。

2．重难点

击球时，手腕适度后仰，使掌心向后上方，注意抬臂送肘。

3．练习方法

（1）徒手模仿练习：体会传球前的准备姿势、触球手型、击球点位置和身体协调配合动作及传球用力的全过程。

（2）原地自传球练习：要求把球传向头上正上方，传球高度离手 1～1.5 米。

（3）两人一组，相距 3 米，一人自抛球后再背传给同伴。

（4）三人一组，人与人间相距 3 米，中间一人转方向进行背传，前后两人正传。

4. 易犯错误及纠正方法

（1）击球点不正确，过前或过后。

纠正方法：

① 强调击球点宁前勿后，保持正面传球的击球点。

② 做自抛向后传球。

③ 做弧度高低结合的自传球练习。

（2）用力不协调，不会后仰、展胸、翻腕、大拇指上挑。

纠正方法：

① 移动对准球，保持在头上的击球点。

② 背传时强调蹬腿、展胸、抬臂、翻腕上挑动作。

③ 在击球点较低的情况下练习背传。

四、垫 球

垫球是排球技术中最简单易学的一项基本技术。垫球技术在比赛中主要用于接发球、接扣球、接拦回球等。接发球和接扣球是组成进攻的基础，是比赛中争取多得分、少失分、由被动转为主动的重要技术。按动作方法，垫球可分为正面垫球、背面垫球、半跪垫球、前扑垫球、肘滑垫球、滚翻垫球、鱼跃垫球、侧卧垫球、单臂滑行铲球、单手垫球、挡球等十多种。

（一）正面垫球

正面垫球示范详见图 7-8。

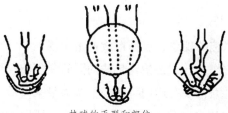

垫球的手型和部位

双手正面垫球

图 7-8

1. 动作要领

（1）准备：双眼注视球，移动身体对正来球，双手掌重叠，手腕下压，双臂伸直外翻，采用半蹲姿势。

（2）击球手型：目前常用的击球手型有两种：一种是叠指法，两手手指上下重叠，掌根紧靠，合掌互握，两拇指朝前相对平行靠压在上面一手的中指第二指节上。两臂伸直夹紧，注意手掌部分不能相叠。另一种是抱拳法，两手抱拳互握，两拇指平行朝前，两掌根和两前臂外旋紧靠，手腕下压，使前臂形成一个垫击平面。

（3）下插：看准来球双臂前伸下插于球下。

（4）击球：用腕关节以上10厘米处桡骨内侧平面击球，使击球点保持在腹前一臂距离。在迎击来球时，根据来球的力量不同，可采用含胸、收腹的动作调整回球的力量，还可以用调整手臂与地面角度的方法来控制出球方向和弧度。

（5）蹬跟：配合击球蹬地跟腰，提肩送臂，使身体重心向前上方移动。

2. 重难点

（1）垫球部位准确。

（2）手臂夹紧伸直。

3. 练习方法

（1）自垫球练习，要求双臂前伸，击球点准确，使球垂直跳动。可先使球垫击的高度由低开始，随控制球能力提高可变换垫球的高度。

（2）一抛一垫的双人练习。

（3）一抛一垫加移动的双人练习，垫球者向左、右移动后垫击来球，将球垫回抛球者。

（4）多人相互对垫球或多角传垫球。

4. 易犯错误及纠正方法

（1）在垫球时有屈肘翘腕的现象，容易造成连击犯规。

纠正方法：多做徒手动作，强调在抬臂垫球的同时要压腕顶肘。

（2）垫球时抬臂动作过大，没有运用身体的协调力量来垫球。

纠正方法：多做徒手和垫击固定练习，体会身体协调用力的方法；可结合一抛一垫来纠正动作。

（3）垫击部位不合理，垫在手腕、拇指或肘关节部位。

纠正方法：多练习由准备姿势到两臂组成垫击面插入球下对准球的徒手动作，强调两前臂伸直靠紧，养成用正确的垫击面去找球的习惯。

（二）体侧双手垫球

体侧双手垫球示范详见图7-9。

图 7-9

1. 动作要领

（1）准备：以左侧为例，当球飞向身体左侧时，右脚前脚掌内侧蹬地，左脚侧跨一步，重心移至左脚，保持左腿弯曲。

（2）伸臂：双臂向左伸出并夹紧，左侧肩高于右侧肩，截击来球。

（3）击球：利用蹬腿跟腰，送臂将球击出。切忌随球摆动。

2. 重难点

（1）跨步、同侧臂高于异侧臂。

（2）击球面对准来球方向。

3. 练习方法

同正面垫球练习。

4. 易犯错误及纠正方法

（1）击球时手臂不拢，伸不直。

纠正方法：两手手臂交叉轻握，垫固定球或垫抛球，多做徒手模仿练习。

（2）臀部后坐，全身用力不协调，抬臂击球力量过大。

纠正方法：两手并拢用手绢绑住双臂，臂与胸之间夹一球，做垫球或防轻扣球练习。

（3）击球面控制不好，使球不能按预定目标反弹出去。

纠正方法：强调外侧肩应高于内侧肩，击球时利用蹬地跟腰动作将球击出。

（4）体侧击球时手臂有挥动的动作。

纠正方法：强调跨步伸臂迎击来球。

五、扣　球

扣球是排球的基本技术之一，也是攻击性最强、最有效的进攻手段，在比赛中占有非常重要的地位。扣球是在二传配合的基础上，完成进攻战术的最后关键一环，是得分和夺取发球权的重要的、有力的武器，一个排球队如能熟练地掌握多种强而有力的扣球技术，就能较好地掌握比赛的主动权，为争取比赛的胜利打下良好的基础。

扣球技术，按动作方法可分为正面扣球、勾手扣球、单脚起跳扣球；按区域又可分为前排扣球、后排扣球。

（一）正面扣球

正面扣球示范详见图 7-10。

近网　中网　远网

图 7-10

1. 动作要领

（1）准备姿势：站在离网 3 米左右处，两脚自然开立，两膝微屈，上体稍前倾，两臂自然下垂，观察二传来球，随时准备向各个方向助跑起跳。

（2）助跑：助跑的目的是为了获得一定的水平速度，增加弹跳高度，并且选择适当的起跳点。助跑的时机、方向、步法、速度、节奏是根据来球的方向、速度和弧线来决定的。因此，要全面熟练掌握一步、两步、三步及多步助跑的步法。

以两步助跑为例：助跑时，左脚先向前迈出一步，接着右脚再迅速跨出一大步，左脚及时并上，落在右脚侧前方，两脚尖稍内收准备起跳。

助跑的第一步要小，目的是对正上步的方向，使身体获得向前的水平速度，第二步要大，目的是接近球和提高助跑的速度，右脚落地支撑点在身体重心之前，有利于制动。

（3）起跳：在助跑跨出最后一步的同时，两臂绕体侧向后引，左脚在落地制动的过程中，两臂自后积极向前摆动，随着双腿蹬地向上起跳，两臂配合起跳用力上摆。

（4）空中击球：起跳后，挺胸展腹，上体稍向右转，右臂向后上方抬起，身体成反弓形。挥臂时，以迅速转体、收腹动作发力，集资带动肩、肘、腕各部位关节成鞭甩动作向前上方挥动。击球时，五指微张成勺形并保持紧张，用全手掌包满球，以掌心为击球中心，击球的后中部，同时主动用力屈腕屈指向前推压，使扣出的球加速上旋。击球点在起跳和手臂伸直最高点的前上方。

（5）落地：空中完成击球动作后，身体自然下落，为了避免腿部负担过重，应注意用双脚的前脚掌先着地，同时顺势屈膝，缓冲身体下落的力量。

2. 重难点

（1）扣球的助跑与起跳结合技术。
（2）助跑起跳与挥臂结合技术。

3. 练习方法

（1）投球练习：练习者单手持球，向上伸直手臂，在最高点用甩腕动作把球投在自己的脚下。要求手臂不要下落，保持在耳侧位置，肘关节不要弯曲，只用甩腕的动作投球。

（2）原地扣球练习：练习者将球准确的抛在扣球手臂的前上方，用挥臂动作全力甩腕，把球击到自己的脚下。该动作注意要在最高点击球。

（3）原地扣球练习：练习者将球抛在扣球手臂前上方高处，然后起跳挥臂在空中把球击出。

（4）扣探头球：两人一组，练习者在网后边准备。队友在网对面把球抛到网口上，练习者用助跑起跳扣球的动作将球击回。

4.易犯错误及纠正方法

（1）助跑起跳前冲，击球点保持不好。

纠正方法：

① 多作徒手助跑起跳练习。

② 采用限制性练习，如地上标明起跳点和落地点，防止前冲。

③ 扣固定球或助跑起跳接球练习。

（2）上步起动时间早，起跳早。

纠正方法：

① 用口令、信号控制起动上步时间。

② 抛固定高度的球练习扣球。

（3）击球手法不正确，手未包满，球不旋转。

纠正方法：

① 低网自抛自扣，体会手腕推压、鞭甩击球动作。

② 击固定球，练习手包满球。

六、拦　网

拦网是排球运动基本技术之一，是防守的第一道防线。拦网水平的高低直接影响比赛的胜负。拦网分为单人拦网和集体拦网。成功的拦网能直接拦死对方的进攻，使本方由被动转变为主动，并能削弱对方进攻锐气，给对方造成较大心理威胁。拦网示范详见图 7-11、图 7-12。

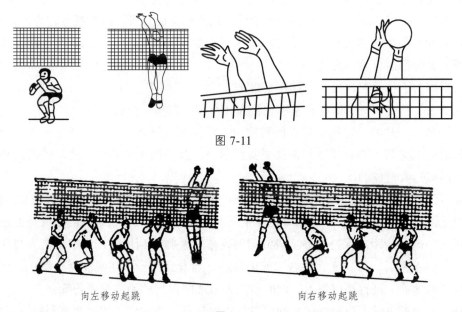

图 7-11

向左移动起跳　　　　　　　　向右移动起跳

图 7-12

1. 动作要领

面对球网成准备姿势，双臂上举双手置于脸侧前方，看准对方的扣球点判断好对方扣球路线后迅速移动到扣球队员前方并迅速起跳，手臂伸直手指张开，以手臂和手掌去阻挡对方的进攻路线，并尽量将球挡回对方场区，拦网完成后迅速收回手臂以免触网，落地屈膝缓冲。

2. 重难点

拦网起跳的时机和手型。

3. 练习方法

（1）分成两个大组，每组站成一路纵队，沿排球场逆时针进行滑步移动，当到网前时起跳做 6~8 次拦网动作。

（2）将两组再各分为两个小组，一组进行四号位扣球练习，另一组进行拦网练习。

（3）利用低网或女子网练习。二人一组隔网站立，一人侧网站立向上抛球（抛至网口），一人原地起跳作拦网动作。体会原地起跳和在网上提肩压腕的击球动作。

（4）二人一组隔网对面站立。抛球人距网 1 米向网口抛球，另一人原地起跳拦网。此举目的在于掌握起跳时间和体会完整动作。

4. 易犯错误及纠正方法

（1）拦网时，手臂有扑打动作，容易触网犯规。

纠正方法：讲清拦网手臂的正确动作，并再次让学生看示范动作。也可用对比的方法，让学生分辨正确动作和扑打动作，以加深对正确动作的理解。

示范讲解后，教师在网边抛球让学生体会正确动作。

（2）拦网时起跳时间不对，出现错误较多的是早跳。产生早跳的原因主要是判断不准，也有些学生是因有急于拦到球的心理而造成。

纠正方法：指出早跳的原因和急于求成反而拦不到球的道理；讲解拦各种球的起跳时间；关于起跳时间要给以具体的概念；让扣球技术好的学生帮助练习；什么时候起跳，要让学生自己判断，教师用语言给以强化。

（3）拦网时手指手腕放松，易挫伤手指。

纠正方法：结合实例讲解手指手腕放松为什么容易挫伤手指的道理。

（4）漏球。一是两手之间空隙大而漏球；二是扣球队员将球击入（或塞入）拦网队员的手与球网之间的空当，造成球在拦网队员身前落地。其原因主要是两手之间的距离和人与球网之间的距离过大造成的。

纠正方法：讲解并示范两手在拦网时的间距，然后教师向学生手上抛不同力量和速度的球，让学生原地快速伸臂体会动作。手触球后学生不动，让教师检查两手之间的距离是否合适。

解决人与球网的距离保持不好造成漏球的现象，教师可利用低网讲解示范人与球网的正确距离。讲解示范后，可让学生左右和前后移动，当看到信号，在网前突然停止，结合起跳动作（脚不离地面）进行拦网练习，同时检查人与球网保持的距离是否正确。

另外，还要解决学生怕触网的心理，进行心理疏导，让学生正视并改善问题。

第三节　排球基本战术

排球战术指运动员在比赛中根据排球运动的规律，双方的具体情况和临场的变化，合理地运用技术以及采取的有组织、有目的和有预见的一种配合行动。排球战术包括个人战术和集体战术。

技术和战术之间存在着相互联系、相互依存、相互制约的关系。技术是战术的基础，组织与运用某种战术，必须具备与该战术相适应的技术条件。技术只有通过战术才能得到充分的发挥和良好的运用。技术与战术是不断发展的。一般地说，技术的发展往往走在战术的前面。改进原有技术或出现某种新技术，就可能会形成新的战术。先进战术的运用又反过来积极推动技术的提高和发展。

集体战术是比赛中通过全队或几个队员间有组织、有目的的配合，突破对方的防守或克制对方的进攻；个人战术是指比赛中主要靠个人技术动作的巧妙变化和灵活运用，达到进攻和防守的目的。只有在集体战术配合的基础上，个人战术的积极作用才能得到充分发挥；也只有充分发挥个人战术的积极作用，集体战术才能丰富多彩，效能才可提高。

排球比赛始终贯穿着进攻与防守的对立斗争，两者互相依存，互相制约，互相渗透，转换迅速。进攻可以夺取主动，力争得分；防守可以力避失分，其目的在于进攻，是辅助进攻或准备转入进攻的一种手段。根据排球运动的攻防特点和比赛规律，排球的攻防战术体系可以分为发球战术、接发球进攻战术和防守反攻战术三种基本类型。

一、发球战术

发球因不受对方和同伴的制约，发球者可以根据对方场上的站位情况和自己发球的技术特点，灵活运用发球战术。发球战术包括找对方弱点或空档、破坏对方战术、利用自然条件等，目的在于直接得分或破坏对方一传。

找对方的弱点或空档发球战术，主要根据对方对不同性能球的适应程度、接发球的站立方法和轮次特点等，采用加强攻击、控制落点、灵活变化等发球方法，造成对方判断错误，使其接发球失误或一传不到位。破坏对方战术性发球把球发给换位队员、插上队员或善于扣两次球的队员等，使对方组织不起进攻。利用自然条件发球战术主要适合于室外比赛，指发球者利用阳光、风向等特点以增加对方接发球的难度。

二、接发球进攻战术

接发球进攻战术可简称为"一攻"战术。一攻的好坏，直接关系到能否夺得发球权，要力避失分和使一传到位，取得主动权。"一攻"战术主要有"中1-2"和"边1-2""后排插上""两次球及其转移"（简称"两次转移"）三种形式。每一种战术形式可以采用多种多样的战术变化，而各种战术变化又可以运用适合于自己的某种战术形式。战术形式是固定的，但战术变化却是灵活的。

（一）"中 1-2" 和 "边 1-2"

所谓"中 1-2"和"边 1-2"战术，即前排中间一名队员（3 号位）或者是前排旁边一名队员（2 号位或 4 号位）作二传，由他把球传给前排另两名队员扣球的一种进攻形式。简单地说，即作为二传手的人的位置是在前排的中间，或是在前排的一边。在中间的叫"中 1-2"，在旁边的叫"边 1-2"。

"中 1-2"和"边 1-2"的进攻形式是进攻战术中最基本、最简单的形式，其特点是分工明确，容易组织，但一般只能保持两点进攻，战术意识容易被对方识破，战术变化、攻击性和突然性较小。有些队在反攻中为求得战术的稳定性，常主动或被迫采用此战术。为了增加这种战术的攻击效能，可灵活运用跑动换位、快球掩护、拉开、集中、围绕、交叉，并配合远网进攻与两次转移等战术变化。

（二）"后排插上"

"后排插上"战术形式，即作为二传手的人的位置不是在前排，为了进攻的需要，在对方发球后即迅速从后排插到前排，把球传给前排的三名队员的进攻形式。这是现代排球战术的主要形式，为一般强队所普遍采用。这一战术的优点是保持前排三人进攻，能充分利用球网的全长，有利于突破对方防线，同时，采用这种形式战术变化多，进攻突然性大。在发、垫相对平衡，一传到位率不断提高的情况下，其进攻率大大增长。因此，这种战术形式在"一攻"战术的三种形式中发展得最快。"后排插上"可以灵活运用"近体快球""短平快球"为掩护，结合运用"交叉""重叠""夹塞""两边拉开""时间差""位置差""空间差""双快一跑动"和"立体进攻"等各种战术变化。

（三）"两次球及其转移"

"两次球"指一传稳妥准确地将球传到了网前的适当位置，第二次击球即可进攻的一种形式。第二次击球前，如果发现对方拦网，可在空中改做二传，将球转移给其他队员进攻，这种形式叫转移进攻。"两次球"和"转移"的特点是：能保持前排三人进攻，在三次击球中，有两次进攻机会，并且具有较大的突然性。两次球可以加快进攻的速度，打乱对方的节奏，使对方措手不及；运用转移扣球，使进攻具有较大的隐蔽性，增加了对方的拦网难度。采用这种战术形式，要求场上六名队员都要具有较好的接发球能力和进攻能力，特别是对一传要求很高。前排队员还要有很强的观察判断能力和熟练的跳传技巧，以便在腾空的一刹那，能根据情况很快做出是扣球还是转移等决定。这种战术较难组成，但一旦组成，扣死率很高。在对方发球攻击性较小，扣球威力不大时，可以较多地运用这种战术。

三、防守反攻战术

防守反攻战术包括防守与反攻两个密切联系的部分。防守是反攻的基础，反攻是防守的继续与目的。防守反攻对比赛的得分与胜负起着极其重要的作用。防守反攻的前提是拦网。比赛双方技术水平越高，网上争夺越激烈。

运用防守战术时要根据对方的进攻特点和怎样有利于自己组织反攻来部署力量。现代防守战术的部署都是与拦网力量的安排相联系的，因此，防守战术可根据拦网的情况分为单人拦网、双人拦网、三人拦网、无人拦网防守等几种形式。

（一）单人拦网

单人拦网的防守战术形式，是在对方技术水平较低，扣球威力不大，变化不多时所采用的一种防守形式。这种防守形式，后排防守的人数多，便于组织进攻。在遇到强队时，由于对方进攻变化多，速度快，防守时来不及组成集体拦网，有时也只得采用人盯人拦网。

（二）双人拦网

双人拦网的防守战术形式，一般在对方进攻力量强、战术变化较多的情况下采用。这种两人拦网、四人防守的形式是现代排球比赛中主要的防守战术。根据它的保护形式又可分为"边跟进及其灵活变位"和"心跟进及其灵活进退"两种。

"边跟进及其灵活变位"，即当对方进攻时，本方前排两人拦网，另一名不拦网者后撤、同后排三名队员组成半弧形防守阵式，也称马蹄形防守。如遇对方吊球，由后排同列队员（1号位或5号位）跟进，同时6号位队员要根据情况灵活补位。这种战术形式的优点是有利于防止对方的重扣，便于组织反攻；弱点是场中间空隙较大，对方吊球时较难保护。

"心跟进及其灵活进退"。采用这种形式，前排队员在布局上同"边跟进"的形式一样，6号位队员先站在离网4米左右的位置上，如遇到对方吊球，则向前跟进；如对方向后排进攻，则迅速后退，协同1号位和5号位队员进行防守。60年代"边跟进"形式被广泛采用后，"心跟进"形式就用得少了。由于"边跟进"防守有中间空隙较大的弱点，随着拦网的加强，"心跟进"防守形式有被采用的趋向。

一个高水平的队，一般都要熟练掌握这两种保护形式，根据场上的变化灵活运用。

四、比赛阵型

排球有"4-2"和"5-1"两种标准阵型。"5-1阵型"是最基本的阵型，在高级别比赛中，目前最常用的是"5-1阵型"。

（一）4-2阵型

"4-2阵型"由4名攻手和2名二传手组成，场上没有接应二传，2名二传手其中1名轮转到前排后负责进攻，另一名后排二传手负责后排插上传球组织战术进攻，因此在比赛的任何时刻全队都有3名前排进攻球员。"4-2阵型"对2名二传手的要求很高，不仅要传球稳定，而且一定要具备较强的进攻能力。"4-2阵型"以灵活快速多变著称，虽然在整体结构上相比"5-1阵型""4-2阵型"较为繁琐复杂，但在实际运用上却可以达到"5-1阵型"所不能达到的进攻效果，"5-1阵型"更加适合拥有绝对高度和弹跳的球队，这样的球队要求简单有效，利用绝对高度克敌致胜，所以目前在国际高级别比赛中各国国家队最常用的是"5-1阵型"。"4-2阵型"却适合身高相对较矮的球队，因为"4-2阵型"可以充分的发挥灵活快速多变的打发，利用大量的个人战术集体配合来取得比赛中的优势。"4-2 阵型"很明显的特点就是每一排都有 3 名进攻球员，使得球队可采用的战术进攻手段很多。详见图 7-13。

二传

| 主传 | 二传 | 副传 |
| 副传 | | 主传 |

"4-2"阵型

图 7-13

（二）6-2 阵型

"6-2 阵型"中，总有 1 名球员从后排移动到前排进行二传，3 名前排球员全部担当进攻位置。因此，所有 6 名球员都会在某些时刻担任攻手，其中有 2 人需要担任二传手。所以，"6-2 阵型"实际上是一种"4-2 阵型"，只不过由后排的二传手穿插到前排负责二传。

"6-2 阵型"需要两名二传手，在轮转中对角站位。除二传手外，典型的阵型中还包括 2 名副攻手和 2 名主攻手。采用对角站位的方法，任何时刻前后排各有一名主攻手、一名副攻手。在发球之后，前排球员移动到各自负责的位置。"6-2 阵型"的优势在于每一时刻都有 3 名前排进攻球员，使得进攻手段最大化。然而 ，"6-2 阵型"不仅要求球队拥有 2 名高质量的二传手，还要求这 2 名球员在前排时又是有实力的攻手。

（三）5-1 阵型

"5-1 阵型"中只有 1 名球员担任二传手，不管他的位置在前排还是后排。因此当二传手在后排时，全队拥有 3 名前排攻击球员；而当二传手在前排时，只有 2 名前排攻击球员。加起来一共 5 名。详见图 7-14。

在"5-1 阵型"中，轮转中与二传手对角站位的球员称为接应二传。一般来说，接应二传不参与一传，当对手发球时，接应二传站在队友们的后方。当二传手位于前排时，接应二传可以作为第三进攻点（后排进攻），这在现代排球中已经成为各队提高攻击力的常用手段。因此接应二传通常是队中扣球技术最好的球员。后排进攻通常来自后排右侧（1 号位），但在高级别的比赛中从后排中间 6 号位进攻的情况比较多。

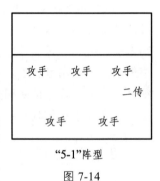

攻手	攻手	攻手
		二传
攻手	攻手	

"5-1"阵型

图 7-14

"5-1 阵型"的一大优势是，二传后排时有 3 个前排攻击点可攻选择。如果二传手运用好这一点的话，对方的副攻手可能没有足够的时间与队友组织双人拦网，增加了我方进攻得分的机会。另一个优势是，当二传手位于前排时，他可以采用二次球进攻，这样能够进一步扰乱对方拦网球员：我方二传手可能二次扣球吊球，也可能传球给进攻球员中的任何一位。一个优秀的二传手能深刻理解这一点，不仅能二次球进攻或者传快攻，还可以设法迷惑对方球员。

第四节 排球竞赛规则及场地简介

一、比赛场地

比赛场地长 18 米、宽 9 米，由中线将球场分为两个相等的场区，中线两侧 3 米处画有两条平行线，称为进攻线，进攻线把每个场区分为前、后场区。中线设置长 9.50 米、宽 1 米的球网。男子网高 2.43 米，女于网高 2.24 米。比赛场地四周至少有 3 米宽的无障碍区，上空的无障碍空间从地面量起至少高 7 米，其间不得有任何障碍物。详见图 7-15。

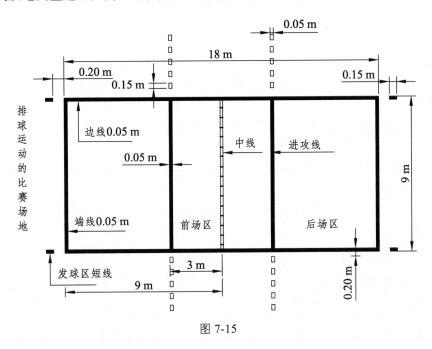

图 7-15

二、比赛用球

球由皮革制成外壳，内装用橡胶或类似物质制成的球胆，重 260～280 克。

三、比赛方法

1912 年规定双方上场的运动员必须轮转位置。1917 年规定每局为 15 分。1918 年规定上场运动员每队为 6 人。1922 年规定每方必须在 3 次以内将球击过网。比赛方法以前采用发球得分制，1998 年 10 月 28 日国际排联决定改为每球得分制，仍为五局三胜，前四局每局先得 25 分者为胜，第五局先得 15 分者为胜，若出现 24 平或 14 平时，要继续比赛至某队领先 2 分才能取胜。

（一）赛前准备

第一裁判主持抽签，首先选择发球权、球区。

（二）比赛开始过程与停止

第一裁判员鸣哨后，在各自场区端线站好，再鸣哨时按原定位置（比赛前填写的位置表）站好。

135

（三）得　分

（1）一方发球后队方接球失误、犯规或球落到对方场内，即发球方得分，继续发球。

（2）如发球队员发球违例或发出界外则对方得分，换发球。

（四）暂停、换人

（1）每局比赛中各队均有 2 次暂停机会，6 人次换人机会。（成死球时可要求）

（2）暂停：每局比赛中各队均有 2 次暂停；正规比赛每 8 分一次技术暂停。

（3）换人：

① 主力队员只能退出比赛一次，同一局中他再次上场比赛时，只能回到该局替换他的队员位置。

② 替补队员每局只能上场比赛一次，可以替换任何一个主力队员，同一局只能由被他替换下场的队员来替换。

注：比赛开始上场的队员为主力队员，其他队员为替补队员。

四、比赛行为

（一）位置错误犯规

（1）发球队员击球时，场上其他队员未完全站在本场区内。

（2）发球队员击球时，场上队员未按"每一名前排队员至少有一只脚的一部分比同列后排队员的双脚距中线更近"的规定站位。

（3）发球队员击球时，场上队员未按"每一名左边（右边）队员至少有一只脚的一部分比同排中间队员的双脚距左（右）边线更近"的规定站位。

（二）击球时的犯规

1. 连击犯规

排球比赛时，运动员身体任何部分均可触球，但一名队员（拦网队员除外）连续击球两次或球连续触及其身体的不同部位即为连击犯规。但在第一次击球时，允许队员在同一击球动作中，球连续触及其身体的不同部位。

2. 持球犯规

排球运动员在比赛中，身体任何部分均可触球，但球必须被击出，不得接住或抛出，否则即为持球犯规。

3. 四次击球犯规

一个队连续触球四次（拦网除外）为四次击球犯规。队员不论是主动击球还是被动触及，均算该队员击球一次。

4. 借助击球犯规

队员在比赛场地内借助同伴或任何物体的支持进行击球，皆为借助击球犯规。

（三）队员在球网附近的犯规

队员在球网附近的犯规包括过网击球犯规、过中线犯规、触网犯规和网下穿越进入对方空间妨碍对方比赛犯规等。对方进攻性击球前或击球时，在对方空间触及球为过网击球犯规。比赛进行中，队员整只脚、手或身体其他任何部分越过中线并接触对方场区，为过中线犯规。比赛过程中，队员触网或触标志杆不算犯规，但队员在击球时或干扰比赛情况下的触网或触标志杆为犯规。队员击球后可以触及网柱、全网长以外的网绳或其他任何物体，但不得影响比赛。比赛过程中，在不妨碍比赛的情况下，允许队员在网下穿越进入对方空间。若网下穿越进入对方空间的队员妨碍了对方比赛则为犯规。

（四）同时击球

双方队员或同队队员可以同时触球。同队的两名或两名以上队员同时触到球，被计为两次或两次以上击球（拦网除外）。双方队员在网上同时击球后，如果球落入场内，应继续比赛，获得球的一方仍可击球三次。

（五）拦网犯规

拦网犯规包括过网拦网犯规、后排队员拦网犯规、拦发球犯规和从标志杆外伸入对方空间拦网犯规几种情况。拦网不算作一次击球。

（1）在对方进攻性击球前或击球时，在对方空间拦网触球为过网拦网犯规。判断过网拦网的依据是进攻队员与拦网队员触球时间的先后。

（2）后排队员或后排自由防守队员完成拦网或参加了完成拦网的集体，为后排队员拦网犯规。

（3）拦对方发过来的球为拦发球犯规。

（4）从标志杆外伸入对方空间拦网并触球为拦网犯规。

（六）后排队员进攻性击球犯规

后排队员在前场区内或踏及进攻线（或其延长线），将整体高于球网上沿的球，击过球网垂直面或触及对方拦网队员，则为后排队员进攻性击球犯规。

思考题

1. 排球运动与其他球类项目比，有何特点？对人的锻炼价值如何？
2. 排球击球动作的技术环节有哪些？它们的关系怎样？
3. 我国对世界排球发展的贡献有哪些？
4. 正面下手发球与侧面下手发球的技术动作方法有哪些区别？
5. 简述正式比赛排球网、球、标志杆的规格。

第八章 足 球

足球运动，是以脚支配球为主，两个队在同一场地内进行攻守的体育运动项目。它被誉为"世界第一运动"，具有参赛人数多、比赛场面大、双方对抗激烈、技术动作复杂、战术组合变化多样等特点。是当今世界范围开展最广泛、国际交往最频繁、影响力最大的体育项目。1863 年 10 月 26 日，英国足协在伦敦成立，现代足球运动诞生。从 1900 年的第二届奥运会开始，足球被列为奥运会正式比赛项目（女足比赛于 1996 年亚特兰大奥运会成为正式比赛项目），但它不允许职业运动员参加。1904 年 5 月 21 日，国际足联在巴黎成立。1930 年起，每 4 年举办一次世界足球锦标赛（又称世界杯足球赛），比赛取消了对职业运动员的限制。我国从 1994 年开始效仿欧美先进国家，实行职业化全国足球联赛，对提高国内足球运动水平和推动足球运动发展起到很大的作用。

经常参加足球运动，能有效提高人体各器官系统的功能，全面发展和提高人体的各项身体素质，还有助于培养勇于进取、顽强拼搏的竞争意识，机智果断、思维清晰、反应敏锐的逻辑想象能力以及团队合作、齐心协力的集体主义优良品质和荣誉感。

第一节　足球运动的基本技术

足球的基本技术主要包括锋卫队员技术和守门员技术两大类。锋卫队员技术包括踢球、停球、接球、运球、头顶球、抢截球、掷界外球等有球技术和起动、跑动、急停、转身、跳跃、步法等无球技术两方面。本节主要介绍踢球、停球、运球、头顶球、抢截球和掷界外球六类。

一、踢　球

踢球是足球运动基本技术的一种，其指按一定的动作方法，用脚的某一部位将球踢向预定目标。主要用于传球和射门。按脚触球的部位，可分脚内侧、内脚背、正脚背、外脚背、脚弓内侧、脚尖和脚跟踢球等多种方法。完整的踢球动作一般由助跑、支撑脚站位、踢球腿摆动、脚触球和踢球后的随前动作五个环节组成。其中支撑脚站位、踢球腿摆动、脚触球的部位是最为关键的。本节主要介绍最为普遍的脚内侧、内脚背、正脚背三种踢球方法。

（一）脚内侧踢球

脚内侧踢球（又称脚踢球）是脚内侧部位（跖趾关节，舟骨、跟骨等所形成的平面）踢球的一种方法，其特点是脚与球接触面积大，出球准确平衡，且易于掌握。但由于踢球时要求大腿前摆到一定程度时需要外展且屈膝，故大腿与小腿的摆动都受到限制，因此出球力量相对较小。详见图8-1。

图 8-1

1. 动作方法

踢球时，支撑脚踏在球的侧后方15厘米左右处，膝盖稍弯曲，踢球脚稍向后提起，膝盖外转，脚尖稍翘起，前摆时小腿加速，脚迅速外转90°，脚掌与地面平行，脚腕要用力，用脚内侧（踝骨下面、根骨前面）触球的后中部，将球向正前方踢出。详见图8-2。

空中球直接传递时，大腿在踢球前先抬起，小腿拖在后面，脚内侧对正出球方向，利用小腿摆动平敲球的中部，如要踢出低球或高球，可触球的中上部或中下部。

向左传球时，传球脚脚内侧对正出球方向，由右向左侧摆，用推送或敲击动作将球传出。向右传球时，以支撑脚前脚掌为轴，身体向右扭转，使传球脚内侧对正出球方向推送球。

图 8-2

2. 练习方法

（1）无球模仿练习。

（2）踢固定球和对墙踢球。

（3）两人近距离由静止到运动中进行对踢。

3. 易犯错误

（1）踢球腿膝踝外展角度不够，脚趾没勾翘，击球脚型不正确，影响击球效果。

（2）踢球腿直腿摆击球，出球乏力。

（3）击球刹那，脚型不固定，出球不顺畅。

（二）内脚背踢球

内脚背踢球动作的特点是踢摆动作顺畅、幅度大、脚触球面积大、出球平稳有力且性能和线路富于变化，是中远距离射门和传球重要的方法。

1. 动作方法

斜线助跑，助跑方向与出球方向约成45°，支撑脚踏在球侧后方约25厘米处，膝微屈，脚趾指向出球方向，重心稍倾向支撑脚一侧。在支撑踏地的同时，踢球腿以髋关节为轴，大腿带动小腿由外后向前内略呈弧线摆动，膝踝关节稍外旋，当膝关节摆至接近球的内侧上方

139

时，小腿加速前摆。击球时，膝向前顶送，脚背绷直，脚趾扣紧斜下指，以脚背内侧击球的后中下部，击球后踢球腿顺势前摆着地。详见图 8-3。

图 8-3

2．练习方法

（1）无球模仿练习。

（2）定点、定距离踢固定球、定位球和对墙踢球。

（3）移动中踢远、踢准练习。

3．易犯错误

（1）支撑脚选位不当，脚趾没对准出球方向，影响摆踢动作的完成。

（2）击球刹那，膝不向前顶送，而是顺势内拐，出球侧内旋。

（3）踢球腿后摆动作紧张，影响前摆速度，击球发力不足。

（4）支撑脚偏后，上体放松后仰，出球偏高。

（三）正脚背踢球

正脚背踢球是用脚背正面的楔骨和跖骨的末端构成部位触球的一种踢球方法。其特点是踢球腿的摆幅大，摆速快，踢球的力量大，出球的性能变化小，出球方向也比较单一。

1．动作方法

踢定位球时，直线助跑，最后一步稍大并要积极着地，支撑脚在球的侧方约 10～12 厘米处，脚尖正对出球方向，膝关节微屈，踢球腿是在支撑脚前跨和助跑的最后一步蹬离地面时，顺势向右摆起，小腿曲屈。在支撑脚着地的同时，以髋关节为轴，大腿带动小腿由后向前摆，当膝盖摆至接近球正上方的刹那，小腿做爆发式前摆，脚背绷直，脚趾扣紧，以脚背的正面击球的后中部。踢球腿随球继续提膝前摆。详见图 8-4。

图 8-4

140

2. 练习方法

（1）无球模仿练习。

（2）固定球、定位球、近距离或对墙踢球练习。

（3）踢远、踢准和活动中进行练习。

（4）综合性技术练习及射门练习。

3. 易犯错误

（1）支撑脚的位置靠后，造成踢球时身体后仰，踢球的后下部，出球偏高。

（2）踢球腿前摆时，小腿过早前摆，造成直腿踢球，出球无力。

（3）摆腿方向不正。

（4）踢球时，因怕脚尖触地，脚背不敢绷直，造成脚趾触球。

二、停　球

停球是指运动员有目的地用身体的合理部位，把运行中的球停接在所需要控制的范围内。足球比赛中停球不是目的，现代足球比赛中对抗日趋激烈，技术水平也不断提高，比赛中直接触球次数增多，因而停球技术的运用相对减少但对每次停球效果的可靠性要求却越来越高，它是控制球的有效手段。一般除去手臂部位以外，身体的任何部位都可合理触球停球。停球的方法，以身体部位划分为脚掌停球、脚弓停球、外脚背停球、正脚背停球、大腿停球、胸部停球和头部停球七类。根据球的活动状态可分为停地滚球、停反弹球和停空中球三种。

（一）脚内侧停球

脚内侧停球比较容易掌握。脚接触球的面积大，易停稳，便于和下一个动作衔接。

1. 脚内侧停地滚球

支撑脚正对来球，膝关节微屈，停球腿屈膝外转并前迎。脚尖稍翘起，当脚与球接触前的一刹那开始后撤，在后撤过程中用脚内侧接触球，把球控制在衔接下一个动作需要的位置上。如果需要将球停到自己的侧后方，在停球脚撤到支撑脚的侧方时，再继续以髋关节外转和腿后引的动作将球引向侧后方，同时以支撑脚脚掌为轴使身体转向出球方向。详见图 8-5。

图 8-5

141

脚内侧停地滚球时还可用挡压法。当球运行到支撑脚的侧方或侧前方时，停球脚以脚内侧挡压球的后上部，同时稍下膝。挡压球的力量大小要随来球力量大小而有所增减；来球力量大，挡压力量要小些；来球缓慢，挡压力量可稍大些。当需要将球停到支撑脚外侧时，停球脚的脚尖稍向前，脚内侧挡压球侧后上部，同时脚尖里转，支撑脚以前脚掌为轴身体转向出球方向。

2. 脚内侧停反弹球

支撑脚踏在球的落点的侧前方，膝关节弯曲，上体稍前倾并向停球方向微转，同时停球脚提起，踝关节放松，用脚内侧对准球的反弹路线。当球落地反弹刚离地面时，用脚内侧推压球的中上部。如果要把球停向左侧，支撑脚应踏在球落点的左侧方，脚尖指向左侧，同时上体也向左侧前倾。

3. 脚内侧停空中球

一种方法是根据来球的高度，将停球脚举起前迎，脚内侧对准来球路线，在脚与球接触前的刹那开始后撤。在后撤过程中，用脚内侧接触球，把球控制在衔接下一个动作需要的位置中。详见图 8-6。

图 8-6

另一种方法是将脚提起稍高于选择的停球点，在脚与球接触前的一刹那即开始下切，在下切过程中用脚内侧切于球的侧上部，将球停在地上。

练习方法：

（1）停球动作模仿练习。

（2）两人相距 6～8 米，一人踢，一人停。

（3）跑上去停迎面来的球。

（4）近距离抛接、传接或对墙踢接。

（5）跑动中传接练习。

（6）对抗中传接练习。

易犯错误：

（1）触球时，停球脚的踝关节过于紧张，不利于缓冲，球停得离身体过远。

（2）停地滚球时，脚离地过高，使球通过。

（3）停反弹球时，对球落地的时间判断不准，传球漏过或停不稳。

（4）停空中球时，因判断不好而举腿过早。

（二）脚掌停球

1. 脚掌停地滚球

支撑脚站在球的侧后方，膝关节微屈，脚尖正对球，同时停球脚提起，膝关节自然弯曲，脚尖翘起高过脚跟（脚跟离地面稍低于球），踝关节放松，用脚前掌触球的中上部。

练习方法：

（1）各种停球的模仿动作练习。重点体会停球的动作方法和要领。

（2）2人一组一球相对站立，距离10米左右，一人用手抛地滚球。一人迎球用脚内侧把球停在体前或向左、右侧停球。停球后将球拾起再用手抛球给对方。2人依次反复进行。

（3）将人分成两组，面对面或纵队站立，相距15～20米，用一球依次做停球练习，传球后跑到本组队尾。

（4）2人一组，相距10～15米，甲向乙两侧传球，乙跑动用规定部位停球，乙停球后再回传给甲。

（5）3人一组，站成一条直接，每人相距10米左右。甲传球给乙，乙用脚内侧或脚背外侧向两侧或转身停球，然后传给丙，丙再回传乙。反复练习，做够规定的次数后，互换位置。

2. 脚掌停反弹球

停反弹球时，支撑脚踏在球落点的侧后方。当球着地一刹那，用脚前掌对准球的反弹路线，触球的后上部。如需要把球停到身后时，在脚掌接触球的刹那，脚尖稍下压并做回拉，并以支撑脚为轴快速转身。详见图8-7。

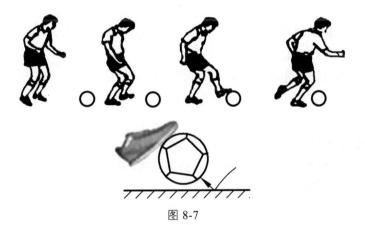

图 8-7

练习方法：

（1）用各种停空中球的方法自抛自停凌空球。

（2）二人互抛互停空中球，逐渐改变球的动行弧度、落点，使停球者练习移动停球。

（3）队员相互传高球，练习停空中球。

（4）停球者在对方半场中圈站立。守门员由本方罚球区掷（踢）球至中圈附近，停球者跑上用各种方法停空中球。

易犯错误：

（1）停球脚抬起过高，用脚掌踩球，使球漏过或停球不稳。

143

（2）踝关节过于紧张，停球不稳。

（3）停反弹球时，落点和落地时间判断不准确，使球漏过。

三、运 球

运球是足球运动的基础，是运动员在跑动中，用脚的推拨动作有目的地使球保持在自己控制范围内而做的连触球动作，是运动员运用合理的运球动作越过对手的动作。运球技术动作方法很多，但每一种动作过程都是由跑动和推拨球动作这两个环节结合在一起而成的。运球一般是由支撑脚踏地后蹬、运球脚前摆触球和运球脚踏地支撑三个阶段组成。一般运球技术包括脚背外侧运球、脚背内侧运球、脚背正面运球、脚内侧运球。

（一）脚背外侧运球

用于直线、弧线变向运球，其特点是易于掌握运球方向和发挥运球人奔跑速度，还具有掩护球的作用。比赛中多在快速奔跑和向外改变方向时使用。

1. 动作方法

跑动时身体自然放松，上体稍前倾，两臂自然摆动，步幅要小。运球脚提起时，膝关节弯屈，脚跟提起，脚尖稍内转，当脚迈步前伸至球时，球正好在膝关节下方，用脚背外侧向前推拨球，使球直线运行，或向前侧推拨球，使球曲线或弧线运行。

2. 练习方法

（1）用左脚脚尖将球向自己身体这侧拉回来，然后用右脚脚背外侧将球推出去。接着用右脚有脚尖拉回。反复进行上述练习。

（2）走或慢跑中做脚背外侧直线运球，一步一触球。

（3）单脚拨球练习。用单脚脚背外侧连续向外侧转圈拨球。一步一步拨球，球沿小圆圈行进。

（4）用右脚脚背外侧将球推出，然后用右脚外侧置于滚动的球前面，将球停住（此时支撑脚在球后面）。以右脚为轴转身180°，然后用右脚脚背外侧向前推出。

（5）足跟提起，双脚内八字行走。

3. 易犯错误

（1）运球时，膝关节没弯屈，推球力量大，球离身体过远，失去控制。

（2）脚尖不内转，触球部位不正确，控制不好运球方向。

（3）身体重心过高或臀部后坐，身体重心不能随球前移。

4. 纠正方法

（1）按动作要领做无球模仿练习。原地做用脚背外侧将球推拨出后，用脚底拉回，再推拨出去，反复练习。

（2）做二人脚背外侧踢地滚球练习。

（3）做一步一触球练习。

（二）脚背内侧运球

多在改变方向并需要用身体掩护球的情况下使用。此动作幅度较大，速度较慢。比赛中常在需要用身体倚住对方时采用。

1. 动作方法

跑动时身体自然放松，上体稍前倾并稍向运球方向转动，两臂自然摆动，步幅要小些。运球脚提起时，膝关节弯屈，脚跟提起，脚尖稍外转，在迈步前伸脚着地前，用脚背内侧向前侧推拨球，球向前侧曲线或弧线运行。

2. 练习方法

（1）各种熟悉球性练习。颠球、拨球、拉球、扣球等。

（2）用左脚前脚掌将球引到足下，再用左脚的脚背内侧将球停的原地。用右脚有脚背内侧将球改变方向推出。

（3）直线运球。脚背内侧做一步一触球练习。

（4）直线运球。脚背内侧做二步一触球练习。

（5）单脚脚背内侧运球，由慢到快。

（6）两脚交替脚背内侧运球。

（7）圆圈运球。以一脚为轴，另一脚脚背内侧不停向内运球转球。一周后，换另外一只脚进行练习。

（8）直线运球。用右脚脚背内侧直线运球 15 米后，用右脚脚内侧将球扣住，迅速转体用左脚脚背内侧运球，反复做上述练习。

（三）脚背正面运球

用于直线快速运球。一般在运球人前方无人阻挡而又需要长距离运球时，如突破对手后，从对方身后接球形成单刀面对进攻方向时常使用此方法运球。

1. 动作方法

跑动时，身体自然放松，上体稍前倾，两臂自然摆动，步幅不宜过大。运球脚提起时，膝关节弯屈，脚跟提起，脚尖下压，在迈步前伸脚着地前。用脚背正面向前推拨球前进。

2. 练习方法

（1）颠球练习。用单脚脚背正面颠球或两脚交替颠球，体会脚与球接触的感觉。

（2）学生按动作要领做无球跑动模仿练习。提醒自己注意重心降低，身体放松。

（3）走动中用单脚脚背正面运球。

（4）慢跑中用单脚脚背正面运球。

（5）走或慢跑中两脚交替脚背正面运球。

（6）两脚交替做一步一触球练习。

（7）直线运球。学生分成两组，各成一路纵队，相距 20 米对面站立。第一人运球到对面运球线前时，把球传给对面第一人。依次进行。

145

（8）急停起动运球练习。学生直线运球，运动中突然用前脚掌将球踩住，然后用脚背正面运球，反复练习。

（9）直线运球。快速直接运球，提醒自己要抬头看场上情况。

3. 易犯错误

（1）运球时，不是推拨球，而是捅球，球离身体过远，失去控制。

（2）支撑脚离球过远，身体后仰；触球后，身体重心不能随球前移。

4. 纠正方法

（1）多做原地运球练习，体会脚与球接触的感觉。

（2）反复做无球跑动练习，提醒自己重心降低。

（四）脚内侧运球

脚内侧运球是速度最慢的一种运球技术方法。当运球接近对手需要用身体掩护球时采用此方法运球。

1. 动作方法

运球时，支持脚稍向前跨，踏在球的前侧方，膝关节稍弯屈，上体前倾并向里转。随着身体的向前移动，运球脚提起，用脚内侧推球的后中部。

2. 练习方法

（1）两脚分开与肩同宽，双脚拨球练习。用双脚脚内侧来回拨球。可在原地拨动，也可边拨边向前或后移动。

（2）颠球。单脚的脚内侧向上颠球，两脚的脚内侧交替向上颠球。

（3）直线运球。按动作要领脚内侧直线运球，要求一步一触球，二步一触球练习。

（4）转圈练习。以一脚为轴，另一脚脚内侧向内运球，一步一推，一周后，换另一只脚练习。

（5）拨球。用右脚脚内侧拨球横向滚动，左脚脚内侧将球停住，接着，左脚脚内侧使球横向滚动，反复练习。

（6）以左脚脚内侧跨过球，用右脚的脚内侧将球向前方推出，接着右脚跨过球，反复练习。

（7）掩护运球。用脚内侧做掩护运球。开始个人在慢速中运球，而且有一人在一侧消极抢球，运球人侧身掩护运球。

（8）提高观察能力练习。用脚内侧直线运球，并注意教师手势变化做出相应的反应。

3. 易犯错误

（1）只顾低头看球，而不能随时观察场上情况，以致不能及时传球或射门。

（2）运球时，不是推拨球，而是踢球，以致球离身体过远而失去控制。

4. 纠正方法

（1）练习时前面设定目标，学员要提醒自己注意观察目标的变化。

（2）练习原地脚内侧推拨球，体会脚内侧与球接触的感觉。

四、头顶球

头顶球是指运动员有目的地用前额将球击向预定的目标的动作。足球比赛中不仅要处理各种各样不同形式和不同性质的地滚球，同时也要处理各种空中球。当遇到胸以下部位不能触及或规则不允许触及的一些球时就需要用头部来处理，因为头是人体最高的一个部位，额骨的前面较为平坦，只要掌握顶球技术，顶出的球就会有力。现代足球比赛中对时间与空间的争夺异常激烈，头顶球技术的使用不仅使运动员占据空间，又能争取时间，所以头顶球是处理高空球的最重要手段。

使用头顶球技术，不仅可以进行传球、抢断球、高球射门，而且利用鱼跃头顶球可以扩大运动员的控制范围、防守时抢险。

在足球运动中，头顶球技术大概分为前额正面头顶球与前额侧面头顶球。根据场上来球性质和自己判断落点的站位情况，可以原地顶球、跑动中顶球、跳起顶球和鱼跃顶球。

（一）原地前额正面头顶球

原地前额正面头顶球是由额肌覆盖着的额骨正面部分去击球的一种动作方法，接触部位如图8-8中前额的阴影部分。

图 8-8

动作要领：身体正对来球方向，眼睛注视运动中的球，两脚左右开立（或前后开立），膝关节微屈，重心置于两脚间的支撑面上（或后脚上），两臂自然张开，当球运行到将垂直于地面的垂线时，两腿用力蹬地，迅速向前摆体，微收下颌，在触球瞬间颈部做爆发式振摆，用前额正面击球中部，上体随球前摆。详见图8-9。

图 8-9

（二）原地跳起前额正面头顶球

这种技术用在本方传来或对方传来高球时运用。两膝屈，重心下降，然后两脚用力蹬地起跳，同时两臂屈肘上摆，在身体上升阶段展腹挺胸，两臂自然张开，眼睛注视来球，身体自然成背弓。当球运行至身体额状面时，迅速收腹，上体前摆，触球瞬间颈部做爆发性振摆，用前额正面将球顶出。同时两腿向前做振摆，球顶出后两腿屈膝屈踝落地。详见图8-10。

147

图 8-10

（三）头顶球练习方法

（1）做各种顶球模仿练习。

（2）一人双手举球至对方头高，另一人用额正面、额侧面顶球。领会顶球时接触部位和击球点。然后逐渐加大顶球力量。此举利于一方面消除惧怕心理，另一方面养成注视来球和顶球前不闭眼的习惯。

（3）顶吊在吊球架上的球。每次顶后，将球稳住再顶。逐渐练习连续顶球，以提高接触部位和击球点的准确性。以上练习主要是领会动作要领、动作方法，其中要强调接触部位、击球点和身体各部位关节肌的协调用力。

（4）自抛顶球。自己向空中或对墙抛球，待球下落或弹回时对墙顶球。两人一组，一人抛球一人顶。三人一组相互抛球，练习前额侧面顶球。

（5）做各种跳起顶球模仿动作。

（6）做原地或助跑起跳顶吊球练习。以上练习，主要是领会起跳动作和跳起腾空时腰、腹用力和甩头动作。

（7）两人一组，相互站立。一人抛球，另一人原地跳起顶球。也可做上步或退步跳起顶球。

（8）三人一组，练习方法与原地互抛顶球同。

（四）易犯错误及纠正方法

（1）顶球时闭眼或球与头接触的部位不对。

纠正方法：闭眼是恐惧心理和条件反射所致，可一人用球轻轻地触击顶球前额的部位。之后自抛体会顶球，如感觉触球部位不对，可反复练顶吊球，慢慢自己体会。

（2）顶球时缩头、耸肩。

纠正方法：缩头是不敢主动迎击球，可多作无球练习，着重颈部、腰、腿协调用力，之后用轻力量的抛球练习。

（3）球顶不远、无力，只用颈力。

纠正方法：要多练习腰腹肌力量，特别注意蹬地、收腹、甩头同时用力的练习。可坐在地上练习顶球。

（4）跳起顶球或跑动顶球时，时机掌握不好。

纠正方法：多练顶挂在高空中的吊球，体会起跳时机。

（5）侧额顶球时容易顶在头的侧面。

纠正方法：练习养成甩头顶球时，眼睛尽力往出球方向看，多练吊球，体会动作和击球部位。

五、抢截球

截球技术是指运动员在规则允许的范围内，使用身体的合理部位将对手的控球权夺过来或破坏掉，是比赛中由守转攻的主要手段。一般可分抢球和断球两种，有正面抢、侧面抢和铲球等动作方法。抢截球技术的动作结构是由选位、抓住时机实施抢截动作、实施抢截动作后与下一动作紧密衔接三个环节组成。抢球时须善于利用合理冲撞，动作快速、凶猛、果断。正确的判断和选择是动作成功的关键。

（一）正面跨步抢截球

抢球者两脚前后开立，迎着运球者而站，两膝微屈，身体重心下降并置于两脚间，当运球者与抢球者间的距离缩小到一定范围（即抢球者上前跨一大步可能触及球），运球者脚触球后即将落地或刚刚落地时，抢球者后脚用力蹬地并跨步向前，以脚内侧去堵截球，当已堵住球时，另一只脚应迅速上步。若抢球脚堵住球，两位对手也堵住球时，则抢球者应将另一只脚迅速前移做支撑脚，抢球脚在不脱离球的情况下迅速向上提拉，使球从对手脚面滚过，身体重心也迅速跟上并将球控制好。详见图 8-11。

图 8-11

（二）合理冲撞抢截球

当防守者并肩与运球者跑动追球时，防守者重心稍下降，靠近对手一侧的手臂紧贴身体，利用对方同侧脚离地的过程，用肘关节以上部位适当冲撞对手同样部位，使对手身体失去平衡，乘机将球控制住。

（三）练习方法

（1）两人一球练习。将球放在队员甲脚前，队员乙与其相距两米，队员乙上步做正面脚内侧堵抢练习，当队员乙触球瞬间队员甲也用脚内侧触球。让抢球队员乙体会上步动作及触球部位，两人可轮换做抢球。

（2）两人一球练习。甲、乙两队员相对站立，队员甲运球跑向乙（慢速），队员乙选择好时机实施正面脚内侧堵抢技术。

（3）重复练习。当甲、乙两队员在练习中同时触球时，抢球队员乙立即提拉球，将球拉过队员甲的脚面并控制住球。经过一段练习后，可在触球瞬间两人同时提拉，体会掌握提拉的时机。

（4）两人同方向慢跑，在跑的过程中两人可做适当的合理冲撞，体会冲撞的时机和冲撞的部位以及冲撞时如何用力等。

（5）一人直线运球前进，另一队员出后赶至成并肩时伺机实施合理冲撞并控制球。练习时要求运球者能给予抢球者配合，让抢球者得到练习，速度可以由慢到中速循序进行。

（四）易犯错误及纠正方法

1. 易犯错误

（1）身体重心不能及时移到抢球脚上，抢球脚的踝关节不够紧张，抢球无力。

（2）触球后重心跟进不及时，影响衔接下一个动作，不能及时控球。

（3）抢球的时机掌握不好，不能抢先触球而失败。

（4）抢球动作缺乏力量，提拉速度慢，影响抢球效果。

（5）抢截球时运用动作不合理而犯规。

2. 纠正方法

（1）进行徒手模仿练习或对固定球从不同的方向体会技术动作。

（2）从弱对抗到强对抗进行练习，体会抢球时机和腿部发力。

六、掷界外球

掷界外球是足球比赛中，除守门员外其他队员唯一可以用手使球继续恢复比赛的方法。比赛中，任意一方队员将足球碰出边线，则另一方队员掷界外球。在比赛中，有时需要在前场掷界外球，有时需要在后场掷界外球，有时必须要求掷界外球，队员在边线的中点处掷界外球，有时必须要求在罚球线延长的界外掷界外球。由于规则规定掷界外球不受越位的限制，所以队员的活动范围更自由，尤其是在对方罚球区附近，大力掷出的界外球有时比角球的威胁还大。一般掷界外球包括原地掷界外球和助跑掷界外球两种。

（一）原地掷界外球

身体面对出球方向，两脚前后开立，屈膝后仰，两手自然张开，拇指相对持球的后侧部并屈肘置球于头后。掷球后，后脚用力蹬地，依次进行摆体收腹、挥臂、甩腕，迅速有力地将球掷向预定目标。整个动作可用移重心、蹬地、挺髋、挥臂、甩腕、拨指来概括。要求从蹬地开始发力，由下至上协调连续地将球掷出。详见图8-12。

图8-12

（二）助跑掷界外球

助跑轻松自然，垫步的同时双手持球举过头顶。当最后一步踏地时，后脚开始蹬地，并且按照原地掷界外球的方法将球掷出。

（三）练习方法

（1）两人一组，分别站在两条相距15米的白线外，并且以地面上的白线为边线，按照规则的规定做互掷界外球练习。

（2）掷远练习。方法同上，逐渐加大两条白线的距离。

（3）两人一球相对站立在两条相距15米的白线外。开始时甲向乙用力掷球，待球落地后，乙接球在甲掷球落点处用力向甲掷球，球落地后甲接球在球落点处重复以上练习。如此反复进行一定次数，双方向前移动的距离长者为胜方。

（4）掷准练习。

（四）易犯错误及纠正方法

（1）概括不清，产生技术上的错误。

纠正方法：巩固掷界外球的理论知识，在理论的指导下多练习掷球动作。

（2）近距离掷球时，易出现动作不连续而造成违例。

纠正方法：放慢动作速度，重点体会掷球的用力顺序，并且适当减小蹬地力量。

（3）远距离掷球时，易出现两臂不均匀而形成单臂掷球的错误动作。

纠正方法：发展上肢力量、腰腹力量、腿部力量和身体的协调性，在练习中逐渐协调掷球动作。

（4）掷出的球弧度过大从而影响球的远度。

纠正方法：通过讲解使学生在理论上清楚球出手的角度与球运行距离的关系。在练习中调整好球出手的角度和球出手的时机。

（5）出球无力。

纠正方法：熟练动作，使掷球动作更连惯更协调。同时增大蹬地力量、加快摆体及收腹的速度、缩短球出手的时间。

（6）助跑掷界外球时，易出现动作脱节和掷球后身体过分随前形成单脚离地。

纠正方法：加强垫步练习和助跑与掷球动作的衔接。适当地加大两脚的距离来控制身体向前的冲力。

第二节　足球运动的基本战术

足球战术就是比赛中为了战胜对手，根据主客观的实际所采取的个人和集体配合的手段的综合表现。现代足球已进入全攻全守的时代，即不仅要求运动员在身体素质、心理素质、技术能力方面要全面，更应提高其对足球战术意识的认识和培养。足球比赛是攻和守这对矛盾组成的，攻和守不断地变换组成了比赛的全过程。因此，足球战术可分为进攻战术和防守战术两大系统，其中又分别包含着个人战术和集体战术两类。比赛的实践已证明：成功地组织战术和巧妙地运用战术是夺取比赛胜利的重要因素。

进攻战术包括个人进攻战术、局部进攻战术、全队进攻战术三种。其中个人进攻战术包括个人战术的合理运用、传球、摆脱与跑位等内容；局部进攻战术包括两人传球配合、三人进攻战术配合等内容；全队进攻战术包括边路进攻、定位进攻、定位球进攻等内容。

防守战术也包括个人防守战术、局部防守战术、全队防守战术三种。其中个人防守战术包括选位、盯人等内容；局部防守战术包括保护、补位、围抢等内容；全队防守战术包括人盯人防守、区域防守、混合防守、制造越位、定位球防守等内容。

本节分别对进攻战术和防守战术进行简要叙述。

一、进攻战术

进攻战术是指在比赛中，为了战胜对方所采取的个人进攻和集体配合的方法。它包括基本战术和整体战术，足球比赛中尤以队员两人间的局部传球配合为主，它是集体配合的基础，在任何场区、任何位置都可以采用，形成以多打少的积极主动打法，有效地利用了场地的空间，争取到比赛的控制权。其中"二过一"战术配合又是运用最普遍、最基本的战术。

（一）横传（斜传）斜插"二过一"

这种小组进攻战术是一名进攻队员运球接近防守队员后以横传或斜传的方式将球传给在旁边接应的进攻同伴，在传出球的同时快速起动斜插防守队员身后，接球同伴再将球传回原拿球队员，详见图8-13。

（二）横传（斜传）直插"二过一"

这种小组进攻战术是一名进攻队员运球接近防守队员后以横传或斜传的方式将球传给在旁边接应的进攻同伴，在传出球的同时快速起动直插防守队员身后，接球同伴再将球传回原拿球队员。详见图8-14。

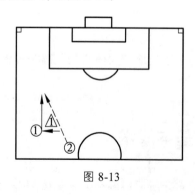

图 8-13

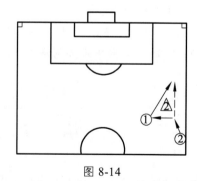

图 8-14

（三）踢墙式"二过一"

所谓踢墙式过人是指一名球员的作用如墙一样，传球队员通过这名同伴的中介作用进行过人。其基本形式是踢墙式"二过一"，传球队员将球传出后即向防守队员身后插，球传至当墙的队员脚下后该球员即传球至防守队员身后给原传球队员。详见图8-15。

（四）回传反切"二过一"

这种小组进攻战术是一名进攻队员拿球后因防守队员逼抢较紧而运球回撤，他将球传给回传给接应的同伴后反身向防守队员身后插再接同伴的传球。详见图8-16。

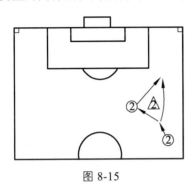
图 8-15

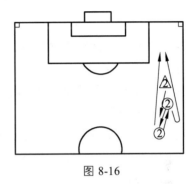
图 8-16

（五）"二过一"战术练习要点

（1）控球队员要掌握好传球时机。
（2）传球前要用身体掩护好球，以假动作迷惑对方。
（3）根据同伴跑动速度和路线，传到最有利的位置。
（4）接应着要注意避免越位，配合要默契。

二、防守战术

防守战术是在比赛中，为了阻止对方的进攻和重新获得球所采用的个人防守行动和集体配合的方法。它也包括个人的基础战术和全队的整体战术，其中选位、盯人、补位是最基本的防守战术。

（一）选　位

选位一般是指由攻转守后的防守队员根据自己的位置职责和当时赛势的具体情况，在整体意识的支配下，有目的地选择恰当的防守位置。

选位的基本原则：每一防守队员在本方失球后，应尽快回位并应站在进攻者与本方球门线中点的连接线上。合理的选位不仅有助于个人防守行动的效果，而且它也密切联系着整体布局的合理程度，对防线的稳固性起着重要作用。

选位的基本要求：由攻转守的选位必须及时快速，每一防守队员间必须根据对手情况保持适宜的横向和纵向联系，提供保护和有效补位的基本条件。

选位合理性对一个队员的能力要求是多方面的，而最关键点为：由攻转守意识和整体防守意识。选位合理性与选位基本原则是不可分的，但它更取决于防守队员因情而宜的灵机运用。一般来说，只要善于把握原则而又不受原则的束缚时，才有可能在该方面运用得十分成功。

（二）盯　人

盯人是现代足球比赛中的重要防守技巧之一。盯人是防守者通过各种方法紧紧跟随并看住自己的对手，其基本目的在于严密控制对手在种种战术形势下的有效行动，诸如接球、运球、传射等。

盯人方式主要有紧逼盯人和松动盯人两种。紧逼盯人一般适用于禁区地带或盯接近球的进攻队员，松动盯人一般是适用于盯离球远的队员。在运用盯人战术时应注意以下几个问题：

（1）防守者必须根据球的位置站位于被盯者与本方球门线中点之间的连线上，并根据比赛情况，保持与球的适当距离。

（2）防守者在盯人中必须注意力高度集中，能够洞察周围局势，以便提前有准备地干扰被盯者接球或处理脚下球。

（3）盯人者通常在固定的被盯者或相对稳定的区域范围，为了防止盯人的遗漏和失职，每一盯人者除了完成自己的任务之外，必须具备补漏意识和能力，以便在同伴失职后仍能保证整体防守的有效性。

（4）盯人者应当具备随机应变能力，当同伴防守吃紧时可见机采用夹击、围抢，当周围有球可断截时，应善于主动出击，各负其责是盯人成功的基本条件，而同伴间灵活、主动积极地协作，更能提高盯人防守的效益。

（5）盯人者在运用抢截技术时，必须谨慎小心，因为一旦失误，往往就会给本队带来以少防多的被动局面，给同伴增加压力。如果抢截失误，该队员应即刻回追。

（6）盯人防守对体力的要求往往很高，盯人者必须根据自己体力状况，采用合理盯人形式。当体力不支时，可适当地减少盯人中的争抢，多用互相补位、贴身紧逼等来达到防守目的。

（三）补　位

在防守时，本队其中一个队员被对手突破时，另一队员前去封堵或者当同队队员离开了原定分工的位置，其他球员填补因该名队员离开而暴露出来的空位。

两人补位是集体防守配合的基础。防守队员相互间保持适当的距离和角度，是进行及时补位的前提。过去主要指卫线队员防守时的配合。当代足球采用全攻全守战术，补位的内容也有了相应的发展。担任锋与卫的队员之间在一次进攻中相互位置交换，也成为补位的重要内容之一，从而对补位队员的技术战术意识提出了更高的要求。

（四）防守战术练习要点

（1）本方进攻结束后，要迅速退防选位，占据有利位置。

（2）注意队员间的层次，成斜线保护站位。

（3）重点防守中路，迫使对方移向边路进攻，减少对球门的威胁。

（4）一对一防守时，尽量防"内线"，不使对手里切威胁球门。

（5）对有球队员采用紧逼防守，无球队员松动防守，及时保护与补位。

第三节 足球运动的基本规则

一、比赛场地

足球运动标准的国际比赛场长度为 100～120 米，宽度为 64～75 米。世界杯决赛时所用球场的标准为长 105 米，宽 65 米，并铺有草皮。正式国际比赛必须在天然草皮球场进行，不得在人造草皮球进行。足球场内划有球门线、边线、中线、罚球区、球门、角球区、中点、中圈、罚球弧。球场四角各竖一面高度不超过 1.5 米的角旗。足球门的宽度为 7.32 米，高度为 2.44 米。详见图 8-17。

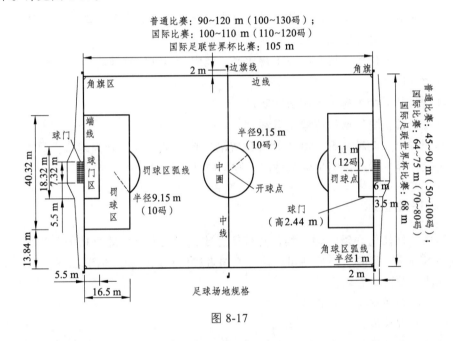

图 8-17

标准的国际比赛用球，其周长为 68～71 厘米，重量在比赛开始时为 396～453 克，充气压力为 0.6～1.1 大气压。球的颜色应与球场有明显的区别，一般为白色，晚间用灯光比赛时，须使用黑、白两色球。比赛中未经裁判允许，不得更换比赛用球。

二、队员人数及比赛时间

正规足球比赛，每队上场人数为 11 人，其中 1 人必须是守门员，每场比赛可替换 3 人，任何一个球队少于 7 人时，比赛不能进行。每场正规的足球比赛，有 1 名主裁判、2 名助理裁判和 1 名替补裁判。主裁判鸣哨后，开球队员将球向前踢至滚动一周后，即开始比赛。比赛的时间分上、下两上半场，每半场为 45 分钟，中场休息 15 分钟。在全场比赛 90 分钟内打成平局后，需打加时赛，加时赛的时间为 30 分钟，上下两个半场各为 15 分钟，中间不休息，只交换场地。若加时赛仍为平局，且必须决出胜负，则采用互相罚点球决胜负的办法。胜一场得 3 分，平一场得 1 分，负一场得 0 分。

三、掷界外球

掷界外球规则：当球的整体不论在地面或空中越出边线时，应由出界前最后触球队员的对方队员，在球出界处掷向场内任何方向。掷球时，掷球队员必须面向球场，两脚均应有一部分站立在边线上或边线外，不得全部离地，用双手将球从头后经头顶掷入场内。球一进场内比赛立即恢复。掷球队员在球被其他队员踢或触及前，不得再次触球。掷界外球不得直接掷入球门得分。

四、越　位

判断越位的三个条件：

（1）进攻队员传球一刹那，同队队员在对方半场内所处的位置比球更接近对方端线。

（2）接球队员与对方端线之间少于两名防守队员。

（3）企图从越位位置获得利益或干扰比赛，也应判罚越位犯规。

判断越位的依据：

（1）进攻队员干扰比赛或干扰防守队员。

（2）进攻队员企图从越位位置获得利益。

只要不违背以上两种情况，处于越位位置的进攻队员不应被判为越位。另外，直接接得球门球、角球、界外球或裁判员的坠球时，则不应被判为越位。

五、直接任意球

队员违反下列任何一条，即被判罚直接任意球，进攻方可借此直接射门得分。防守方犯规时地点在本方罚球区内，则被判罚点球。判罚直接任意球的犯规情况如下：

（1）踢或企图踢对方队员。

（2）绊摔或企图绊摔对方队员。

（3）跳向对方队员。

（4）冲撞对方队员。

（5）打或企图打对方队员。

（6）抢截对方队员。

（7）推对方队员。

（8）拉扯对方队员。

（9）向对方队员吐唾沫。

（10）故意手球（不包括守门员在本方罚球区内）。

六、间接任意球

若违反下列规定的任何一项者，应判罚间接任意球。

（1）危险动作。

（2）阻挡、连踢犯规。

（3）合理冲撞非控制球的队员。

（4）冲撞守门员。

（5）守门员在本方罚球区内违例：

① 用手控制球后在发出球之前持球超过 6 秒。

② 在发出球之后未经其他队员触及，再次用手触球。

③ 用手触及同队队员故意踢给他的球。

④ 用手触及同队队员直接掷入的界外球。

间接任意球的进攻方若直接将球踢进对方球门，其间球未有接触其他队员，则进球无效。

七、警告犯规

如果队员违反下列七种犯规中的任何一种，将被警告并出示黄牌：

（1）犯有非体育道德行为。

（2）以语言或行动对裁判判罚表示异议。

（3）持续违反规则。

（4）延误比赛重新开始。

（5）当以角球或任意球重新开始比赛时，不退出规定的距离。

（6）未得到裁判员许可进入或重新进入比赛场地。

（7）未得到裁判员许可故意离开比赛场地。

八、罚出场犯规

如果队员违反下列七种犯规中的任何一种，将被判罚出场并出示红牌：

（1）严重犯规。

（2）暴力行为。

（3）向对方或其他任何人吐唾沫。

（4）用故意手球破坏对方的进球或明显的进球得分机会（不包括守门员在本方罚球区内）。

（5）用可判为任意球或点球的犯规破坏对方向本方球门移动着的明显的进球得分机会。

（6）使用无礼的、侮辱的或辱骂性的语言及动作。

（7）在同一场比赛中得到第二次警告。

被判罚出场的队员必须立即离开比赛场地附近和技术区域。

思考题

1. 试简要分析踢球、停球、运球、头顶球、抢截球和掷界外球技术的动作过程。

2. 攻守战术各有哪些内容？

3. 简述"二过一"战术形式及要点。

4. 简述选位、盯人、补位的战术形式及要点。

第九章 乒乓球

第一节 乒乓球的起源与发展

一、乒乓球的起源

乒乓球运动起源于 19 世纪后期的英国，由英国贵族在社交场合在桌子上用羊肠线做成的拍面击打球，英文称为 "Table Tennis"，即 "台上网球"；后传入日本，被称为 "桌球"；1904 年前后传入中国，根据其击打时发出的声音又称为 "乒乓球"。

二、乒乓球发展的五个时期

（一）欧洲乒乓球运动的鼎盛时期（1926~1951 年）

1926~1951 年共举行了第十八届世乒赛，参赛队主要来自欧洲，其中匈牙利队成绩最突出，获得 57.5 项冠军。这一阶段，欧洲队占绝对优势。

（二）日本乒乓球鼎盛时期（1952~1959 年）

日本乒协于 1928 年加入国际乒联，1952 年首次参加世乒赛，一举夺得 4 项冠军。在第二十一届至二十五届世乒赛中蝉联男团冠军。乒乓球运动的优势从欧洲转到了亚洲。

（三）中国直拍近台快攻打法崛起（1960~1969 年）

1959 年，中国运动员容国团在第二十五届世乒赛男单比赛中为中国夺得了有史以来的第一个世乒赛冠军。1961~1965 年，中国队又以独特的打法，夺得 11 项冠军。其中在 1965 年的第二十八届锦标赛中，中国队夺得了 5 个冠军，达到了中国乒乓运动有史以来的第一个高峰。

（四）欧洲队复兴，中国队重整旗鼓（1971~1979 年）

第三十二届世乒赛上，瑞典男队打破了亚洲保持长达 20 年之久的团体冠军纪录。中国队在第三十三届和第三十四届世乒赛上重新夺回男女团体冠军。在第三十五届世乒赛上，欧洲复兴，匈牙利队夺走斯韦思林杯；而南斯拉夫队夺得男双冠军。

（五）欧亚对抗，中国抗衡世界（1980 年至今）

20 世纪 90 年代初，中国队走出低谷，在第四十二届世乒赛上，中国男双项目上终有所突破，获得了男双的金、银、铜牌及混双金牌。从第四十三届到第四十七届世乒赛，中国队除了第四十四、四十五、四十七届失掉一块男子团体、两块男子单打金牌外（第四十七届团体未举行），共获得 30 块金牌，重新登上世界乒坛顶峰。2000 年，国际乒联规定比赛用球由原来的直径 38 毫米改变为 40 毫米。由于球体增大，球速变慢，有利于增强弧圈球打法在力量上优势，使得弧圈球打法中以力量为主的运动员技术得以充分发挥。2001 年 9 月 1 日，开始实行 11 分制。乒乓球比赛进入到进入状态快、发球接发球转换快、比分变化快、竞赛节奏快的特点中来。2014 年年初，国际乒联又通过了新型塑料乒乓球"40＋乒乓球"的注册。从 2014年 7 月 1 日起，见证乒乓球运动成长长达 124 年的赛璐珞乒乓球将逐步退出历史舞台。使用"40＋乒乓球"这一新规定的制定必将引起乒乓球技术进入到一个创新时代。

第二节　乒乓球基本技术

乒乓球基本技术种类繁多，本书主要向大家介绍握拍、基本步法、发球、攻球、拉球、搓球以及技战术。

一、准备姿势

准备姿势是指击球员准备击球时身体各部位的姿势。运动员在每一次击球之前，均应当使身体保持合理正确的基本姿势。合理姿势有利于腿脚蹬地用力和腰、躯干各部位的协调配合与迅速启动。

1. 动作要点

两脚平行站立，略比肩宽，身体稍右侧，面向球台。两膝微屈并内旋，前脚掌内侧着地，重心置于两脚之间。上体略前倾，含胸收腹，注视来球。执拍手与非执拍手自然弯曲置于体侧，前臂、手腕、手指自然放松，使拍面成半横状置于腹前。

2. 易犯错误及纠正方法

（1）易犯错误：两脚站位开立过宽臀部后坐姿势死板，全脚掌着地，影响起动的原因是对正确动作认识不清。站位宽虽能增大两脚的支撑面，身体重心降的也较低、较稳，但是对灵活起动有影响，起动速度慢。

（2）纠正方法：讲清要领，教练员正面和侧面示范，强调运动员练习中掌握正确动作，提示两脚间的距离要适中，屈膝内扣，上体稍倾，含胸收腹，前脚掌内侧着地，两人一组互做练习，相互纠正错误动作，用口令信号做快提脚的练习，原地小跑步听口令做准备姿势练习。

二、握　拍

（一）横板握法（图 9-1）

虎口压住球拍右上肩，中指、无名指和小指自然地握住拍柄，拇指在球拍的正面轻贴于中指旁边，食指自然伸直斜贴在球拍的背面。

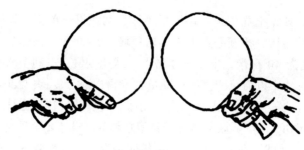

图 9-1

（二）直板握法（图 9-2）

食指和拇指自然弯曲，食指的第二指关节和拇指的第一指关节分别压住球拍的两肩，食指与拇指间的距离要适中（一般以一指宽距离）。中指、无名指、小指自然弯曲斜形重叠，中指的第一指关节侧面顶在球拍背面约 1/3 处。

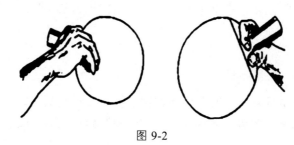

图 9-2

（三）易犯错误及纠正方法

（1）横板握拍四指并拢，虎口偏离拍肩过远。

纠正方法：食指斜贴于反手位置，虎口对准拍肩，大拇指轻贴中指。

（2）直板握拍大拇指不压拍肩，食指中指大拇指用力握拍肩，虎口不对准拍柄，握拍力量过大。

纠正方法：大拇指压拍肩，食指放松，中指顶在反手位置，虎口对准拍柄。

三、基本步法

（一）单步（图 9-3）

一般是在来球离身体近处的小范围内运用。它有移动简单、灵活、重心平稳等特点，在打近网短球或追身球时常用此步法。

动作要点：以一只脚的前脚掌为轴，另一只脚向前、后、左、右的不同方向移动，当移动完成时身体重心也随之落到摆动脚上。

（二）跨步（图 9-4）

跨步的移动幅度较大，常会降低身体重心的高度，近台快攻打法在还击正手拉大角度来球时用此步法较多。

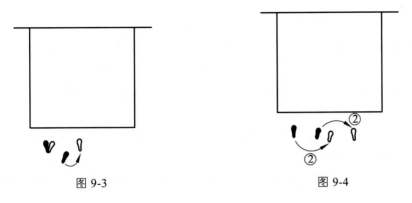

图 9-3　　　　　　　　　　　　　　　图 9-4

动作要点：来球方向异侧脚用力蹬地，另一只脚向来球方向侧跨一大步，而蹬地脚也迅速跟着移动，球一离拍立即还原成准备姿势。

（三）并步（同称换步或滑步）（图 9-5）

并步的移动幅度比单步大，它在移动时没有腾空动作，重心起伏小，能保持身体的平衡和稳定。进攻型选手或削球选手左右移动时常用此步法。

动作要点：先以来球异侧方向的脚用力蹬地向另一脚移半步或一小步，另一只脚在并步落地后向同方向移动。

（四）交叉步（图 9-6）

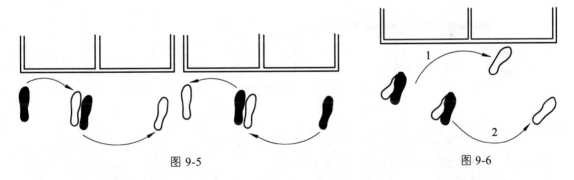

图 9-5　　　　　　　　　　　　　　　图 9-6

对要对付离身体比较远的来球。其移动幅度和范围都比较大。弧圈球和快攻型打法在侧身进攻后扑右大角空当等用此步法。

动作要点：以靠近来球方向的脚作为支撑脚，该脚的脚尖调整指向移动方向，远离来球方向的脚在体前交叉，向来球方向跨出一大步，身体随之向来球方向转动，支撑脚跟着向来球方向再迈一步。

（五）易犯错误及纠正方法

（1）两脚成外八字，姿势僵硬，动作不协调重心靠后。易造成重心不稳，蹬地不及时，起动慢和到不了位的错误。主要原因是由于对正确动作认识模糊。

纠正方法：在平时的训练中多做原地微动放松状态的动作练习。原地或行进间小跑步听口令做准备姿势练习。两人对面结合移步做练习，互相观察纠正错误动作。

（2）移动时起动慢，不及时，不能抢占有利的击球位置，勉强击球而破坏了击球的正确手法，影响击球效果。主要原因是对正确的移动步法的重要性认识不清，持久力差，重心掌握不好。

纠正方法：移动前，上体要稍前倾，两膝自然弯屈，用前脚掌着地，使下肢富有弹性，随时都能迅速起动。要提示运动员注意身体重心的迅速转移是位移的关键；多用视觉信号进行单个步法练习或用口令信号进行练习，结合各种发球做步法练习。养成及时蹬地、移动重心的习惯，提高判断力。

（3）判断准确性差，移动不到位，盲目地、被动地去移动，灵敏性差产生原因是对怎样判断来球后进行移动理解不够。

纠正方法：多以视觉信号或用口令相反信号的练习方法来提高判断反应能力。安排有规律到无规律的回击各种来球进行步法移动练习。

四、击球时间和部位

（一）击球时间（图9-7）

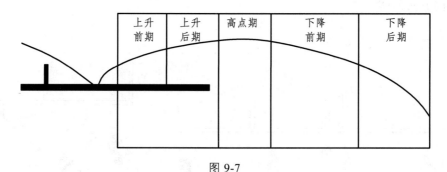

图 9-7

击球时间是指来球落到台面弹起后，其运行轨迹从着台点上升再下降至触及地面以前的过程。具体分为：

（1）上升期：来球从台面弹起至接近最高点的这段时间。还可细分为上升前期与上升后期。

（2）高点期：来球从台面弹起在最高点附近的这段时间。

（3）下降期：来球从最高点开始下降以后的这段时间。分为下降前期（拉旋球，一般在下降前期击球）与下降后期。

（二）击球部位（图9-8）

击球时，球拍触及的位置叫击球部位。将球用表盘的形式标出12、1、2、3、4、5、6等七个点。

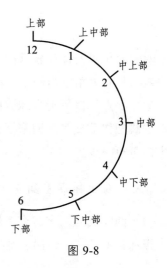

图 9-8

五、发 球

（一）平击发球

平击发球分正手与反手两种，它是一种运动速度慢、力量轻、旋转弱的一般上旋球，是初学者最基本的发球方法，也是掌握其他复杂发球的基础。

1. 正手平击发球

站位近台，左脚稍前，右脚略后，含胸收腹。左手持球置于掌心向上抛起，同时右臂内旋，使拍而稍前倾，手臂向右后方引拍。当球从高点下降至稍高于球网时，击球中上部向左前方发力，击球后第一落点在球台中央，击球后手臂继续向左前方挥动并迅速还原成准备姿势。直板正手平击球示范详见图 9-9；横板正手平击球示范详见图 9-10。

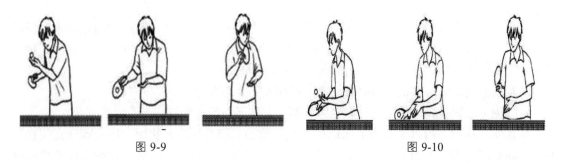

图 9-9   图 9-10

2. 反手平击发球

站位于球台中间偏左处，右脚稍前或平行站立，身体略向左转，含胸收腹，将球抛至身体左侧前方的同时，向左后方引拍。右臂外旋，拍形前倾，在球的下降期击球的中上部向右前方发力，使球的第一落点在球台的中间区域。直板反手平击球示范详见图 9-11；横板反手平击球示范详见图 9-12。

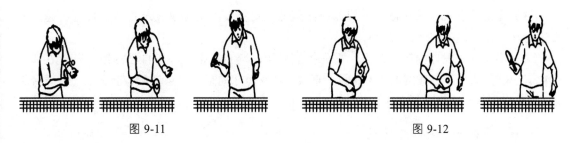

图 9-11   图 9-12

（二）正手发转与不转（上旋下旋）

站位时左脚在前，右脚在侧后，抛球同时执拍手向后上方引拍。拍面后仰，手腕适当外展，手臂放松，要向右转便于发力。当球将至网高时，执拍手迅速用力向前下方挥动，发球后，挥拍动作尽可能停住，以利于还原。横板正手下旋示范详见图 9-13；直板正手上旋示范详见图 9-14。

163

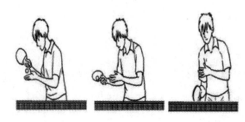
图 9-13

1   2   3
图 9-14

发下旋球时，用球拍的下半部去摩擦球的中下部，拇指、食指、手腕在触球瞬间加强爆发力，尽量多摩擦球。

发不转时球时，用球拍的中上部去触碰球的中下部，拍面后仰的角度小些。

（三）高抛发球

首先要注意将球抛稳，抛球手的肘部要贴近身体左侧，尽量让球抛起时接近垂直，使球在身体右侧前方降落。当球下降至头部高度时，执拍手由右上方向左下方挥动。其次，要注意击球点不要离身体过远，一般在右侧腰前 15 厘米左右。

发左侧上旋球时，球拍从球的右侧中下部向左侧上部摩擦。

发左侧下旋球时，球拍从球的右侧中下部向左侧下部摩擦。

发直线长球时，拇指要适当的压球拍的左肩使拍面撞击球的右侧面。第一落球点应在本方台面的端线附近。发力方向和挥拍线路对准对方有角使球成直向前进。这种发球常常和侧身正手发侧上、下旋结合在一起，作为增强发球的落点。

（四）发球练习方法

（1）一次在手中拿一颗球，做往上放抛直线练习。一次拿两三颗球于手中是无法将球平摊于手上将球抛好的。

（2）发每一颗球的间隔不需太仓促。

（3）无论是发长球或短球，下旋球或侧旋球，更重要的前提是发球弧线的低平，越贴网而过越好。弹跳过高的球，质量低。

（4）要控制好发球的第二落点，需先控制好第一落点。多留心于自己的第一落点在哪，用粉笔于己方球台靠近球网的 1/3 处画一直线，做发短球的第一落点区域；于靠近己方球台端线的 15~20 厘米处，画一直线作为发长球的第一落点区域。

（五）易犯错误及纠正方法

（1）发球犯规。

纠正方法：学习规则，严格按照规则要求进行练习。

（2）击球点过高或过低。

纠正方法：明确击球点的位置，反复进行正确练习。

（3）球发出后的第一落点位置不当。

纠正方法：弄清第一落点，要求击球点正确，调节好击球时的拍面角度。

六、常用击球方法

（一）平击球

左脚稍前或两脚平行约与肩宽，两膝微屈，身体离球台 30～50 厘米。手臂自然弯曲，球拍置于腹前，前臂与台面几乎平行，将球拍引至身体的前方，拍面成半横状，约与台面垂直，在来球的上升期击球中部，食指用力，拇指放松，前臂和手腕稍向前迎击，以借助来球的反弹力将球击回。击球后手臂、手腕随势前送，并迅速还原成击球前的准备姿势。直板推挡示范详见图 9-15。

左脚稍前或两脚平行约与肩宽，两膝微屈，身体离球台 30～50 厘米。手臂自然弯曲，球拍置于腹前，前臂与台面几乎平行，将球拍引至身体的前方，拍面前倾，约与台面垂直，在来球的上升期击球中部，利用转腰的力量，大臂带动小臂往左前放迎击球。击球后手臂迅速还原成击球前的准备姿势。直板正手平击球示范详见图 9-16；横板正手平击球示范详见图 9-17。

图 9-15

图 9-16   图 9-17

（二）正手快攻

左脚稍前，收腹前倾，身体离台约 40 厘米，引拍至身体右侧方，右肩稍沉，重心移至右脚，拍型稍前倾呈半横状，拇指用力，食指放松，在上升期击球的中上部，配合前臂做旋内转动，向左上方挥拍，身体重心由右脚移至左脚。击球后，随势挥拍至前额，并迅速还原。

（三）反手快攻

站于球台中线偏左位置，右肩前顶略下沉，肘关节靠近身体，上臂与前臂夹角约为130°。向左侧方引拍，使拍略高于来球，以上臂带动前臂由左后方向右前方挥动，手腕配合外旋，在来球的上升后期或高点期击球的中部或中上部。

反手攻打下旋球时，拍型垂直或略后仰，以肘关节为轴，以前臂发力为主再来球的下降前期击球的中部或中下部。因球拍多摩擦球，故要制造一定的上旋。

165

（四）搓　球

1. 正手慢搓

右脚稍前，近台站位，前臂和手腕外旋使拍面稍后仰，身体略向右转，向右上方引拍。在来球的下降前期用球拍的下半部摩擦球的中下部，前臂加速向前下方用力的同时，手腕内旋配合用力。击球后，前臂随势前送，立即放松并迅速还原。直板正手慢搓示范详见图9-18。

图 9-18

2. 反手慢搓

左脚稍前，站位近台，前臂和手腕内旋将球拍引至身体左上方，拍面后仰，在来球下降前期用球拍的下半部摩擦球的中下部，前臂加速向前下方用力的同时手腕外展配合用力。击球后，前臂随势前送，立即放松并迅速还原。横板反手慢搓示范详见图9-19。

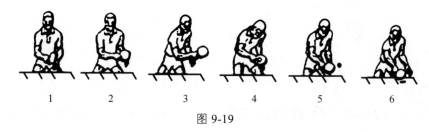

图 9-19

（五）加转弧圈球

站位左脚稍前，右脚稍后，两膝微屈。引拍时，身体稍向右扭转，手臂自然下垂，手腕做内收动作，将球拍引至身体右下方。右脚掌内侧蹬地，伸膝，腰、髋向左上方转动，带动手臂从下向前向上迎球挥动。击球瞬间，快速收缩前臂。加转弧圈球的击球时间是在下降前期，拍面稍前倾，摩擦球的中部或中部偏上的位置。发力方向以向上为主，略带向前。发力的关键是球拍触球前动作要逐渐加快，到触球时达到最高速度。击球后迅速还原放松，准备下一板击球。横板弧圈球示范详见图9-20；直板弧圈球示范详见图9-21。

（六）练习方法

（1）根据老师安排的训练计划，完成相应练习。

（2）课下应多练习徒手挥拍动作。

（3）加强多球的练习。

166

图 9-20   图 9-21

（七）易犯错误及纠正方法

（1）正手攻球时，手腕下垂，使球拍与前臂成垂直。

纠正方法：球拍拍柄向左，做徒手模仿练习。

（2）正手攻球时，抬肘关节。

纠正方法：手臂放松，肘关节下垂，做近台快攻练习。

（3）拉球时，击打的多，摩擦的少。

纠正方法：在接下旋球中，改进动作，注意体会摩擦球动作。

（4）搓球时，拍面后仰不够，会出现球出界或下网现象。

纠正方法：练习用慢搓球回接对方发来的下旋球，体会拍面后仰前送的动作。

第三节　乒乓球基本战术

从广义上理解，战术是指技术、意志、智能和素质在比赛中有针对性的综合运用；从狭义上理解，战术是在比赛中运动员根据对方的打法、类型及技术特点而采用的各种技术手段与方法。

一、发球抢攻战术

发球抢攻是指运动员发球后，立即采取进攻的手段方法。这是一种力争主动、先发制人的主要战术，也是我国乒乓球运动员的重要战术之一。发球抢攻战术运用的效果主要取决于发球的质量和第三板进攻的能力。发球抢攻战术因打法的类型不同而有所差异。常用的发球抢攻战术有以下几种：

（1）正手发转与不转。

（2）侧身正手（高抛或低抛）发左侧上（下）旋球。

（3）反手发右侧上（下）旋球。

（4）反手发急球或急下旋球。

（5）下蹲式发球。

二、接发球战术

接发球战术与发球抢攻战术同样重要，其目的是破坏对方发球抢攻战术的作用。接发球战术对整个战局能否获得主动权起着主要作用。在比赛中，如果接发球处理不好，第一环节就会陷入被动。如果你破坏了发球者的抢攻意图或者为他制造了障碍，减弱了对方抢攻的质量，也就意味着已经脱离被控制状态，变被动为主动。常用的接发球战术有以下几种：

（1）稳健保守法。

（2）接发球抢攻。

（3）盯住对方的弱点处，寻找突破口。

（4）控制接发球的落点。

（5）正手侧身接发球。

三、搓攻战术

搓攻战术是进攻型打法的辅助战术之一，主要利用搓球旋转的变化和落点的变化为抢攻创造机会。这一战术在基层比赛中被普遍采用。搓攻战术也是削球型打法争取主动的主要战术之一。常用的搓球战术有以下几种：

（1）慢搓与快搓结合。

（2）转与不转结合。

（3）搓球变线。

（4）搓球控制落点。

（5）搓中突击。

（6）搓中变推或抢攻。

四、对攻战术

对攻战术是进攻型打法在相持阶段常用的一项重要战术。快攻类打法主要依靠反手推挡（或反手攻球）和正手攻球（或正手拉弧圈球）的技术，充分发挥快速多变的特点来调动对方。常用的对攻战术有以下几种：

（1）紧逼对方反手，伺机抢攻或侧身抢攻、抢拉。

（2）压左突右。

（3）调右压左。

（4）攻两大角。

（5）攻追身球。

（6）变化击球节奏，加力推和减力挡结合，发力攻、拉与轻打轻拉结合，也可造成对手的被动局面。

（7）改变球的旋转性质，如加力推后、推下旋；正手攻球后，退至中远台削一板，令对方往往来不及反应，可直接得分或创造机会球。

五、拉攻战术

拉攻战术是以攻为主的选手对付削球的主要战术。为了发挥拉攻的战术效果，首先要具备连续拉的能力，并有线路、落点、旋转、轻重等变化，其次要有拉中突击和连续扣杀的能力。常用的拉攻战术主要有以下几种：

（1）拉反手后，侧身突击斜线或中路追身球。

（2）拉中路杀两角或拉两角杀中。

（3）拉一角或杀另一角。

（4）拉吊结合，伺机突击。

六、弧圈球战术

由于弧圈球战术把速度和旋转有效地结合起来，稳健性好，适应性强，常用的弧圈球战术有以下几种：

（1）发球抢攻。

（2）接发球抢攻。

（3）相持中的战术运用。

第四节 乒乓球基本规则

一、乒乓球比赛简介

在乒乓球比赛过程当中，双方的运动员各站在球台一侧，用球拍击球，击法有挡、抽、削、搓、拉等。乒乓球须在台上反弹后才能还击过网。乒乓球以落在对方台面上为有效。

乒乓球比赛以 11 分为一局，局制一般采用三局二胜或五局三胜制。比赛分团体、单打、双打等数种，团体赛又分为男子团体赛、女子团体赛、混合团体赛；单打比赛可以细分为男子单打赛、女子单打比赛；同样，双打比赛也细分为男子双打、女子双打以及混合双打赛。

二、乒乓球比赛规则介绍

（一）发 球

（1）乒乓球比赛发球开始时，乒乓球自然地置于不持拍手的手掌上，手掌张开，保持静止。

（2）乒乓球比赛发球时，发球员须用手将乒乓球几乎垂直地向上抛起，不得使乒乓球旋转，并使乒乓球在离开不执拍手的手掌之后上升不少于 16 厘米，乒乓球下降到被击出前不能碰到任何物体。

（3）当乒乓球从抛起的最高点下降时，发球员方可击乒乓球，使乒乓球首先触及本方台区，然后越过或绕过球网装置，再触及接发球员的台区。双打中，乒乓球应先后触及发球员和接发球员的右半区。

（4）从发球开始，到乒乓球被击出，乒乓球要始终在台面以上和发球员的端线以外，而且不能被发球员或其双打同伴的身体或衣服的任何部分挡住。

（5）在运动员发球时，乒乓球与乒乓球拍接触的一瞬间，乒乓球与网柱连线所形成的虚拟三角形之内和一定高度的上方不能有任何遮挡物，并且其中一名裁判员要能看清运动员的击球点。

（二）击　球

对方发球或还击后，本方运动员必须击球，使乒乓球直接越过或绕过球网装置，或触及球网装置后，再触及对方台区。

（三）失　分

（1）不合法发乒乓球。

（2）不合法还击。

（3）击乒乓球后，该乒乓球没有触及对方台区而越过对方端线。

（4）阻挡。

（5）连击。

（6）用不符合规则条款的拍面击乒乓球。

（7）运动员或运动员穿戴的任何物件使球台移动。

（8）运动员或运动员穿戴的任何物件触及球网装置。

（9）不执拍手触及比赛台面。

（10）双打运动员击球次序错误。

（11）执行轮换发球法时，发球一方被接发球一方或其双打同伴，包括接发球一击，完成了13次合法还击。

（四）换　位

（1）在获得 2 分后，接发球方变为发球方，依此类推，直到该局比赛结束，或直至双方比分为10平，或采用轮换发球法时，发球和接发球次序不变，但每人只轮发 1 分球。

（2）在双打中，每次换发球时，前面的接发球员应成为发球员，前面的发球员的同伴应成为接发球员。

（3）在一局比赛中首先发球的一方，在该场比赛的下一局中应首先接发球，在双打比赛的决胜局中，当一方先得 5 分后，接发球一方必须交换接发球次序。

（4）一局中，在某一方位比赛的一方，在该场比赛的下一局应换到另一方位。在决胜局中，一方先得 5 分时，双方应交换方位。

（五）间　歇

（1）在局与局之间，有不超过 1 分钟的休息。

（2）在 1 场比赛中，双方各有 1 次不超过 1 分钟的暂停。

（3）每局比赛中，每得 6 分球后，或决胜局交换方位时，有短暂的时间擦汗。

　思考题

1. 乒乓球的发展有几个时期，分别是什么？

2. 常用的步法有哪几种，为什么说步法对于乒乓球技术水平的提高有着极其重要的意义？

3. 简述球体产生旋转的原因是什么？

4. 常用击球有哪些易犯错误？如何纠正？

5. 战术的概念是什么？

6. 请简单介绍什么是合理发球。

7. 请说出至少十种乒乓球失分的行为。

第十章　羽毛球

第一节　羽毛球的起源与发展

现代羽毛球运动起源于英国。1873 年，在英国格拉斯哥郡的伯明顿镇有一位叫鲍弗特的公爵，在他的领地开游园会时，有几个从印度回来的退役军官向大家介绍了一种隔网用拍子来回击打键球的游戏，人们对此产生了很大的兴趣。因这项活动极富趣味性，很快就在上层社会社交场上风行开来。"伯明顿"（Badminton）即成为英文羽毛球的名字。1893 年，英国 14 个羽毛球俱乐部组成羽毛球协会，即全英公开赛的前身。自 1992 年起，羽毛球成为奥运会的正式比赛项目。其大致发展路径如下：

1877 年，英国的巴斯羽毛球俱乐部成立，并且第一本有关羽毛球比赛规则的书籍在英国出版。

1893 年，在英国成立了世界上第一个羽毛球协会。1899 年，该协会举办了第一届"全英羽毛球锦标赛"，每年举办一次，沿袭至今。

羽毛球运动扩展区域从斯堪的纳维亚地区到英联邦各国，20 世纪初流传到亚洲、美洲、大洋洲，最后传到非洲。

1934 年，成立了国际羽毛球联合会，总部设在伦敦。

1939 年，国际羽毛球联合会通过了各会员国共同遵守的《羽毛球竞赛规则》。

20 世纪 20 年代到 40 年代，欧美国家的羽毛球运动发展很快，其中英国、丹麦、美国、加拿大的水平相当高。50 年代亚洲羽毛球运动发展很快，马来西亚取得两届汤姆斯杯赛冠军。同时印度尼西亚队在技术和打法上有所创新很快取得了霸主地位。60 年代以后羽毛球运动的发展重心逐渐移向亚洲。

1981 年 5 月，国际羽毛球联合会重新恢复了中国在国际羽联的合法席位，从此揭开了国际羽坛历史上新的一页，进入了中国羽毛球选手称雄世界的辉煌时代。

在 1988 年汉城奥运会（第 24 届）上，羽毛球被列为表演项目，1992 年巴塞罗那奥运会（第 25 届）列为正式比赛项目，1996 年亚特兰大奥运会（第 26 届）混双被列为比赛项目。从此羽毛球运动进入新的发展时期。

2006 年，羽毛球的新规则在试行了 3 个月后正式实施。在该年汤尤杯赛中被首先采用。

第二节　羽毛球正手发球与正手击高远球

一、正手发球

（一）正手发球基本动作

1. 准备姿势

站位靠中线，距前发球线约 1 米处，左脚在前，足尖指向球网，右脚在后，足尖指向右前方，两腿自然开立与肩同宽，身体重心放在右脚上，左手持球自然伸平举于胸前，右手持拍自然屈肘于身体右侧。

2. 引　拍

在准备姿势的基础上，身体向右后转，左肩对网，右臂随着肘向右后上提，上体微前倾，前臂稍展开，手腕尽量伸展，把球拍后引至一定高度。

3. 击　球

随着左手放球，身体自然由右向左转肩，重心前移。前臂带动手腕由伸展至微屈，闪动手腕，以正拍面击球。

4. 随球动作

击球后持拍臂随动作惯性自然向左前或上方挥动，然后将拍收回至体前并将握拍调整成放松的手握拍形式。

（二）正手发出四种不同弧线的球的技术动作

1. 高远球

球的运行轨迹又高又远、下落时与地面垂直、落点在对方场区底线附近的球叫高远球。单打比赛时，常采用这种发球迫使对方退到最远的底线去接发球。如果发出的高远球质量好，就可在一定程度上限制对方一些进攻技术的发挥，使对方在接高远球时不容易马上组织进攻。

发球动作要领：发球前准备姿势。发球时，左手把球举在身体的右前方并自然放下，使球下落，右手同时持拍由大臂带动小臂，从右后方沿着身体向前并向左上方挥动。当球落到右手臂向前下方伸直能触到球的一刹那，握紧球拍，并利用手腕的力量向前上方发力击球。击球之后，球拍顺势向左上方挥动缓冲。

2. 平高球

这是一种比高远球低、速度较高远球快的发球技术。

发球动作要领：发球前准备姿势同发高远球。发球的动作过程大致同发高远球，只是在击球的一刹那，小臂加速带动手腕向前上方挥动，拍面要向前上方倾斜，以向前用力为主。发平高球时要注意发出球的弧线以对方接球时伸拍打不着球的高度为宜，并应发到对方场区底线。

3. 平快球

这种球比平高球的弧线还要低、速度还要快。在面对反应较慢、站位较前、动作幅度较大的对手或是初学者时，效果往往很好。

发球动作要领：准备姿势亦同发高远球。站位比发平高球稍后些（防对方很快回到本方后场）充分利用前臂带动手腕爆发力向前方用力，球直接从对方的肩稍上高度越过，直攻对方后场。发平快球关键是出手的动作要小而快，但前期动作应和发高远球一致。发平快球时还应注意不要过手、过腰犯规。

4. 网前球

发网前球是在双打中主要采用的发球技术。单打比赛时，如发高球，怕遭到对方球速较快的直接攻击时或为了主动改变发球方式借以调动对方时采用。

发球动作要领：准备姿势同发高远球。击球时，握拍要放松，大臂动作要小，主要靠小臂带动手腕向前切送，用力要轻。发网前球时应注意手腕不能有上挑动作，另外，落点要在前发球线附近，发出的球要贴网而过，这可免遭对方扑杀。详见图 10-1。

图 10-1

（三）发球练习方法

（1）根据动作要领徒手挥拍，挥拍动作由慢逐渐过渡到正常发球速度。

（2）对墙进行发球练习。

（3）用多球在正规比赛地上反复练习。

（4）击打目标练习。

（四）错误动作与纠正方法

（1）正手发高远球时，挥拍线路不是由后向下再向左上画弧，而是横扫。

纠正方法：① 通过技术示范，进行模仿练习。② 用绳吊一只球在一定位置上，进行练习。

（2）正手发高远球时，没有用手腕的爆发力击打球，而是出现甩臂动作靠大臂用力。

纠正方法：① 按照技术动作要领进行慢动作模仿练习。② 对墙进行发高远球或击打球练习。

（3）左手放球与右手挥拍的时机配合不好，击球不准。

纠正方法：① 进一步熟悉球性，在不同的高度进行颠球，体会击球时机。② 同伴抛球，练习掌握在不同的高度击球的时机。

二、正手击高远球

（一）正手击高远球动作要领

（1）准备动作：左脚在前，右脚在后，侧身使左肩对网，两脚间距与肩同宽，重心在后脚，右手握拍屈臂举羽毛球拍于右侧，左手自然上举，眼睛向上注视来球，使拍面对着球网。

（2）引拍动作：羽毛球拍上提并后引，使躯干成微微的反弓形。同时，身体向左转动或面向球网。此时，右肘上提，使拍框在身后下摆，形成引拍的最长距离。

（3）挥拍击球动作：挥拍击球动作从后脚后蹬开始，紧接着转体、收腹，肘部向前摆动，并以肘为轴，以肩为支撑点，前臂旋内加速向前上方挥动。在击球的一瞬间，主要依靠前臂、手腕和手指的协调用力，取得最佳的速度（手腕的爆发力在挥拍过程中产生较大的挥拍速度）。此时，手腕在内收的状态下迅速屈腕，并握紧拍柄，运用拇指和食指的顶、压动作，产生出最大的爆发力。击球点在右肩上方，持羽毛球拍手臂在几乎伸直的情况下，以正拍面击中球托底部，将球击出。左手协调地降至体侧，协助转体动作。

（4）随前动作：击球后，右手顺势向左下方减速摆臂，最后回收至体前。身体重心迅速左转至体前，右脚向前回动一小步，为下一步回中心做好准备。详见图 10-2。

图 10-2

（二）练习方法

（1）原地徒手挥拍练习，加起跳挥拍。

（2）多球练习（原地逐渐过渡到移动中击球）。

（3）单球对练（可以先由较好的练习者陪练再过渡到同等练习者对练）。

（三）错误动作与纠正方法

（1）击球点偏后。

纠正方法：① 羽毛球放在练习者正确位置上，让练习者练习击球。② 用多球，把球送到练习者浅一点的位置，让练习者练习在正确击球点击球。

（2）击球时大臂用力过多，小臂和手腕爆发力不够。

纠正方法：① 徒手挥拍，要求在臂不动，用手腕挥拍，用拍头在天空画半圆。② 面向墙壁，抬起持拍手臂，用小臂带动手腕向上向墙面挥动，练习小臂的挥动。③ 多球练习，练习者先用手腕发力轻打球，在逐渐过渡到用规范动作击高远球。

175

（3）击出的球过于平或过高过浅。

纠正方法：① 击球过平，将悬吊球放在练习者击高远球的位置处，练习将球向前上方击打。② 击球过高过浅，加强手腕力量提高挥拍速度。从手腕击球过渡到正常动作击球。

第三节　羽毛球反手发球与反手击高远球

一、羽毛球反手发球

（一）反手发球基本动作

1. 反手后场平高球

（1）准备姿势：右脚在前，左脚脚尖点地，重心放于右脚上。也可左脚在前或双脚平行，具体根据个人习惯选择，一般右脚在前，这样引拍时空间较多。

左手拇指、食指、中指握住球的羽毛处，将球置于腹前腰部一下。

右手握拍稍向上提，拍面稍微上仰；展腕，反手握拍以反拍面将球置于腹前执球手的后方。

（2）引拍：左手放球的同时，以肘为轴持拍手小臂内旋，带动展腕由后向前做回环半弧形运动，至一定发力所需幅度。

（3）击球：屈指收腕发力，用正拍面向前上方将球击出。

（4）击球后动作：以制动动作结束发力，并迅速将握拍姿势调整为正手放松握拍。

2. 反手后场发平射球

准备姿势和引拍动作与反手后场平高球一样；在击球过程中尽可能地提高击球点，利用拇指的顶力屈指发力，使拍面和地面呈近似90°，迅速向前推进击球。

3. 反手网前小球

准备姿势和引拍动作与反手后场平高球一样；击球时手掌由外收到内展捻动发力，靠手腕和手指控制力量。球拍以斜拍面切击球托。使球尽可能低的沿网上方飞过。详见图10-3。

图 10-3

（二）练习方法

（1）用绳拴住球，选择适当的高度将球固定吊好，反复做发球挥拍击球动作练习，体会

176

球与拍之间的距离感觉及前臂内旋带动手腕由伸腕到展腕的发力过程。

（2）持拍面对墙壁做发球练习，在做该项练习时，既要照顾到击球的准确性，同时还要兼顾到击球动作的正确性。

（3）在场地上练习发球，重点注意发球的落点。

（三）错误动作与纠正方法

错误动作：左手放球与右手挥拍的时机配合不好，击球不准。

纠正方法：① 进一步熟悉球性，在不同的高度进行颠球，体会击球时机。② 用绳把球吊起来，上下反复击球。

二、反手击高远球

（一）反手击高远球动作要领

（1）准备动作和引拍动作：当对方击来反边球，需要采用反手回击高远球时，应迅速将身体转向左后方，右脚向左脚并一步，然后左脚向后迈一步，紧接着右脚向左前跨一大步即到位。此时，身体背对球网，身体重心在右脚上，步法移动到位时，球在身体的右肩上方。步法移动中，手法要马上由正手握拍转换成反手握拍法，上臂平举，曲肘使前臂平放于胸前，球拍放至左胸前，拍面朝上，完成引拍动作。

（2）挥拍击球动作：上臂迅速上摆，前臂快速向右斜上方摆动，手腕迅速回环伸展，拇指顶压拍柄，产生爆发力，以正拍面击球托后下部，身体重心从右脚转至左脚，并迅速转体回动。

（3）随前动作：击球后随身体重心的转移，身体转成正面对网回动，前臂内旋，使球拍回复至正常位置，恢复正手握拍法。详见图10-4。

图 10-4

（二）反手击高远球练习方法

（1）原地徒手挥拍练习。
（2）多球练习（原地逐渐过渡到移动中击球）。
（3）单球对练（可以先由较好的练习者陪练再过渡到同等练习者对练）。

（三）易犯错误与纠正方法

（1）易犯错误：做准备及引拍动作时，步法移动不到位，击球点控制不好，握拍太紧，而且没能及时改变握拍法，引拍动作无法形成挥拍的最长距离，限制爆发力的发挥。

纠正方法：可利用多球训练，由练习者发球到反手区不同位置，反复移动找准目标击打。

（2）易犯错误：随前动作时，击球后转体回动太慢，造成回中心的速度太慢。

纠正方法：应加强腰腹训练，可多做原地腰腹带动步法的转体运动，加强转体速度。

第四节　羽毛球规则简介与场地规格

一、计分规则

（1）21分制，3局2胜为佳。

（2）每球得分制。

（3）每回合中，取胜的一方加1分。

（4）当双方均为20分时，领先对方2分的一方赢得该局比赛。

（5）当双方均为29分时，先取得30分的一方赢得该局比赛。

（6）一局比赛的获胜方在下一局率先发球。

二、换边规则

（1）在一局比赛中，当领先的一方达到11分时，双方有60秒休息时间。

（2）在两局比赛间，双方有2分钟的休息时间。

（3）在决胜局的中，当领先的一方达到11分时，双方交换场地。

三、单打规则

（1）在一局比赛开始时（比分0∶0）或发球方得分为偶数时，发球方在右半场进行发球。当发球方得分为奇数时，在左半场进行发球。

（2）如果发球方取得1分，那么下一回合其继续发球。

（3）如果接发球方取得1分，那么下一回合其成为发球方。

四、双打规则

（1）与单打一样，发球方得分为偶数时，发球方在右半场进行发球。当发球方得分为奇数时，在左半场进行发球。

（2）如果发球方取得1分，那么下一回合其继续发球，且发球人不变。

（3）如果接发球方取得1分，那么下一回合其成为发球方。

（4）当且仅当发球方得分时，发球方的两位选手交换左右半场。

羽毛球双打比赛，A&B VS C&D，比赛开始时，由A率先发球，C接发球。详细说明见表10.1。

表 10.1 羽毛球双打规则说明

比赛进程的说明	比分	发球区	发球&接发	获胜方	图解
比赛开始	0 - 0	右侧半场发球	A 发球，C 接发球	A & B	C D / B A
A&B 得 1 分，A&B 将换边，A 在左侧半场继续发球，C&D 保持各自所在半场不变	1 - 0	左侧半场发球	A 发球，D 接发球	C & D	C D / A B
C&D 得 1 分，A、B、C、D 均保持各自所在半场不变	1 - 1	左侧半场发球	D 发球，A 接发球	A & B	C D / A B
A&B 得 1 分，在右半场发球，A、B、C、D 均保持各自所在半场不变	2 - 1	右侧半场发球	B 发球，C 接发球	C & D	C D / A B
C&D 得 1 分，在右半场发球，A、B、C、D 均保持各自所在半场不变	2 - 2	右侧半场发球	C 发球，B 接发球	C & D	C D / A B
C&D 得 1 分，C&D 将换边，C 在左侧半场继续发球，A&B 保持各自所在半场不变	2 - 3	左侧半场发球	C 发球，A 接发球	A & B	D C / A B
A&B 得 1 分，在左半场发球，A、B、C、D 均保持各自所在半场不变	3 - 3	左侧半场发球	A 发球，C 接发球	A & B	D C / A B
A&B 得 1 分，A&B 将换边，A 在右侧半场继续发球，C&D 保持各自所在半场不变	4 - 3	右侧半场发球	A 发球，D 接发球	C & D	D C / B A

五、发球规则

（1）发球时任何一方都不允许非法延误发球。

（2）发球员和接发球员都必须站在斜对角发球区内发球和接发球，脚不能触及发球区的界线；两脚必须都有一部分与地面接触，不得移动，直至将球发出。

（3）发球员的球拍必须先击中球托，与此同时整个球要低于发球员的腰部。

（4）击球瞬间，球拍杆应指向下方，从而使整个排头明显低于发球员的整个握拍手部。

（5）发球开始后，发球员的球拍必须连续向前挥动，直至将球发出。

六、场地规格

（1）羽毛球场地应是一个长方形，用宽40毫米的线画出。

（2）场地线的颜色最好是白色、黄色或其他容易辨别的颜色。

（3）所有的线都是它所界定区域的组成部分。

（4）从球场地面起，网柱高1.55米。

（5）网柱必须稳固地同地面垂直，并使球网保持紧拉状态。

（6）网柱应放置在双打的边线上。

（7）羽毛球球网应由深色优质的细绳编织成，网孔为均匀分布的方形，边长15～20毫米。

（8）羽毛球球网上下宽760毫米。

（9）绳索或钢丝须有足够的长度和强度，能牢固地拉紧并与网柱顶部取平。

（10）场地中央网高1.524米，双打边线处网高1.55米。

（11）球网的两端必须与网柱系紧，它们之间不应有空隙。

（12）长13.40米，双打宽6.10米，单打宽5.18米，双打球场对角线长＝14.723米，单打球场对角线长为14.366米。

第十一章 武 术

第一节 武术的起源、发展与概念

一、武术的起源、发展

武术在我国有悠久的历史，缘起于我国远古祖先的生产劳动，人们在狩猎的生产活动中，逐渐积累了劈、砍、刺的技能。这些原始形态的攻防技能是低级的，还没有脱离生产技能的范畴，却是武术技术形成的基础。其发生、发展紧随着整个中华文明的历程，成为中华文化史的一个重要组成部分。

武术萌芽于原始社会时期。氏族公社时代，经常发生部落战争，因此在战场上搏斗的经验也不断得到总结，比较成功的一击、一刺、一拳、一腿，被模仿、传授、习练，促进了武术的萌芽。从现有的考古发现中可以看到，在旧石器时代，已经出现了尖状石器、石球、石手斧、骨角加工的矛。等到了新石器时代末期，又出现了大量的石斧、石铲、石刀和骨制的鱼叉、箭镞，甚至还有铜钺、铜斧等。这些原始生产工具和武器，后来大部分成了武术器械的前身。

二、武术的概念

武术，是打拳和使用兵器的技术，是中国传统的体育项目。在《现代汉语词典》中，武术又称国术或武艺，是中国传统体育项目。其内容是把踢、打、摔、拿、跌、击、劈、刺等动作按照一定规律组成徒手的和器械的各种攻防格斗功夫、套路和单势练习。

第二节 武术基础

一、武术基本功与基本动作

（一）基本功

武术基本功包括腿功、腰功、肩功和桩功等主要内容。腿功表现的是腿部的柔韧性、灵活性和力量等功夫；腰功表现的是腰部灵活性、协调控制上下肢运动的能力和身法技巧的功夫；肩功表现的是肩关节柔韧性、活动范围的大小以及力量等方面的功夫；桩功表现的是腿部力量和呼吸内息的功夫。

1. 正压腿

面对一定高度的物体，左脚跟放在物体上，脚尖勾起，两腿伸直，两手扶按在左膝上，或用两手抓握左脚，然后上体立腰向前下方振压，用头顶尽量触及脚尖。两腿交替进行。

学练要点：两腿伸直，立腰挺胸前压。详见图 11-1。

2. 后压腿

预备式：两足成小八字站立，背部对准适当高度的物体或肋木，两手叉于腰间。

动作说明：右脚立地，直腿挺起，左脚掌绷直使脚背放在物体上，上体稍向右屈伸，缓缓向后做振压动作 5～7 次，再改换左脚立地，举起右脚做同样动作。详见图 11-2。

3. 竖　叉

两腿伸直前后叉开成直线。左腿后侧着地，脚尖上翘；右腿前侧着地，脚背扣在地上，两臂立掌侧平举。两腿交替进行。

学练要点：立腰挺胸，沉髋挺膝。详见图 11-3。

图 11-1　　　　　　图 11-2　　　　　　图 11-3

4. 侧压腿

右腿支撑站立，左脚从体侧放置到一定高度的物体上，脚尖勾起，右臂上举，左掌立于胸前，两腿伸直，腰部挺立，上体向左侧下振压，振压幅度要逐渐加大，直到上体能侧倒在左腿上。两腿交替进行。

学练要点：两腿伸直，开髋立腰挺胸，上体完全侧倒。详见图 11-4。

5. 正搬腿

右腿伸直支撑，左腿屈膝提起，左手扶膝，右手抓住左脚，然后将左脚向前方伸出，直至膝关节挺直，左脚外侧朝前。两腿交替进行。

学练要点：两腿伸直，立腰挺胸，被搬腿的脚尖勾紧。详见图 11-5。

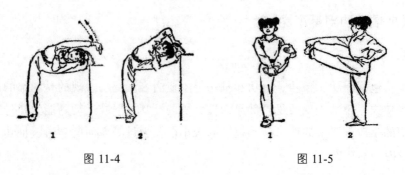

图 11-4　　　　　　图 11-5

6. 仆步压腿

右腿屈膝全蹲，全脚着地；左腿向左侧伸直，脚尖内扣；两手分别抓住两脚脚背，成左仆步；腰部挺直，左转前压。左右仆步交替进行。

学练要点：直腰抬头，一腿全蹲，另一腿伸直，两脚压紧地面。详见图11-6。

7. 劈横叉

两腿伸直向左右两侧叉开下坐成直线，两腿内侧着地。两臂立掌侧平举。

学练要点：髋关节完全打开，立腰挺胸。详见图11-7。

8. 侧搬腿

左腿伸直支撑，右腿从体侧抬起，右手经右小腿内侧绕脚后抱住右脚跟，将右腿伸直，脚尖勾紧。两腿交替进行。

学练要点：两腿伸直，立腰挺胸，身体直立平稳。详见图11-8。

图 11-6　　　　　　　图 11-7　　　　　　　图 11-8

9. 腰　功

（1）前俯腰。

并步站立，两手十指交叉，直臂上举，手心向上；上体前俯，挺胸，塌腰，两手尽力触地。再两手松开，用两手绕过双腿，抱住两脚跟部，尽量使自己的上体、脸部贴紧双腿。

学练要点：两腿挺膝伸直，上体前俯时，挺胸、塌腰、收髋。详见图11-9。

（2）涮腰。

两脚开立，略宽于肩，上体前俯，以髋关节为轴，两臂向左前下方伸出。然后挥动两臂，随上体向前、向右、向后、再向左做翻转绕环。左右涮腰交替进行。

学练要点：两腿伸直，以腰为轴，翻转绕环圆活、和顺。详见图11-10。

（3）下腰。

两脚开立同肩宽，两臂伸直上举；腰向后弯，抬头，挺腰，双手撑地身体呈桥形。

学练要点：两脚支撑站稳，膝关节尽量挺直，腰部后弯上顶，脚跟不能离地。详见图11-11。

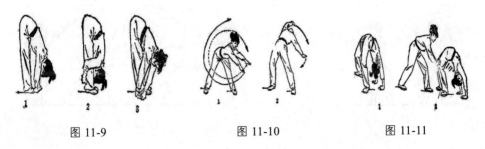

图 11-9　　　　　　　图 11-10　　　　　　　图 11-11

183

10. 肩　功

（1）单臂绕环。

左弓步站立，左手扶按左膝，右臂以肩为轴做直臂的顺、逆时针绕环。两臂交替进行。

学练要点：臂伸直，肩放松，绕立圆。详见图 11-12。

（2）双臂绕环。

开步站立，以肩关节为轴，两臂分别向前和向后做直臂绕环。顺、逆时针绕环交替进行。

学练要点：身体正直，臂伸直，肩放松，绕环协调和顺。详见图 11-13。

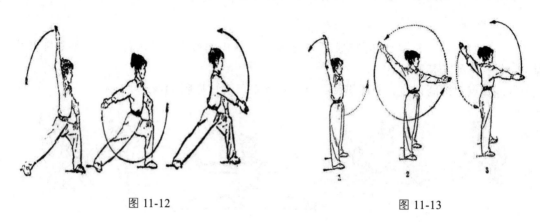

图 11-12　　　　　　　　　　　　　　图 11-13

（二）武术基本动作

1. 摆　拳

动作方法：并步站立。两手成掌，同时从右、向上，经头向左侧平举成立掌，右臂屈时，右掌附于左臂时内侧，上体微向左转，眼看左掌。

学练要点：两臂划圆，至左侧时坐腕立掌，摆臂时两肩放松，身体随之微转。详见图 11-14。

2. 穿　掌

动作方法：预备势：开步站立，成双摆掌。右手成掌，自左向右、向上，经头向右划弧劈掌，使掌指向上，小指侧向右，与眉同高；左手变掌收于左腰间；上体右转45°，右手收至腰间，掌心朝上，左手自腰间向下、向后、向上，经头向右下盖按，屈腕横掌于右肩内侧，手心斜向前下；右手自腰间向左手背上穿出，手心朝上，同时提左膝，上体左转45°，目视右手。

学练要点：一劈、二按、三穿、节奏明显、上体随之转动。详见图 11-15。

图 11-14　　　　　　　　　　　图 11-15

3. 架　拳

动作方法：预备势：并步站立。左脚向左钱方迈出一步成左弓步；左臂屈时使小臂内旋，掌心向上、屈时置于左上方架掌，同时前冲右拳，上体向左扭转，目视右拳。

学练要点：上架时拧臂（内旋）屈肘，上体尽量扭转。详见图 11-16。

4. 上步搂手马步击掌

动作方法：预备式：并步站立. 左脚向左侧上一步，上体左转 90°；左手向左搂手握拳，拳背朝下。上动不停，右腿前上一步成马步；左拳收至腰间，右掌向前推击的同时、上体向左拧转 90°，目视右掌。详见图 11-17。

图 11-16　　　　　　　　　　　　图 11-17

5. 弓步双摆拳

动作方法：右腿伸直，上体左转 45°成左弓步，右拳变掌向下经腹前向右摆，当摆至与左掌同高时，两臂同时向上、经头向左摆至与肩同高成立掌，右掌贴附于左肘内侧，目视左掌。详见图 11-18。

6. 弓步勾手撩拳

动作方法：左腿屈膝，上体右转成右仆步，左手反勾，右手收至左胸前立掌，眼视右侧；上动不停，上体前俯，右手变勾，向右脚面勾搂停于右脚外侧，眼视前下；左腿蹬直，右腿屈膝成右弓步，右臂向后摆，成反臂勾，勾尖朝上，左勾手变掌由后经下向前撩出，掌心斜向上，高于腰平，目视前方。详见图 11-19。

图 11-18　　　　　　　　　　图 11-19

7. 弹踢推掌

动作方法：重心移至右腿、左脚绷脚尖向前弹踢，左掌收至腰间，右勾手变掌向前推击

185

成弹踢推掌，目视右掌。详见图 11-20。

8. 马步击掌

动作方法：左腿下落成马步，右掌收至腰间，左掌向前击出，上体右转，目视左侧；进入第二次练习。详见图 11-21。

9. 插步双摆掌

动作方法：并步站立，左脚向左一步，右腿向左脚后迈一大步成左腿弯曲，右腿伸直后插步，同时两臂向右、向上、经头摆至左侧，与肩同高；左臂伸直立掌，右臂屈肘，右掌立于左肘内侧，目视左掌。详见图 11-22。

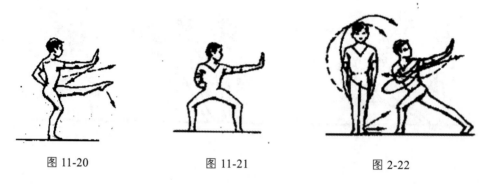

图 11-20　　　　　　图 11-21　　　　　　图 2-22

10. 弓步勾手击掌

动作方法：左脚向左横跨一步，上体右转 90°成右弓步；右掌变勾随转体向右、向后平摆划弧，落于体后成反臂，勾尖朝上；左掌收至腰间，随即向前击掌，目视前方。详见图 11-23。

11. 提膝穿掌

动作方法：右腿伸直支撑，左腿提膝成右腿独立；左臂横肘于胸前，同时右勾手变掌收至腰间沿左背上穿出，掌心向上，掌尖与眉同高；左掌随之收于右腋下，掌心向下；此时上体随之向左转 90°，目视右掌。详见图 11-24。

12. 仆步穿掌

动作方法：右腿屈膝全蹲，左腿伸直成左仆步；左掌下落，用掌尖直插左脚面处，上体微向左转，目视前方。详见图 11-25。

图 11-23　　　　　　图 11-24　　　　　　图 11-25

186

13. 步架掌冲拳

动作方法：左腿弯曲，右腿蹬直，上体左转成左弓步，同时左臂上架，右掌收至腰间变拳，并向前冲出，目视右拳。详见图 11-26。

14. 插步双摆掌

动作方法：右脚向前上一步，左脚向右脚后插步，直腿前脚掌着地，随之上体左转 90°；左臂下落，两手变掌，同时向下、向左、经头向右侧摆，高与肩平，成双立掌；目视右掌，上体前倾。进入第二次练习。详见图 11-27。

图 11-26　　　　　　　　　　　图 11-27

第三节　武术套路

一、少年拳第二套

（一）动作分解

1. 预备势

两脚并拢直立，两手握拳屈肘抱于腰侧，两肩后展，拳心向上，下颌微收，头向左转，目视左前方。详见图 11-28。

2. 抢臂砸拳

（1）左脚向左跨一步，以前脚掌着地，上体右转，左拳变掌向右前下方伸出，掌心向下。详见图 11-29。

（2）上动不停，向左后方转体 180°，同时左手向上、向左、向下绕环屈臂外旋，使掌心向上置于腹前；右手向右后、向上抢起下砸，以拳背砸击左掌心作响，同时右腿屈膝提起，在砸拳的同时下跺震脚成并步半蹲，上体稍前倾。目视前下方。详见图 11-30。

动作要点：转体、绕环、抢臂的动作要协调一致，砸拳与震脚要同时完成。

3. 望月平衡

右脚后撤一步起立，同时右拳变掌，两手左右分开上摆，左手在头左斜上方抖腕亮掌；右手至右侧平举部位抖腕成立掌，掌心向右；左腿屈膝，小腿向右上提贴于右膝窝，脚面向

187

下。眼随左掌转动，在抖腕亮掌的同时向右转头。目向右平视。详见图11-31。

动作要点：抖腕、转头、提腿的动作要同时进行。

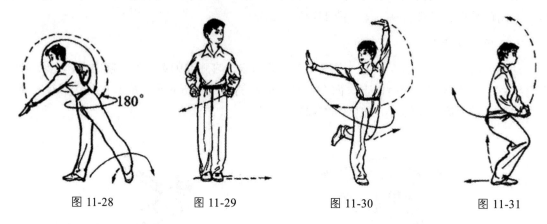

图 11-28　　　　图 11-29　　　　图 11-30　　　　图 11-31

4. 跃步冲拳

（1）上体左转前倾，左腿向前提起，左手向左下后摆至体后；右手以掌背向左下后挂至左膝外侧，掌心均向内，目视左下方。详见图11-32。

（2）左脚向前落步，右腿屈膝向前上提，左脚随即蹬地向前跃出，两臂向前向上绕环摆动，目视右掌。详见图11-33。

（3）右脚落地全蹲，左脚随即落地向前伸直平铺地面成仆步；两臂同时继续由上向右、向下绕环，右掌变拳收抱于右腰侧；左掌屈臂成立掌停于右胸前。目视前方。详见图11-34。

（4）左掌经左脚面向外横搂，同时重心前移，右腿蹬直成左弓步；左掌变拳收抱于腰侧，右拳向前冲出，拳心向下。目视右拳。详见图11-35。

图 11-32　　　　图 11-33　　　　图 11-34　　　　图 11-35

动作要点：跃步要远，落地要轻。跃步时要与两手的动作自然相随。

5. 弹踢冲拳

重心移至左腿，右腿屈膝提起，在膝盖接近水平时，脚面绷平猛力向前弹踢；右掌收抱于腰侧，左拳向前冲出，拳心向下。目向前平视。详见图11-36。

动作要点：弹踢时力点达于脚面，支撑腿可微屈。

6. 马步横打

右脚向前落步，脚尖内扣，左拳收抱于腰侧，右拳臂内旋向右后伸出，在向左转体90°成马步的同时，向前平摆横打。目视右拳前方。详见图11-37。

动作要点：横打与转体的动作要协调一致，并要借转体拧腰的力量打出。

7. 并步搂手

右脚向左脚并拢下蹲，右拳变掌直接向右小腿外侧下搂，至右小腿旁变勾手继续后摆停于体侧后方，勾尖向上。目视右方。详见图11-38。

动作要点：并步与搂手要同时进行，上体正直微前倾。

8. 弓步推掌

上体向左转体90°，左脚前上一步成左弓步；同时右勾变拳收抱于腰侧，左拳变掌向前推出，掌心向前，目视前方。详见图11-39。

动作要点：转体、上步与推掌的动作要协调一致。

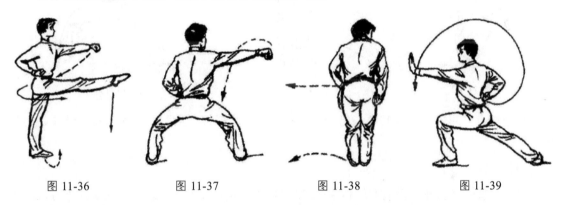

图 11-36 图 11-37 图 11-38 图 11-39

9. 搂手勾踢

（1）右拳变掌经后下直臂向上、向前绕环落于左腕上交叉，同时重心移至左腿。详见图11-40。

（2）上动不停，两臂向下后摆分掌搂手，至体侧后反臂成勾手，勾尖向上，同时右脚尖上勾，脚跟擦地面，向左斜前方踢出。身体随之半面向左转。目视左前方。详见图11-41。

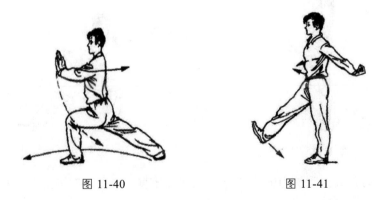

图 11-40 图 11-41

189

动作要点：两腕交叉和分掌搂手的动作要连贯，勾踢时力点达于脚腕内侧。

10. 缠腕冲拳

（1）两勾手变掌前摆于腹前，左手抓握右手腕，右腿屈膝，小腿自然下垂。详见图11-42。

（2）上动不停，右手翻掌缠腕，在向右转体的同时臂外旋用力屈肘后拉于右腰侧抱拳，右脚跺地震脚下蹲，左腿屈膝提起。详见图11-43。

（3）左脚向左侧跨一大步，右脚蹬地随之滑动，两腿下蹲成马步，同时左手变拳经左腰侧向左冲出，拳眼向上。目视左掌前方。详见图11-44。

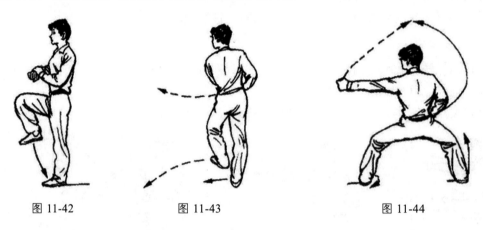

图 11-42　　　　　图 11-43　　　　　图 11-44

动作要点：屈肘后拉与转体、跨步与冲拳要同时，抓握、缠腕、屈肘后拉、转体、震脚要连贯。

11. 转身劈掌

（1）右脚蹬他屈膝上提向右转体90°，随身体直立两拳变掌直接上举，在头前上方以右手背击左掌心作响，目视前方。详见图11-45。

（2）上动不停，继续向右后转体180°，右脚向前落步成右弓步，同时左掌变拳收抱于腰侧，右掌下劈成侧立掌，小指一侧向前。目视前方。详见图11-46。

图 11-45　　　　　　　图 11-46

动作要点：转体以左脚掌为轴转270°，动作要连贯、平稳；右脚落步要下跺并与劈掌动作一致。

190

12. 砸拳侧踹

（1）右脚蹬地屈膝上提，重心移至左腿并向左转体90°，成提膝直立姿势；同时左拳变掌置与腹前，掌心向上，右掌变拳上举至头前上方，在右脚下踩震脚成并步下蹲的同时，以拳背砸击左掌作响。目视右拳前下方。详见图11-47。

（2）右腿直立，左腿屈膝上提，脚尖上勾，以脚跟向左下方踹出与膝盖同高，上体稍向右倾斜；同时左掌变拳收抱于腰侧，右拳上举横架于头前斜上方，拳心向上。目视左方。详见图11-48。

图 11-47   图 11-48

动作要点：砸拳与震脚要同时完成，侧踹要快速有力，身体要稳定。

13. 撩拳收抱

（1）左脚向左落地并向左转体90°成左弓步；右拳由上、向后、向下，以拳面撩出停于左膝前上方；左拳变掌拍击右拳背作响。目视右拳。详见图11-49。

（2）左脚蹬地起立向右转体90°；两臂上举，两手变掌于头前上方交叉，掌心向前。目视前方。详见图11-50。

（3）上动不停，左脚收回与右脚并拢，两掌变拳左右分开后，屈肘收抱于腰侧。头向左转，目视左前方。详见图11-51。

动作要点：撩拳要有力，拍击要响亮，收抱动作要连贯。

图 11-49   图 11-50   图 11-51

第十二章 体 操

第一节 技 巧

一、前滚翻

前滚翻是体操运动的基础动作之一。作为复杂的技巧动作的基础，前滚翻也是一种自我保护的方法。

（一）动作要领

由蹲的姿势开始，两手向前撑地，两脚蹬地（腿伸直），同时提臀，屈臂和低头，使头后部、背、腰和臀部依次着地，当背部着地时，屈膝团身，两手抱小腿，上体迅速紧跟大腿，向前滚动成蹲的姿势。

（二）保护和帮助

保护者跪立在练习者的侧前面。当练习者的头后部将要着地时，一手托颈，当滚翻至臀部着地时，两手顺势托他的背前送成蹲。详见图 12-1。

图 12-1

（三）重点与难点

（1）滚翻时低头、团身。
（2）两臂撑推用力平均，用头的后部着垫，滚动团身紧，顺势起立。

（四）练习方法

（1）首先掌握前后滚动的动作，再学习团身前滚翻。掌握团身前滚翻后，再要求两腿蹬直团身前滚。

（2）为了体会动作要领，可将助跳板放在下面或将垫子铺在斜度大约 10°～15° 的坡地上，由高处向低处滚翻。

（3）根据老师团身前滚翻的讲解示范、保护和帮助的方法，学生分组练习前滚翻动作，互帮互助练习。

（五）易犯错误及纠正方法

（1）团身不紧，身体松散，分腿，导致翻滚速度不够。

纠正方法：

① 垫上做团身滚动，以臀部为支点双手抱小腿，低头含胸。

② 垫上摆动，以臀为支点双手不抱小腿，做到含胸低头，大腿贴胸动作。

③ 两腿间夹物体后倒，解决分腿动作。

④ 垫上后倒直腿收腿练习，练习者在垫上做好直腿仰卧在头顶的动作，强化收腿过程。

（2）蹬地，推手用力不够。

纠正方法：俯卧撑手掌支撑动作练习，要求五指并拢全手掌着地指尖朝前，由于在俯卧撑练习中手掌是人体的最大受力点，练习者会自觉地做到全手掌着地，在有俯卧撑动作体验的基础上，再要求学生收腿成蹲撑动作姿态，学生的蹲撑手掌着地动作就会自然达到要求。

（3）小腿没有紧靠大腿。

纠正方法：强化蹬地后的收腿抱膝练习，要求脚掌落地后与臀部尽量靠近。

二、后滚翻

后滚翻是一种基本的体育动作，可以练习协调性，增强背部、颈部、腰腹部等的肌肉力量。虽然相对于前滚翻，侧滚翻等动作，不是很常见，但其作为体操动作的功效是不可忽视的。

（一）动作要领

由蹲撑姿势开始，身体稍向前移，随即两手臂推地，使身体迅速向后移，接着低头团身向后滚动，同时两手放在肩上、手指向后、掌心向上支撑身体，使臀部、腰和背部依次着地。当向后滚动至肩和头部着地时，两手迅速用力推地，抬头，两脚着地成蹲撑姿势。详见图12-2。

图 12-2

（二）保护和帮助

（1）保护者蹲于练习者侧后方，当练习者滚至肩颈时，一手托肩，一手托背部助滚翻。

（2）保护者站立在练习者侧后方，当练习者后滚至肩颈时，两手扶髋侧部向上提拉，帮助推手和翻转。

193

（三）重点与难点

（1）倒肩、推手。

（2）滚动圆滑成直线

（四）练习方法

（1）团身前后滚翻，向后滚动，两手翻掌放在肩上，同时两肘内夹。

（2）由头手着地蹲撑开始，做迅速推直两臂的练习。

（3）在保护与帮助下完成动作。

（4）斜面上，由高处向低处做后滚翻。

（5）熟练后，可做连续后滚翻，后滚翻接前滚翻，前滚翻两脚交叉转体180°接后滚翻。

（五）易犯错误及纠正方法

（1）身体松散，团身不紧。

纠正方法：用练习方法（1）纠正。

（2）翻臀不足。

纠正方法：用练习方法（3）（4）纠正。

（3）后翻歪斜。

纠正方法：用练习方法（4）纠正。

三、头手倒立

头手倒立是垫上运动内容组合之一。由蹲撑顶、举、蹬、伸展成倒立等技术环节组成，它对体验人体在倒立过程中的身体感受，提高身体控制、平衡能力和发展身体的柔韧、灵敏、协调素质，增强上肢、腰腹肌肉力量有着积极的作用。详见图12-3。

图 12-3

（一）动作要领

（1）由蹲撑开始，两手同肩宽，与头顶前部约成等边三角形撑垫，两肘内夹，提臀，两腿慢慢伸直。

（2）当臀部垂直部位时，一腿上举，另一腿蹬地。

（3）当身体立稳时，并腿伸髋成头手倒立姿势。

194

（二）保护和帮助

（1）保护帮助者站在练习者侧前方，两手扶其腰部，当成头手倒立时，两手改扶小腿。

（2）头手倒立不稳前倒时，低头做前滚翻以自我保护。

（三）重点与难点

（1）控制身体重心的位置，掌握身体的平衡能力。

（2）三角支撑，吸腹、提臀、伸髋。

（四）练习方法

（1）辅助性练习：头放成等腰三角形后在同伴帮助下练习提臀动作，并在同伴帮助下做屈腿头手倒立，再在同伴帮助下练习一脚蹬地一腿上举成头手倒立。

（2）靠墙做头手倒立。

（3）蹲撑，一腿上举，另一腿蹬地，然后做并腿的头手倒立。

（4）蹲撑，两脚蹬地，屈腿做头手倒立。

（5）由分腿立撑开始做慢起头手倒立。

（五）易犯错误及纠正方法

（1）头部和手的位置不成等腰三角形，易接近一线。

纠正方法：在垫上画上等腰三角形标志，体会前额和两手撑垫的位置。

（2）头部着垫的部位不正确，常以头顶部代替前额部位。

纠正方法：练习方法同上，并结合语言提示。

（3）完成头手倒立时，重心不稳，身体晃动。

纠正方法：由蹲撑开始，做屈体的头手倒立，逐渐提高对腰伸直的要求。

四、肩肘倒立

肩肘倒立是一项技巧性活动，对身体的柔韧性、协调性、灵敏性控制、平衡等能力的提高都有明显作用。详见图 12-4。

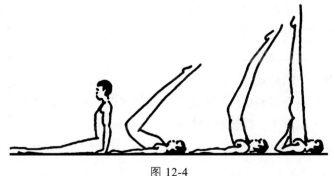

图 12-4

（一）动作要领

（1）坐撑。

（2）上体后倒，收腹举腿。

（3）当脚尖至头上方时，两臂在体侧下压，两腿上伸。

（4）至倒立部位时，髋关节充分挺开，臀部收紧，屈肘手撑背部，停住。

（二）保护与帮助

保护者站于练习者侧方，两手握练习者腿上提，用膝盖顶其腰背部，使其充分伸直。

（三）重点与难点

（1）直腿坐，体前屈及手臂的夹，肘关节的撑和腰背得挺。

（2）肩肘倒立的伸髋、挺腹动作。

（四）练习方法

（1）直立手撑腰做撑腰、夹臂、挺腰背的动作。

（2）坐位体前屈后倒翻臀。

（3）找一名学生做肩肘倒立，教师讲解动作要领及保护方法。

（4）学生在保护和辅助下体会动作，完成肩肘倒立，2人一组，2~3次。

（5）独立完成肩肘倒立，练习3~4次。

（6）完整蹲撑向后滚动成肩肘倒立练习。

（五）易犯错误及纠正方法

（1）双手撑腰两侧、内夹肘不够，导致支撑不稳，立不住。

纠正方法：明确双手支撑的部位和内夹肘的动作要领，可以采用原地站立，练习双手支撑的部位让学生清楚动作的要求。练习两手叉腰的方法，听教师口令向内夹肘。

（2）先撑腰后倒体，后倒困难、失去重心。

纠正方法：练习屈腿的肩肘倒立，明确动作的顺序，增强支撑的稳定性。

（3）后倒时没有蹬展动作，导致立不直。

纠正方法：可以在练习者的展伸上方悬挂一标志物（如小球等），让学生后倒支撑后，用脚尖去碰小球，或帮助者通过双手提拉练习者的双脚，让他们体会蹬展动作。

（4）后倒时含胸，导致双腿、臀部伸不上去。

纠正方法：让学生体会展胸动作，说清楚含胸的错误，明白动作的正确性。

（5）臀部肌肉没有收内夹，导致臀部突出。

纠正方法：2人一组，帮助者两手提练习者踝关节向上，同时一膝抵住腰部，通过语言提示练习者收夹臀部。

第二节 支撑跳跃

支撑跳跃是一项很有价值的体育锻炼项目，它对增强人的体质、全面发展学生身体素质有着重要作用。支撑跳跃又是一项实用性很强的运动技术，学会了支撑跳跃的知识、技术和技能可以为生活中跨越障碍打下良好的基础。

一、动作要领

通过助跑起跳后，身体向前上方跃起，空中紧腰高提臀，两腿向两侧分开，分腿幅度大，用力向下顶肩推手，然后两腿向前制动挺身，抬上体，伸展身体，详见图 12-5。

两臂斜上举，并腿用前脚掌落地，屈膝成半蹲。

图 12-5

二、保护与帮助

（1）站在落点一侧，一手托腹一手扶背。

（2）站在器械前，面对练习者，两脚前后站立，当练习者撑箱的同时，抓练习者上臂，练习者推手后，后撤步帮练习者落地站稳。

三、重点与难点

提臀分腿、推手顶肩。

四、练习方法：

（1）在垫上俯撑，两脚蹬地，提臀收腹，向前成屈体分腿立撑。（逐渐转到高垫上）

（2）在垫上俯撑，两脚蹬地，提臀收腹，同时推手成屈体分腿站，接着向上挺身跳。（逐渐转到高垫上）

（3）一人体前屈，两手撑膝关节处，另一人做分腿腾越。组成一纵队或圆圈连续跳。这既是辅助练习，也是活动性游戏。

（4）俯撑推手，两手离地后快速击掌成支撑，连续练习，体会推手顶肩动作和发展力量。

（5）站在墙前，距离 1 米远，身体前倒，两臂前平举，手掌立起，触墙后用力推手，使身体还原，体会推手顶肩技术。

（6）手撑器械，连续提臀分腿跳，体会提臀分腿动作。

（7）站立，连续分腿屈体跳，体会分腿和发展腿部和腰部力量。

（8）在低器械上练习分腿腾越，体会完整动作及协调配合。

（9）在跳箱两侧放标志、拉皮筋等，练习分腿腾越。

（10）在跳箱与踏板之间放矮障碍物，练习腾空。

五、易犯错误及纠正方法

（1）踏跳不对，单脚起跳。

纠正方法：多练习踏跳技术。

（2）分腿不提臀，两脚碰器械。

纠正方法：练习方法（1）（2）（6）（9）。

（3）腾越时分腿坐在器械上。

纠正方法：

① 加快助跑速度，多练助跑踏跳。

② 练习方法（4）。

（4）分腿腾越时，双腿屈膝勾脚。

纠正方法：

① 在垫上或器械上练习分腿立撑，体会直腿感。

② 练习方法（7）。

③ 语言提示。

（5）踏跳无力，重心过低。

纠正方法：

① 反复练习三至五步助跑踏跳技术，发展腿部力量，体会正确踏跳技术。

② 手支撑器械，连续练习提臀跳起，练习方法（6）。

③ 对墙助跑踏跳推墙。

第三节　引体向上

引体向上是借助于单杠器械发展上肢以及背肌力量的一种锻炼手段。可以发展上肢、腰、背、腹等肌肉群的力量，提高全身肌群的协调能力。详见图12-6。

图 12-6

一、动作要领

1. 开始位置

两臂悬垂在单杆上，两手宽握距，正手握紧横杆，使腰背以下部位放松，背阔肌充分伸长，两小腿弯曲抬起。

2. 动作过程

吸气，集中背阔肌的收缩力，屈臂引体向上至颈前锁骨处，使之接近或触及单杠，稍停2~3秒。然后呼气，以背阔肌的收缩力量控制住，使身体慢慢下降还原。重复练习。

二、保护与帮助

保护者站在杠下，当练习者屈臂拉杠力不足时，可扶腰腿部向上助力。

三、重点与难点

（1）上拉同时立腰、提臀、收腹。
（2）全身肌肉协调用力技术。

四、练习方法：

（1）在单杠上做直臂悬垂、屈臂悬垂、低杠斜身引体、悬垂摆动、低杠仰卧引体（有一人抬腿）。
（2）在单杠上做宽握距的引体向上，双手掌心向前握杠，身体垂悬，屈臂引体向上。每个动作可以做3~4组，每组做8~12个。

五、易犯错误及纠正方法

易犯错误：拉杠时，仰头挺胸，造成上体后仰，上拉困难。
纠正方法：拉杠时，含胸微屈髋，快速上拉。

第四节　瑜　伽

一、瑜伽运动概述

（一）瑜伽的发展

"瑜伽"，来自古老的印度，由梵文"Yoga"音译而来，是东方最古老的强身术之一。相传7000年前，瑜伽修行就开始流传。瑜伽是印度先贤在最深沉的观想和静定状态下，从直觉领悟生命的产物，大多数不熟悉瑜伽的人都以为瑜伽只是一种特殊的运动，实际上瑜伽有很完整的体系，有很深的内涵。它是一套从身体到精神的极其完备的健身方法，它是人与大自然最完美的结合，有强大的生命力。

（二）瑜伽运动的分类

瑜伽经过漫长的发展历程已衍生出很多体系，如传统瑜伽、哈达瑜伽、胜王瑜伽、智慧瑜伽、现代瑜伽、舒缓瑜伽、王瑜伽等。

（三）瑜伽对身体健康的益处

女士练习瑜伽：在动静结合中，塑造形体美，缓解压力，放松全身肌肉，提高身体的协调性和控制能力，调解内分泌。

男士练习瑜伽：帮助男性消除压力与疲倦，恢复精力，调节颈椎与脊椎的问题，调节血脂，并使增强肾脏功能，提升精力。

少儿练习瑜伽：促使少儿的骨骼生长发育，帮助调整正确的坐与站的姿势，培养少儿注意力集中的能力，使少儿身体舒展并给予内脏柔和的促进机能，提高少儿的学习能力。

中老年人练习瑜伽：可帮助老年人的骨骼与肌肉恢复机动性、弹性与活力年轻，恢复内脏与各腺体的机能，以达到养颜抗衰老，并辅助治疗一些老年性疾病。

高血压病人、心脏病人，晚上休息不好，白天感到头晕的人，还有女性在经期时，都不能做瑜伽。因为瑜伽动作体位变化大，特别是头朝下人倒立和做弓形动作时，都会使血液倒流，容易引起心脑供血不足、缺血而导致休克。

二、瑜伽的基本动作

瑜伽的技术种类繁多，本书主要介绍瑜伽的基本呼吸以及基本的核心稳定练习。

（一）瑜伽基本呼吸方法

呼吸是时练习瑜伽的基础，在整个练习过程中，都需要瑜伽呼吸法的配合。瑜伽呼吸法是自然而完全的呼吸，正确的呼吸能给精神和身体带来益处。在开始练习健身瑜伽动作时，重点掌握瑜伽的呼吸法。注意体会胸腔膈肌的运动情况，腹部随着吸气的深入，慢慢隆起，在练习的时候节奏不宜过快，要缓慢进行，同时呼气时也要注意胸腔内器官的变化。

1. 腹式呼吸

仰卧或直背坐立，一手放于腹部。吸气时，把空气直接吸向腹部，如果这步吸气动作做正确，手就会被腹部抬起。吸气越深升起越高。随着腹部的扩张，横隔膜就会下降。而呼吸时，腹部就会向内、向脊柱方向收缩。尽量收缩腹部，把所有的空气呼出双肺，此时横隔膜向上升起。

2. 胸式呼吸

仰卧或直背坐立，深深吸气，但不要让腹部扩张，把空气直接吸入胸部区域。在胸式呼吸中，胸部区域扩张时腹部应该保持平坦。吸气越深，腹部越向内、朝脊柱方向收缩。吸气时，肋骨向外和向上扩张，呼气向下并向内收。

3. 胸腹式呼吸

胸腹式呼吸又称自然完全的呼吸，能给身体提供充足的氧气，并使血液得到净化。此呼吸法可将体内的浊气和废气充分排除，增进内脏器官的技能和体内循环，防止呼吸道感染，还可清澈心灵。具体做法为：缓缓将空气吸入，感觉到由于横膈膜的下降使腹部完全鼓起。肋骨向外扩张到完全开放状态，肺部继续吸入空气，随后温和收紧腹部，腹部慢慢凹陷，感觉肚脐贴向后背，将气完全呼出。

4. 口吸式呼吸

向内吸气一口，两手拇指按向鼻子两侧，口充满气，仰头，屏住呼吸，低头，停住。抬头，放松拇指，通过鼻孔呼气。口吸式呼吸能增强肺活量，集中能量，刺激神经系统。它有站立、坐式、地面（仰卧）站立和前弯、后仰、侧弯、斜面等多种形式。

（二）瑜伽的核心稳定练习

1. 简易坐（图 12-7）

盘坐在瑜伽垫子上，双手掌心向上，手臂自然摊放在膝盖上面，慢慢闭上眼睛，挺直背部。进行深长的缓慢呼吸调整，可以做腹式呼吸，或者按照自己的方式呼吸。

2. 坐颈部伸展（左）（图 12-8）

呼气，颈部向右侧弯曲，右手轻扶头顶，保持呼吸 3 次。面部冲前，舒适的拉长颈部左侧，稳定左肩，微微下沉。呼气，放松右手，立直颈部。

3. 坐颈部伸展（右）（图 12-9）

坐颈部伸展（左）动作一样，方向相反。

图 12-7　　　　　　　　　图 12-8　　　　　　　　　图 12-9

4. 虎式（图 12-10）

利用"简易坐"准备，慢慢睁开眼睛，转向垫子的一侧，以四脚板凳式跪在垫子上。双臂、大腿垂直地面，打开与肩同宽，放平脚背，放平脊柱。吸气，右腿向后上伸展，抬头，胸口打开，呼气，弯曲右膝，靠近胸口，重复此动作。吸气，向上，呼气，收复，低头。

图 12-10

5. 猫平衡（右）（图 12-11）

吸气，右腿向正后方蹬出，脚跟向后，脚趾尖向下。伸左臂向前方，五指张开，用腹部保持稳定，眼睛向前方固定点，保持呼吸 5 次。保持盆骨平整，右脚脚趾间冲向地面，脚掌内侧向后伸展，呼气，放下左手，落回右膝。

图 12-11

6. 猫式扭转（右）（图 12-12）

双膝分开与盆骨同宽，两脚趾回勾，呼气，左手穿过右腋窝下侧向右方伸展，慢慢放下左肩膀和左耳，弯曲手肘，双手合掌。小臂垂直地面，保持自然呼吸，充分扭转胸口。眼睛平视正前方，慢慢打开右肩向上，让胸口转向正右边多一些，呼气，右手着地，推起身体。

7. 猫式扭转（左）

与猫式扭转（右）动作一样，方向相反。

8. 回复山式（图 12-13）

站立垫子上，成山式站立。

图 12-12   图 12-13

9. 流动战士二（右）（图 12-14）

双腿打开，大约两倍肩宽，转右脚尖冲向正右方，左脚尖转向正前方或者微微内扣。吸气，双臂侧平举，呼气，弯曲右膝，小腿垂直地面，吸气，左手轻扶左小腿，右臂靠近右耳向左侧伸展，呼气，右肘轻轻放在右膝盖上，左臂靠近左耳向右侧延伸，重复此流动。吸气，向左边打开，胸口翻转，呼气，向右侧弯，左手靠近左耳，在整个过程中，双腿保持稳定，始终保持小腿垂直地面，吸气，立直脊柱，回到战士第二式。

图 12-14

10. 流动战士二（左）

与流动战士二（右）动作一样，方向相反。

11. 动态幻椅式图（图 12-15）

呼气，双手轻落在左脚两侧，趾尖点地，吸气，收回右脚，双脚脚尖脚跟并拢，呼气，屈膝，臀部向后伸展，吸气，手臂向上斜前方伸展到幻椅式。呼气，双手摆向体后，吸气向上，重复手臂的挥动。呼气向后，吸气向上，呼气，伸直双膝，双手合掌回到胸口。

图 12-15

12. 加强侧伸展式（图 12-16）

山式站立，双手置于骨盆，左脚向后迈开一大步，左脚尖向外 45°，脚跟踩实地面，骨盆转正，立直背部。呼气，双手体后十指相扣，吸气，上提胸口，呼气，从骨盆折叠身体向下，试着让腹部和胸口完全的靠近右腿，整个手臂向前打开，保持呼吸。可以睁开眼睛望向地面固定点保持平衡，收紧双腿肌肉，让骨盆冲向正前方，充分打开肩膀，适度放松脊椎。吸气抬头，手臂带动脊柱，立直背部，呼气，收回左脚，回到山式。

图 12-16

13. 下犬式（图 12-17）

呼气，从腰部开始向前弯曲，膝盖保持挺直，双手手掌分别落于双脚外侧。弯曲膝盖，两腿依次向后腿退一大步（约 1.2 米），双脚平行，分开约 30 厘米，脚趾朝前。肘部伸直，伸展背部，腿部绷直，膝盖不要弯曲，脚后跟下压，脚完全放在地面上。保持这个体式 60 秒钟，深长地呼吸。

14. 半下犬式（右）（图 12-18）

吸气，轻抬脚跟，右腿向后向上提起，半下犬式。右大腿面转向正下方，有力的稳定双肩，右腿与身体同一直线。

图 12-17

图 12-18

15. 辅助半月式（右）（图 12-19）

呼气，屈右膝，右脚向前，迈到两手的内侧，拿一块瑜伽砖，竖起来，放在右脚向前，稍微向外的位置。右手轻扶砖块，左手置于骨盆，重心放在右腿上，慢慢抬起左腿，向正后方伸展，左腿有力上提，伸展左臂向天空到半月式。

图 12-19

保持呼吸，将重心放在右腿上，右手轻扶砖块，双臂垂直地面，抬起左腿蹬向后方，左大腿收紧上提。

16. 大拜式（图 12-20）

呼气，屈右膝，轻轻落下左脚尖，左膝跪地，右膝后撤，臀部坐向脚跟到婴儿式，闭上眼睛，深呼吸 5 次。确定重心落在脚跟上，背部放松，颈部放松自然下沉，双肩、双肘、手腕放松。

图 12-20

17. 半下犬式（左）

与半下犬式（右）动作一样方向相反。

18. 辅助半月式（左）

与辅助半月式（右）动作一样，方向相反。

19. 单腿背部伸展式（左）（图 12-21）

吸气，回到四角板凳式，双膝向前小腿相交，臀部坐向小腿的后侧，双腿伸直向前方回到基础坐姿。屈右膝向外，右脚掌平贴左大腿内侧，脚跟靠近会阴，左脚尖冲上。吸气，双臂向上伸展，呼气，身体向前，双手扶住脚踝或是脚掌，保持深长的呼吸。充分打开左大腿后侧，吸气，手臂向前向上，背部直立。

图 12-21

20. 坐姿腿拉伸（左）（图 12-22）

呼气，双臂落回体侧，弯曲左膝，调整右膝盖冲向正前方，双手扶住左脚脚跟，吸气，慢慢伸直左膝盖，做不到的话，可以双手向下扶住脚踝或者小腿，在一个适当的位置，慢慢伸直左膝。吸气，胸口向上伸展，呼气，轻轻地将左腿靠近身体更多，眼睛看向左脚尖的方向，保持呼吸 5 次。尽量伸直膝盖，双肩微微下沉，让颈椎轻柔的放松，呼气，放松双手，落下左脚，伸双膝向前，回到坐姿。

21. 单腿背部伸展式（右）

与单腿背部伸展式（左）动作一样，方向相反。

22. 坐姿腿拉伸（右）

与坐姿腿拉伸（左）动作一样，方向相反。

23. V 字平衡式（图 12-23）

屈双膝，双腿靠近骨盆，膝盖分开，双手从膝盖的内侧，用食指勾住两脚的大脚趾，将脚跟抬离地面，保持平衡。吸气，伸直双膝，双腿打开向两边，做不到的话微屈双膝保持，收住核心力量，收住大腿肌肉，眼睛看向正上方，保持自然呼吸。保持脊柱向上伸展，肩关节松弛，最后一次呼气，屈膝，落下双脚，双膝伸展向前方。

24. 仰卧伸展式（图 12-24）

背部向后，慢慢仰卧在垫上。吸气，双臂举过头顶，落向地面，掌心向上，充分地深呼吸。吸气，想象你的手臂向头顶的前方伸展，双脚向下伸展，把身体向两端拉长，感受腹部肌肉的伸展。

图 12-22　　　　　　　图 12-23　　　　　　　图 12-24

三、练习瑜伽注意事项

（1）空腹练习，一般饭后一个半至两个小时后练习。

（2）练习前要如厕，排空肠道膀胱。

（3）练习后过一个小时再进食。

（4）练习后半个小时之后或者等汗干后可洗澡。

（5）要穿合身的吸汗透气的麻质或棉质服装，以便做体式赤脚练习。

（6）女性生理期根据自己的体能做练习，但是要避免做倒立、拉伸腹部的动作。

（7）为了习练的安全与方便，练习前请去除身体的一切饰物，包括锋利的耳环、项链手链。

（8）练习瑜伽过程中不可大口饮水，期间可以小口啜饮少量水，保证不影响练习效果。

思考题

1. 为什么我们的设计师把车轮设计成圆形而不是其他形状？

2. 前滚翻这个动作可以分几个部分？有哪些易犯错误？

3. 在后滚翻练习中怎样使身体团紧？

4. 等腰三角形的性质是什么？如何运用到头手倒立动作中？

5. 在直腿坐后倒双脚夹球向后传球的接力游戏中的动作为何不稳定？什么图形最稳定？

6. 在支撑跳跃动作中，起跳和腿、手的作用是什么？

7. 引体向上的作用和特点是什么？如何在日常生活中锻炼？

8. 请详细说明瑜伽对身体健康有什么益处？

9. 瑜伽的呼吸方法有哪些，请分别解释？

10. 详细说明练习瑜伽的注意事项有哪些？

第十三章　体育游戏

一、体育游戏导语

体育游戏的形式活泼、有趣，种类繁多，能极大地满足学生好动、好奇和追求新异刺激的心理特点，深受学生喜爱。在体育游戏中，学生不受任何压抑，完全沉浸在欢乐中，在情绪昂然中得到锻炼。体育游戏在教学中有效应用拉近了学生与学生之间的距离，发展他们各方面的素质，使其身体在愉悦中得到了较好的锻炼，同时提高了他们的内在修养、思想品质，发展了思维。

二、体育游戏的起源

在人类生活中，存在着一种十分普遍的社会现象，即人们怀着轻松愉快的心情，自愿参加各种健身和娱乐活动，他们既不受学校体育教学所特有规定的严格限制，也不追求竞技体育中高水平的运动成绩，甚至有的也不主要为了强身祛病，而是以此作为一种有意义的活动形式，度过自己的闲暇时间，使个人在精神和身体上都得到休息、放松和享受，这就是人类特殊的社会实践活动——游戏或体育游戏。体育游戏是从游戏中发展和诞生出来的一个分支，是游戏的重要组成部分，一般认为，体育游戏是以游戏为活动形式，以促进身心全面发展为目的，按照一定规则进行，具有浓厚娱乐气息的身体练习和思维练习的方法。体育游戏具有教育性、趣味性、群众性、竞争性、社会性、动态性、可靠性、创造性等特征，它融体能、智能、技能为一体，人们既可在娱乐中趣味的竞争，同时也在竞争中体验着愉悦，可以说，体育游戏在意志、育德、健体、促美、愉悦等方面的价值，正日渐被人们所认可而备受青睐，特别是 20 世纪 90 年代以来，随着人们必要工作时间的不断减少，自由活动时间的增多，人们纷纷走向户外，回归大自然，选择各种丰富多彩、绚丽多姿的体育游戏活动来丰富自己的闲暇生活，去构建自己的现代生活方式，参与各种体育游戏，已经为人们的正当权利和要求，成为一种追求的时尚，成为人们社会生活中不能离开的内容。体育游戏正成为人们充实自我、肯定自我、展示自我、体现人生意义的一个重要方面，人们对体育游戏的选择和参与，已形成了一种宏大的态势。

三、体育游戏教学注意事项

首先，加强体育游戏的针对性。体育教师须端正教学理念，明确体育游戏是为体育教学服务的。选择的游戏要符合体育教学的目标、任务、内容等。此外，教师选择的体育游戏须贴合学生的实际生活。因此，在挑选、确定游戏时须具备针对性、目的性。建议以教学任务、学生主体差异性（兴趣爱好、运动能力、身体素质等）、游戏条件（器材、气候、场地等）等为参考依据确立体育游戏。

其次，注重体育游戏的科学性。游戏的应用，须尊重学生的主体地位，且循序渐进。从教学角度来看，游戏的确定须与学生的身体素质，兴趣爱好、运动能力等有机结合，以体现游戏的公开性。在体育教学实践中，教师应充分考虑学生的年龄层。对不同年级提供不同的体育游戏。或者同一游戏在不同年级中设置不同要求。例如：低年级的学生可以进行单纯的跳绳，高年级学生可以进行跳绳接力。相较低年级学生，高年级学生协调能力、学习能力等比较强，适宜参与跳绳接力游戏。值得注意的是，在进行游戏分组时须严格遵守"同组异质、异质同组"原则。

再次，确保体育游戏的安全性。游戏是辅助教学手段，务必要确保其安全性。通常，组织疏松、游戏准备不足、重视力度不够等极有可能造成伤害事故。由此可见，须加大对体育游戏的关注力度，如活动开展前检查游戏而地是否平整、游戏基础设是否安全、游戏难度是否适中，并采取有效措施，以降低伤害事故发生的概率。此外，在开始游戏前须做好准备活动，以防出现肌肉拉伤、关节扭伤现象。

最后，注重体育游戏的规则性。规则的制定、执行对保证体育游戏顺利进行、竞赛公平具有重要的意义。如跑动、投掷体育游戏，其存有很大的安全隐患。因此，在实际运用中必须对游戏正确动作规则作出详细的说明，以防出现伤害事故。当然，规则在保证学生安全的前提下，应给学生预留充足的自由发挥空间。

第一节　球类游戏

一、圆圈追传

（一）游戏目的

（1）通过本次游戏的教学，使学生进一步掌传球动作的技术，提高传球的速度及应变能力。
（2）培养学生身体正确姿势和灵敏、协调等身体素质。
（3）发展学生的下肢力量及团结协作的集体精神。

（二）游戏准备

进行器材准备，器材篮球备好后，根据人数多少，画一个相应半径的圆。将人数均匀地分布在圆圈上，保持间隔距离，人数要成双数，先指定两对称站位的队员各持一球。教师站于圆心上，负责发信号，随时改变传球方向。详见图13-1。

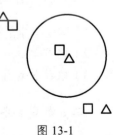

图13-1

（三）游戏方法

游戏开始，持球队员根据教师的信号，即举左手，向左传球，举右手，向右传球。

（四）游戏规则

如此传球一定时间，看是否出现两球集中传给一个人，如发生一个队员要接两个球，该队员将在游戏结束后，受到一定的判罚。

二、运球绕障碍

（一）游戏目的

通过各种练习手段，使学生进一步理解和巩固篮球正双手胸前传接球技术，通过游戏，发展学生的爆发力、速度等身体素质。

（二）游戏准备

准备器械篮球，参赛队员分甲、乙两组分别站在起终点线后成一路纵队，比赛开始甲组第一名队员运球至乙组将球交给乙组第一名队员，乙组第一名队员接球后迅速向甲组运球并将球交给甲组第二名队员，依次进行，以先完成的队为胜。详见图 13-2。

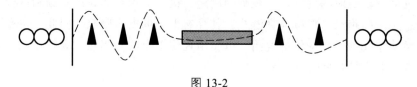

图 13-2

（三）游戏方法

注意运球技术的规范性，传接球时机与整体配合意识。

（四）游戏规则

（1）不得抱球跑。
（2）不得扔球。
（3）在运球过程中，球掉了，须把球带回掉球的位置才可继续进行。
（4）接球队员须站在起始线后接球。

三、协同作战

（一）游戏目的

（1）锻炼学生的协调能力。
（2）培养学生不畏困难、勇于克服困难的品质。
（3）培养学生团结合作的精神 。

（二）游戏准备

准备器械排球，参赛者背对背，互相挽住对方的手臂，中间夹一排球，站在起跑线后。

比赛开始后，二人迅速侧身向前跑，绕过标志物跑回将球交给后面的队员，依次进行，以先跑完的队为胜。

（三）规　　则

（1）不得松开手臂。

（2）球若掉下必须拾起重新开始。

（3）在运球过程中，球掉了，须把球带回掉球的位置才可继续进行。

四、巧运乒乓球

（一）游戏目的

（1）锻炼学生的手指活动能力。

（2）培养学生不畏困难、勇于克服困难的品质。

（3）培养学生团结合作的精神。

（二）游戏准备

准备器械筷子、乒乓球、盆子、凳子，在起点放几个凳子，几个盆子，若干乒乓球，凳子之间间隔4～5米，在目的地放两个凳子、一个盆子。起点至目的地的距离为10米。

（三）游戏方法

（1）两个班级或两个代表对各出参赛队员，每人每次轮流用筷子从盆子中夹一个乒乓球运送到另一个盆子中。

（2）运送途中乒乓球掉了，可以再夹起来，直至送到目的地。

（四）游戏规则

（1）乒乓球如果在途中掉了，只能用筷子夹，不可以用手帮忙夹，否则视为犯规，此队输掉比赛。

（2）在不违规的情况下，先完成的组获胜。

五、大丰收

（一）游戏目的

（1）发展学生的动作速度素质和灵敏性、协调性。

（2）培养学生分析问题和解决问题的能力。

（3）体验集体活动和个人行为的区别，培养合作精神和良好的人际交往心理。

（二）游戏方法

准备器械塑料筐、网球，一人站在投掷线后负责投球，其余人腰间系一塑料筐站在直径1米的圆内用筐接投出的反弹球，最后累计五人接球总和的多少判定名次。

（三）游戏规则

（1）不许出圈。

（2）必须用筐接。

六、地滚球

（一）游戏目的

训练传接地滚球技术，提高进攻配合意识。

（二）游戏准备

场地布置以一个篮球场作为小"足球"的场地，以端线中点为圆心，5.80米为半径划弧（用虚线表示），在限制区的斜边和端线交界处放二只立柱作为球门柱，在圈顶划一条长2米平行于端线的线作为罚球线。将人数分为相等的两队，各队推派一名队员担任守门员站在球门区内（球门区是指虚线内的区域）。详见图13-3。

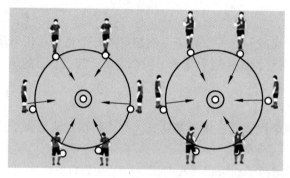

图 13-3

（三）游戏方法

游戏以挑边开始，确定进攻队后，双方分别站于距中线3米左右，进攻一方以手代足相互传递地滚球，并设法射门得分，规定射门高度不得高过腰部，防守一方则设法阻截，争取获得球以守转攻，游戏以规定时间内得分多队为优胜。

（四）游戏规则

（1）准传地滚球，不得运球或采用其他传球方法，不准走步，发生以上情况为违例，由对方掷边线球。

（2）射进一只球得一分，得分后对方在中场发球。

七、角篮球

（一）游戏目的

训练在有防守情况下的传球技术，提高传球的配合意识。

（二）游戏准备

在篮球场上进行。场地的布置以球场两对角顶为圆心，分别以 2 米和 3.5 米为半径在边线和端线上取两点，连接两点构成两个区域，三角形区域为接球区，另一区为防守区域。将人数分为相等的两队，每队推选一名学生站于接球区域内担任接球员。详见图 13-4。

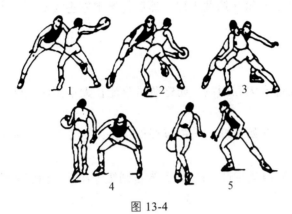

图 13-4

（三）游戏方法

游戏以中圈跳球开始，跳球时的站位方法同篮球比赛，得球队进攻。游戏规定只准传球不得运球，进攻队进行传球配合设法传球给本方接球队员，防守队则设法阻拦和断截球转守为攻，如此两队相互攻守，游戏以接球员在接球区接到球得一分，在规定的时间内以得分多的队为优胜。

（四）游戏规则

（1）接球区除接球员外，攻守双方均不得进入，进入者为违例。攻方违例得分不算，守方违例根据直接影响得分的判攻方得一分，不影响得分的继续比赛。

（2）如发生运球、走步，持球被紧逼违例等均由对方掷边线球。

（3）为制止过多犯规，犯规达三次判对方得一分，得分后在端线外掷界外球。

八、攻旗战

（一）游戏目的

通过各种练习手段，使学生进一步理解和巩固篮球正双手胸前传接球技术，通过游戏，发展学生的爆发力、速度等身体素质。

（二）游戏准备

画直径为 3 米、8 米的两个同心圆圈，小圆圈内均匀插上四面高约 1 米的旗帜。详见图 13-5。

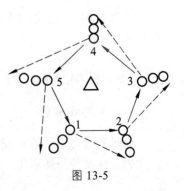

图 13-5

213

（三）游戏方法

将学生分成人数相等的两队，每队选派 2 人共 4 人进入大小圆圈之间作为防守队员，其余队员站在大圆圈外作为进攻队员。发令后，进攻方通过传接球配合（本队攻防队员之间可相互传接球）最后由站在大圆圈外的本方进攻队员向插旗投击，设法击中插旗；对方防守队员则设法阻挡进攻击中插旗并抢截来球，然后传给本方进攻队员变为进攻方。在规定时间内以得分的多少定胜负。

（四）游戏规则

（1）进攻队员不能进入大圆圈内，防守队员只能在大小圆圈之间活动。比赛停止时经裁判同意攻守位置可交换。

（2）由一方防守队员开始发球，击中旗杆得一分，一方得分，则由对方防守队员发球重新开始。

（3）如球停在小圆圈内或越过大圆圈 2 米远则暂停比赛，由裁判将球交由停止时的防守方发球。

九、春种秋收

（一）游戏目的

学生掌握正确的运球动作，并注意运球和脚步移动的配合，培养学生持之以恒的精神和斗志。

（二）游戏准备

塑料筐、排球、垒球、网球。

（三）游戏方法

参赛队员成一路纵队站在起跑线后，比赛开始，第一人跑出将大筐内的三个排球、一个垒球和一个网球抱出跑向前方，将球分别放入小筐后跑回，击掌后第二人出发，将球从小筐内取回放入大筐，依次进行，以完成好且用时少的队为胜。

（四）游戏规则

不得抢跑、要按指令行动、不得替跑，应按规范动作跑、不按规范动作进行者相应加 5 秒罚时。

十、球类沙龙

（一）游戏目的

通过各种练习手段，使学生进一步理解和巩固各种球类技术，通过游戏，发展学生的协调能力、速度等身体素质。

（二）游戏准备

准备器械足球、篮球、排球、网球、毽球、乒乓球、塑料筐。参赛各队成一路纵队站在起跑线后，起跑线前每隔 5 米放置一个筐，筐内依次放置足球、篮球、排球、网球、毽球、乒乓球等器械。

（三）游戏方法

要求队员每经过一处要用颠、拍、 垫、踢等方法击打各类器械 5 次。

（四）游戏规则

比赛采用接力形式进行，先完成的队为胜。

十一、控制传球

（一）游戏目的

训练在有防守情况下的传接球能力，提高传球的隐蔽性、准确性。

（二）游戏准备

器材准备篮球，在一个篮球场上进行。先指定两名队员担任裁判员或教师担任裁判员，其余学生一分为二，人数相等，一组手臂上缚上红带子以示区别。

（三）游戏方法

游戏从中圈跳球开始，得球队设法在本队相互传球而不失球，对方则积极采用各种方法进行抢断球，游戏规定只准传球，不准运球，两队员间最多连续传球两次。如此，一个队能连续传球次数达二十次的得一分，得分后由对方在端线掷界外球。当发生运球或两人相互传球达三次情况时，裁判员应鸣哨宣判违例，由对方在就近边线外掷界外球，游戏以规定比赛时间内得分多的队为优胜。

（四）游戏规则

发生走步、运球、相互传球超过两次情况为违例，由对方掷边线球。为限制在防守时发生粗野动作，规定该队犯两次时对方得一分。

十二、运球接力

（一）游戏目的

学生掌握正确的运球动作，并注意运球和脚步移动的配合。培养学生持之以恒的精神和斗志。

（二）游戏准备

器械准备篮球，把学生分成人数相等的两个组，每组成一路纵队站到起跑线后，排头各持一个球。详见图 13-6。

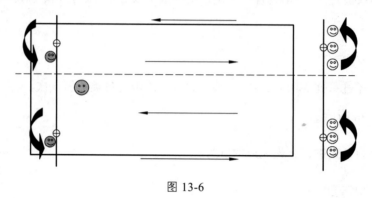

图 13-6

（三）游戏方法

游戏开始，排头绕过障碍物运球，往返后交给第二个人，用同样的方法运球。依次进行，先结束的队为胜队。

（四）游戏规则

（1）必须绕过障碍物，用变向换手运球的方法进行。
（2）运球失误时，从失误地点重新开始运球。
（3）不得持球跑。

十三、"成语"投篮接龙

（一）游戏目的

（1）学生掌握篮球运球、罚球线投篮的方法，通过学生在上课中进行练习，培养学生的协调能力和动脑能力。
（2）使 85%的学生掌握篮球运球、投篮技术动作。
（3）培养学生勇敢顽强、不畏艰难的优良品质，适当的球类和脑力游戏结合活动可以提高学生对体育的热爱。

（二）游戏准备

篮球，做好准备活动。

（三）游戏方法

把同学分为人数相等的两队，两队分别站在篮球场的对角底线，游戏开始后，每队依次运球至中圈，答完成语后运球至罚球线投篮，进球后运球至下一名队员，运球时注意安全，以免受伤。详见图 13-7。

图 13-7

（四）游戏规则

（1）两队队员跑动过程中不能互相干扰。

（2）投球时不能起跳，不能进罚球线。

第二节　接力游戏

一、迎面接力

（一）游戏目的

（1）通过本次游戏的教学，使学生进一步掌传递接力棒的动作的技术并发展下肢的弹跳能力，着重练习右手传递接力棒的两人配合动作。

（2）培养学生身体正确姿势和灵敏、协调等身体素质，游戏重点提示两人传接棒的动作配合和跑的规定路线。

（3）发展学生的下肢力量及团结协作的集体精神。

（二）游戏准备

准备器材接力棒。

（三）游戏方法

接棒人站在起跑线后男生、女生相距30米成一路纵队相对站立，教师发令后，男生第一传棒人以右手将棒竖起，右手持接力棒迅速向女生跑去，女生右手前伸准备接棒，接棒人握棒后部，男生自己站到女生排尾。女生第一人持棒跑向男生，将接力棒传递给男生第二人，站到男生排尾。如此依次进行，每人跑一次，以先跑完的队为胜。详见图13-8。

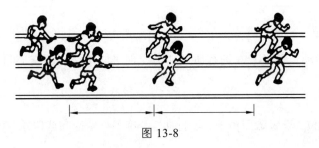

图 13-8

（四）游戏规则

（1）教师没有发令或击掌不许起跑，起跑前不许推拉人。

（2）传递棒时不准抛，传棒失落由传棒人拾起继续进行。

（3）必须右手传递接力棒。

二、"十字"接力

（一）游戏目的

提高奔跑速度，培养学生互相合作的精神.

（二）游戏准备

准备接力棒，画一个直径 10～15 米的圆圈，通过圆心再画两条互相垂直的线组成一个"十"字，十字线延长到圈外 1 米，作为起跑线。详见图 13-9。

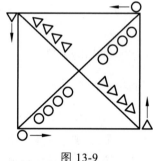

图 13-9

（三）游戏方法

将游戏者分成人数相等的四队，在圆内成单行站在十字线上，各自面向圈外的起跑线。各排头手持接力棒站在起跑线后。教师发令后，各队第一人沿圆圈按逆时针方向奔跑，各队第二人在第一人将要跑完一圈回到起跑线时，即站到起跑线后等待接棒。第一人将棒交给第二人后，自己站在本队队尾。依次进行，以先跑完的队为胜。

（四）游戏规则

（1）跑时不得跨进圆圈或踏线。

（2）接力棒如掉在地上，必须拾起再跑。不允许抛棒。

（3）超越别人时，必须从外侧（右边）绕过，不得推人、撞人。

（4）完成递棒后，必须迅速离开跑道，不得妨碍别人。

三、蒙眼障碍走接力游戏

（一）游戏目的

集体参加游戏活动，通过游戏训练协调能力，促进同学之间的交流与沟通。

（二）游戏准备

主持人、裁判就位，设置障碍椅子，设置起点，准备好蒙眼布或眼罩、沙包。详见图 13-10。

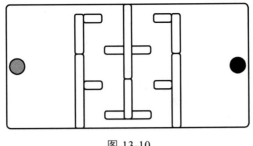

图 13-10

（三）游戏方法

每次两组选手同时比赛，每组 4 名选手。

（1）两组参赛选手分别站在起点，三名选手帮另一名选手蒙住双眼，并指挥其前进。

（2）选手蒙眼后，由工作人员将每组的两把椅子摆放到蒙眼选手前进的路上。

（3）发出开始指令后，蒙眼选手出发，行至第一把椅子后，拿取放在椅子上的沙包，绕椅子一圈，再行至第二把椅子，拿取沙包后绕行一圈后原路返回，返回时需再绕一圈第一把椅子，然后冲向终点（起点），将 2 个沙包交给工作人员，将眼罩交给第二名选手。

（4）第二名选手蒙眼后继续按第一名选手前进规则前进，依此类推。

（四）游戏规则

（1）每位选手戴好眼罩后，行进过程中，工作人员可对椅子位置在一定范围内进行调整。

（2）行进过程中沙包掉地上，须捡起；将椅子碰倒的，扶好后才能继续前进，累计计时最短者获胜。

（3）行进过程中须按规则绕椅子。

（4）选手戴眼罩须规范。

四、跑过"独木桥"

（一）游戏目的

发展跑的速度，提高准确性，培养学生的勇敢精神。

（二）游戏准备

画两条相距 10 米的平行线，一条为起跑线，一条为终点线。在起跑线和终点线之间，分别设置两条相距 30 米厘米的平行线，象征"独木桥"。

（三）游戏方法

将游戏者分成人数相等的两队，成纵队站在起跑线后。各队排头对准独木桥站立。听到教师发令后，排头迅速跑过"独木桥"跑过终点线，返回，击第二人的手掌。第二人开始跑，按同样方法进行，依次类推。速度快而又未掉下"桥"的游戏者得 1 分，以累积分多的队为胜。详见图 13-11。

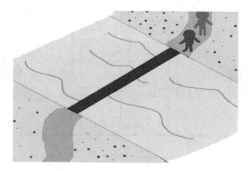

图 13-11

（四）游戏规则

（1）后面的人击掌后再跑，但击掌前不能踩线。

（2）过"独木桥"时，掉下桥者扣1分，踩线者即为掉下桥。

五、齐心协力

（一）游戏目的

（1）使学生掌握游戏方法和游戏规则。

（2）培养学生动作的协调性和灵活性，增强上下肢的力量。

（3）培养学生克服困难的意志品质和齐心协力的精神。

（4）让学生增加集体荣誉，增加学生远程跑的能力，培养学生的坚持不懈的意志力。

（二）游戏准备

准备布条或木板。

（三）游戏方法（图 13-12）

参赛队员成一路纵队，后面的队员的手抱住前面队员腰部，前后队员双脚绑在两块板上。比赛开始。每分钟走多少步，三人要统一，注意起步时要由慢到快，几步之后要稳定在一个频率上。每一步行进的距离要一致，不然很容易摔倒。注意训练时大步子的要改小，小步子的要改大。队员们单脚向大步迈跃前进，以排尾跳过终点线为比赛结束，时间少者为胜。

图 13-12

（四）游戏规则

队伍从哪断开必须从哪接好，不得提前跑。

六、二人三足赛跑

（一）游戏目的

（1）使学生掌握游戏方法和游戏规则。
（2）培养学生动作的协调性和灵活性，增强上下肢的力量。
（3）培养学生克服困难的意志品质和齐心协力的精神。
（4）让学生增加集体荣誉，增加学生远程跑的能力，培养学生的坚持不懈的意志力。

（二）游戏准备

布带子两条、小旗两面，在场地画一条起跑线，在线前 20 米处并排插两面小旗。

（三）游戏方法

教师可将学生分成人数相等的两队，各成两路纵队（两人一组）站在起跑线后。各队第 1 组用布带子把两人的异侧脚（一人左脚、一人右脚）的踝关节绑在一起，互相搂肩，准备起跑。游戏开始，教师发令后，各队第 1 组立即向前跑，绕过小旗跑回起跑线，把布带解开交给第二组。游戏照上述方法依次进行，每人轮流跑一次，最后以先跑完的队为胜。详见图 13-13。

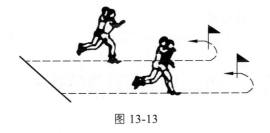

图 13-13

（四）游戏规则

（1）必须在起跑线后把脚绑好，不准抢跑。
（2）若中途带子散开，应在原地绑好后继续跑。

七、解脱接力

（一）游戏目的

（1）培养学生动作的协调性和灵活性，增强上下肢的力量。
（2）培养学生克服困难的意志品质和齐心协力的精神。

（二）游戏准备

把游戏者分成人数相等的两队。每队各派一人站在同一端线两侧，余下的学生各成一路纵队站在另一端线后方。详见图 13-14。

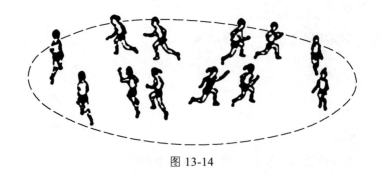

图 13-14

（三）游戏方法

比赛口令发出后，两排头跑到中线处，两大拇指套入绳端圆圈内握好，左（右）腿从左（右）臂外侧插入绳后，接着右（左）手将绳从头上绕至背后并抽出右（左）腿。绳子放回原位后跑到对面端线，与同伴手拉手（异侧手勾握）左腿或右腿跨越过手，接着右（左）腿抽出，并接替原来人的任务。原来人跑回起点，与第二人击掌后，至队尾休息。第二人接到击掌信号后，做同样动作。如此依次进行，先做完的队为胜。

（四）游戏规则

（1）不得抢跑，应按老师发出的指令行动。
（2）不得推搡队员，应注意安全。

第三节　综合类游戏

一、运沙包投篮

（一）游戏目的

发展学生的腿部韧带及身体的协调性，培养其坚韧不拔、坚持不懈的精神，提高学生的下肢力量和动作的协调性及团结协作精神。

（二）游戏准备

准备好沙包、纸篓。

（三）游戏方法

各队成一路纵队站在起跑线后，排头两脚夹一沙包准备。比赛开始，采用双脚跳跃的动作出发，跳到 15 米远处时双脚夹着沙包起跳，将沙包投入纸篓跑回，依次进行，先完成的队为胜。详见图 13-15。

图 13-15

（四）游戏规则

只能用双脚投篮，每投进一球，总时间减掉两秒。

二、贴膏药

（一）游戏目的

加强学生之间的团结合作精神，发展学生的灵敏性、灵活性。提高学生的快速奔跑能力。

（二）游戏准备

学生成两路纵队围成一个大圆圈，圆圈越大越好，前后两个人为一组，前后站立。

（三）游戏方法

抽出一组或者几组同学，（组数根据参加游戏人数而定）让他们两个人通过划拳决出胜负。输的追赢的，赢的同学在跑的过程中要跑在任意一组同学的前面，算是贴上膏药。贴在某同学前面，这个同学后面的同学要跑，输的同学要继续追赶这个同学后面的人。只要碰到他任何一个部位，就算赢，那么他就追你。你在贴其中任意一组同学前面，以此类推。详见图 13-16。

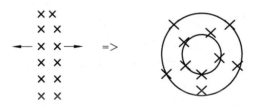

图 13-16

（四）游戏规则

一个人追的过程中，两人不得离开队伍太远，被追的那个人必须正正当当地贴在同学前面，不能在左前方或者右前方，贴上后，后面的人才能跑。不能看跑的那个人将要贴在前面，就提前跑，追的那个人如果碰到了你，你就不许再贴别的同学，而反过来追他。

三、穿城门

（一）游戏目的

发展速度素质，提高快速反应能力，培养学生齐心协力的集体主义精神。

（二）游戏准备

画两条相距 10 米的平等线。详见图 13-17。

绕过标杆　　　　　　钻过栏架

图 13-17

（三）游戏方法

将游戏者分成人数相等的两队，成纵队站在起跑线后，各队选出两人分别到起跑线前 10 米处，两人内侧手相拉举，搭成一个"城门"，面对本队游戏者。教师发令后，各队迅速拉手前跑穿过"城门"，绕"城门"左侧再返回起跑线后，以最后一人过为准，先跑完的队为胜。

（四）游戏规则

（1）游戏者必须成一路纵队跑，否则判失败。
（2）游戏进行时，游戏者之间不准松手。
（3）"城门"不准随便移动，否则判本队失败。

四、穿越时空

（一）游戏目的

（1）提高学生的动作速度素质和灵敏性、协调性。
（2）培养学生分析问题和解决问题的能力。
（3）体验集体活动和个人行为的区别，培养合作精神和良好的人际交往心理。

（二）游戏准备

备好体操垫。

（三）游戏方法

每个队 7 名队员在起点线后依次排成一竖列，以双手双脚支撑，成拱桥状，形成一个"隧道"。第一名队员以双手双脚支撑地面穿过"隧道"后，站在队伍前面又形成"隧道"，第二名队员开始，如此循环往复，比赛中以每名队员穿过"隧道"两次为结束，以用时的多少决定名次。

（四）游戏规则

队员在穿越"隧道"时不能脱离"隧道"或"隧道"不能坍塌，每错一次记犯规一次，在总成绩中加罚 3 秒。

五、击掌传人

（一）游戏目的

培养学生机敏、灵活的品质，相互配合的精神，同时也培养学生短跑的素质，为进行短跑训练做好准备。

（二）游戏准备

活动开全身各关节。

（三）游戏方法

每组 4 个人，分别代号 1、2、3、4，如果老师喊口令 1 时，1 号同学分别击 2、3、4 同学的手掌，并且喊同学的代号，然后跑进圈内，若分成 6 组，头四个跑进圈内算胜利者，余下两个是失败者就要表演节目。详见图 13-18。

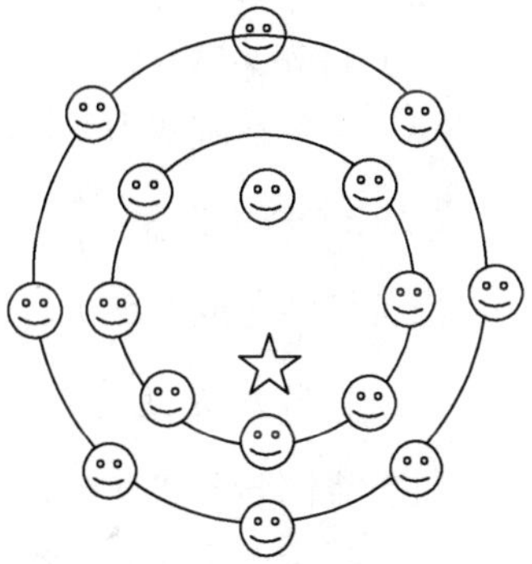

图 13-18

（四）游戏规则

（1）一定要拍余下三个同学的手掌，并喊代号。
（2）除 4 号以外，一定要围着场地绕过 4 号同学跑进圈内。否则，算是失败者。

六、仰卧起坐比快

（一）游戏目的

发展仰卧起坐的力量、速度、耐力。

（二）游戏准备

备好垫子。

（三）游戏方法

身体仰卧，两手手指交叉置于脑后抱头，两腿屈膝，大小腿成直角，由同伴按住双脚。动作时，收腹屈背，上体前倾坐起，两肘内收触及双膝，然后再成仰卧预备姿势。比赛时，按脚的同学计数，一人发令并计时间。可做 30 秒至 1 分钟，在此时间内看谁做得多，多者为胜。详见图 13-19。

图 13-19

（四）游戏规则

比赛时动作要准确，不准确的动作不计次数。听发令开始比赛，听统一口令结束。

七、丢沙包（打毽子）

（一）游戏目的

（1）娱乐同学，促进同学之间的团结氛围。

（2）锻炼学生身体，巧妙躲过攻击可锻炼学生应变能力。

（3）调节课堂气氛，放松学生精神。

（4）学生在游戏中掌握游戏方法和规则，能够单独进行游戏。

（二）游戏准备

准备好沙包或者毽子。

（三）游戏方法

（1）将同学分成两组，准备一个毽子。

（2）限定一个 4~5 米长的距离，在两端画一条横线算是丢沙包人的"定点"（这个人必须站在这条横线上丢沙包）。

（3）一组的同学再平均分成两组，分别站到另一条横线上，另一组的同学站到两跳横线之间的地方。站横线后的同学是进攻者，站在中间的同学是被攻击者。

（4）站在横线上的同学开始丢沙包，去打里面的同学，被打中的同学，就是"牺牲"了，自动下场。再继续丢，直到里面的同学都被打中。两组同学方可相互交换。

（5）另外，还可以救助被击中的同学，就是站在里面的同学，能够接住丢来的沙包，就算救活一个同学，这个同学可以重新归队。详见图 13-20。

图 13-20

（四）游戏规则

（1）丢沙包的同学必须站在横线上去击中目标。

（2）被攻击者必须站在这两跳横线的中间，不准站在这两条横线之外，也不准站在两条横线之间偏左或者偏右方向。

八、拉人角力

（一）游戏目的

发展学生提高引体向上的专项臂力。

（二）游戏准备

做好准备活动。

（三）游戏方法

两人相对站立，各出脚相抵，各出手相拉。然后互相用力拉引，看谁能把对方拉向自己这一边来。将对方拉过来者为胜。

（四）游戏规则

对拉时，双方的一脚要始终相抵，不能移动位置，手握紧不能松，以免摔倒跌伤。练习完一臂以后，再练另一臂，两个臂都要练。

九、"打鸭子"

（一）游戏目的

培养学生灵活、敏捷、反应迅速能力，提高投掷的准确性。

（二）游戏准备

将学生分成人数相等的两队。一队学生均匀地站在圆圈线外，由 1 名学生持排球准备掷击圈中的"鸭子"。第二队站在圆圈内。详见图 13-21。

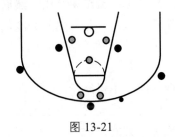

图 13-21

（三）游戏方法

游戏开始，教师发令后，圈外的人相互传递球，捕捉时机，掷击"鸭子"，"鸭子"则迅速奔跑躲闪，以避开来球。如果"鸭子"被球击中，则离开圈内，圈外的人，再打其他的"鸭子"，直到鸭子被打完为止。之后，第一队与第二队互换角色，游戏继续进行。

（四）游戏规则

（1）掷击者必须站在圈外，不得踏、越线。

（2）只准掷击"鸭子"的头部以下部位。

十、"双人跳绳接力"

（一）游戏目的

培养学生相互配合、协调一致的合作精神，发展其跳跃能力。

（二）游戏准备

（1）跳绳（长 2.5 米）两根。

（2）在场地上绘两条相隔 15 米的平行线，一条为起点线，另一条为折回线。详见图 13-22。

图 13-22

（3）教师可将学生分成人数相等并为偶数的两队，各成两路纵队站在起点线后，横排两人为一组。各队第 1 组学生并肩站立，一人左手握绳柄，一人右手握绳柄，把绳荡在身后，做好准备。

（4）折回线处可插两面小旗，要求跳绳人绕小旗跳绳跑回。

（三）游戏方法

游戏开始教师发令后，两人同摇一根绳并跳绳跑向折回线，脚触线后，两人再跳绳跑回本队，将绳套在第 2 组学生的身后，并把绳交给第 2 组，然后站到队尾。第 2 组学生接绳后，依照前面的方法进行，直至全队轮流一次后，最后以先完成的队为胜。

（四）游戏规则

（1）跳绳跑时，必须连续一摇一跳，不得空跑。

（2）中途失误停绳，必须在原地重新摇绳后，方能前进。

（3）两个人的脚都触到折回线后，方能返回。

十一、保护同伴

（一）游戏目的

（1）发展学生身体的灵活性和速度素质，发展身体快速起动和快跑能力。

（2）培养学生对待同伴的责任心，培养同伴间的感情。

（3）培养机智、灵活的性格特征，培养齐心协力的作风。

（二）游戏准备

做好准备活动。

（三）游戏方法

游戏参加者若干人，用猜拳方法确定出一人为甲（被保护人），一人为乙（保护人），甲站在圈内，乙站在甲旁边。游戏开始后，其他人想办法把甲推出圈外，这时就可以连续拍打甲（甲在圈内不许拍打），乙要保护甲不被推出圈，可以拍击推甲出圈的人，被乙拍击的人立刻停止不动，这时游戏暂停，甲从圆圈上向被拍击的那个人跨跳五步，然后用脚去踩被拍击人的脚，如果踩到了，则被踩的人立刻变成甲，回到圈内，而原来的甲变成乙，保护甲，原来的乙变成其他人，如果没有踩到，则恢复原比赛。

（四）游戏规则

（1）被拍击后，马上停住，否则被判为失败。

（2）被拍击后，整个游戏暂停，一切动作都无效。

（3）拍击动作是轻拍。

参考文献

[1] 文超. 田径运动高级教程[M]. 北京：人民体育出版社，1994.

[2] 全国体育学院教材委员会. 田径[M]. 北京：人民体育出版社，1991.

[3] 全国体育院校教材委员会. 田径[M]. 北京：人民体育出版社，1999.

[4] 中国田径协会. 中国田径运动竞赛裁判工作指南[M]. 重庆：西南师范大学出版社，1995.

[5] 中国田径协会审定. 1992 年田径竞赛规则[M]. 北京：北京体育学院出版社，1992.

[6] 王崇喜. 足球（修订版）[M]. 北京：高等教育出版社，1998.

[7] 中国篮球协会. 篮球规则[M]. 北京：北京体育大学出版社，2015.

[8] 田麦久，等. 运动训练学[M]. 北京：人民体育出版社，2000.

[9] 潘绍伟，于可红. 学校体育学[M]. 北京：高等教育出版社，2005.

[10] 王刚. 浅谈学校体育课课外活动的地位[J]. 现代企业教育，2012（5）.

[11] 张林娟. 高中课外体育活动现状调查——江苏省苏州市吴中区的调查研究[D]. 苏州：苏州大学，2013.

[12] 全国体育院校教材委员会. 乒乓球[M]. 北京：人民体育出版社，1992.

[13] 郝光安，等. 网球、羽毛球、乒乓球技法入门[M]. 北京：北京体育大学出版社，1994.

[14] 程云峰. 图解乒乓球基础技术[M]. 哈尔滨：黑龙江科学技术出版社，1998.

[15] 刘建和，等. 乒乓球教学与训练[M]. 北京：人民体育出版社，2004.

[16] 全国体院教材编写委员会. 体操[M]. 北京：人民体育出版社，1989.

[17] 王健. 健身运动处方[M]. 南京：南京师范大学出版社，2003.

[18] 王洪，等. 健美操教程[M]. 北京：人民体育出版社，2000.

[19] 薛公俭，等. 大学生体育[M]. 北京：北京邮电大学出版社，2013.

[20] 孙克成，等. 体育与健康[M]. 镇江：江苏大学出版社，2013.

[21] 王佐平. 全国技工学校通用体育教材[M]. 3 版. 北京：中国劳动出版社，1999.

[22] 山东、浙江武术队. 长拳套路选[M]. 北京：人民体育出版社，1982.

[23] 丁英俊. 大学生体育与健康[M]. 开封：河南大学出版社，2002.

[24] 肖姗. 探析体育教学中的运动损伤及预防策略[J]. 体育时空，2016（9）.

[25] 马志芳. 浅谈体育课堂教学中运动损伤的原因及预防[J]. 读与写，2015（14）.

[26] 杜少堂. 体育教学中运动损伤的预防与早期处理的作用[J]. 当代体育科技，2017，7（7）.

[27] 姚鸿恩. 体育保健学[M]. 北京：高等教育出版社，2001.

[28] 张中垓，余利萍，等. 体质测定和运动处方是开展全民健身运动的基础[J]. 四川体育科学，1999（3）.

[29] 王瑞元. 运动生理学[M]. 北京：人民教育出版社，2002.